Customer Relationship Management

客户关系管理

李 珊 编著

电子工业出版社

Publishing House of Electronics Industry

北京·BEIJING

内 容 简 介

本书从 CRM 理念、CRM 技术和 CRM 实施三个层面对客户关系管理进行了系统介绍。在 CRM 理念层面，主要介绍了关系营销理论、一对一营销理论、客户价值理论、客户满意理论、客户忠诚理论、数据库营销等；在 CRM 技术层面，主要介绍了 CRM 系统、数据仓库技术、CRM 数据分析等；在 CRM 实施层面，详细分析和总结了 CRM 实施的方法和影响实施效果的因素。

本书结构清晰、案例丰富，着重突出数据分析和操作的实用性，每章都设有学习目标、开篇案例、阅读材料等板块，部分章节还设计了具体数据分析实训案例和商业实训案例。

本书可以作为电子商务、市场营销等经济管理类专业专科生或本科生的教材，也可以用于 MBA 教学或者作为企业相关培训的参考资料。

未经许可，不得以任何方式复制或抄袭本书之部分或全部内容。
版权所有，侵权必究。

图书在版编目（CIP）数据

客户关系管理 / 李珊编著. —北京：电子工业出版社，2023.9
ISBN 978-7-121-46129-3

Ⅰ.①客… Ⅱ.①李… Ⅲ.①企业管理－供销管理 Ⅳ.①F274

中国国家版本馆 CIP 数据核字（2023）第 152575 号

责任编辑：牛晓丽
印　　刷：三河市龙林印务有限公司
装　　订：三河市龙林印务有限公司
出版发行：电子工业出版社
　　　　　北京市海淀区万寿路 173 信箱　　邮编：100036
开　　本：787×1092　1/16　　印张：14.25　　字数：364.8 千字
版　　次：2023 年 9 月第 1 版
印　　次：2023 年 9 月第 1 次印刷
定　　价：58.00 元

凡所购买电子工业出版社图书有缺损问题，请向购买书店调换。若书店售缺，请与本社发行部联系，联系及邮购电话：（010）88254888，88258888。
质量投诉请发邮件至 zlts@phei.com.cn，盗版侵权举报请发邮件至 dbqq@phei.com.cn。
本书咨询联系方式：QQ 9616328。

前　言

作为现代企业管理中不可或缺的一部分,客户关系管理(Customer Relationship Management,CRM)已成为各大企业争相采用的战略性工具。随着市场竞争的日益激烈和消费者需求的变化,企业需要更加注重与客户的关系,以保持竞争力并提高利润。客户关系管理系统为企业提供了一个全面、系统化的方法用于管理客户关系,包括客户交流、销售、市场营销和服务等方面。

本书吸取和反映了国内外客户关系管理领域的最新研究成果,借鉴了国内外同类教材的内容和结构特点,征求和采纳了同行、学生的极有价值的宝贵建议,结合了作者对客户关系管理的教学、研究和实践经验,全面系统地介绍了客户关系管理的基本理论、技术和实施方法。

本书主要具有以下特点:

第一,内容完整,结构合理。本书从 CRM 理念、CRM 技术和 CRM 实施三个层面对客户关系管理进行了系统介绍。在 CRM 理念层面,主要介绍了关系营销理论、一对一营销理论、客户价值理论、客户满意理论、客户忠诚理论、数据库营销等;在 CRM 技术层面,主要介绍了 CRM 系统、数据仓库技术、CRM 数据分析等;在 CRM 实施层面,详细分析和总结了 CRM 实施的方法和影响实施效果的因素。学完本书后,读者会对客户关系管理有一个系统的了解。

第二,案例丰富,层层递进。每章开头都有明确的学习目标,让读者带着目标学习。每章的开篇案例都与本章将要介绍的内容相关联,增强了内容的趣味性。每章正文中也穿插了与知识点相关的小案例,让读者更容易理解和吸收知识点。同时,每章最后都配有本章小结和思考题,有助于读者检查对本章知识的理解和掌握程度。

第三,与时俱进,操作性强。本书介绍了客户关系管理的发展趋势和发展方向。随着人工智能、大数据和物联网等技术的发展，客户关系管理将变得更加智能化、数字化和定制化，以适应客户需求，提高企业竞争力。同时，本书也介绍了客户关系管理中的一些实用工具，帮助读者对客户关系管理中的每个阶段进行分析，具有极强的可操作性。

  本书可以作为电子商务、市场营销等经济管理类专业专科生或本科生的教材，也可以用于MBA教学或者作为企业相关培训的参考资料。

  在本书编写过程中，高丁佳、王林娜、宣海波、黄剑磊、罗倩和王海钦等协助进行了资料整理工作，在此向他们表示感谢。由于作者水平所限，本书难免有不足之处，欢迎广大读者批评指正。

目 录

第1章 客户关系管理概述 1
1.1 客户关系管理的起源 2
1.2 客户关系管理的发展动力 3
1.3 客户关系管理的相关概念 6
1.3.1 什么是客户 6
1.3.2 什么是客户关系 7
1.3.3 什么是客户关系管理 8
1.3.4 电子商务背景下 CRM 的特点 9
本章小结 10
思考题 10

第2章 关系营销理论 11
2.1 关系营销的概念与特点 13
2.2 关系营销产生的背景 14
2.3 关系营销与 4R 理论 15
2.4 关系营销的比较优势 19
2.5 关系营销的三个层次 21
本章小结 25

思考题 26

第 3 章　一对一营销理论 27

　　3.1　一对一营销的含义 29
　　3.2　一对一营销的核心思想 30
　　3.3　一对一营销的价值 33
　　3.4　一对一营销的战略流程：IDIC 四步模型 34
　　3.5　一对一营销的战略发展阶段 37
　　3.6　一对一营销的陷阱 39
　　本章小结 42
　　思考题 42

第 4 章　客户价值理论 43

　　4.1　客户价值的含义 45
　　4.2　客户让渡价值——客户视角的客户价值 46
　　4.3　客户生命周期价值——企业视角的客户价值 49
　　　　4.3.1　客户生命周期的不同阶段 51
　　　　4.3.2　客户生命周期的基本模式 56
　　　　4.3.3　客户生命周期价值 60
　　4.4　客户细分 66
　　　　4.4.1　基于客户价值相关指标的客户细分——ABC 分类法 68
　　　　4.4.2　基于客户生命周期的客户细分 70
　　　　4.4.3　基于客户行为的客户细分 71
　　本章小结 78
　　思考题 79

第 5 章　客户满意理论 80

　　5.1　客户满意的概念和意义 81
　　　　5.1.1　客户满意的概念 81
　　　　5.1.2　客户满意的意义 83
　　5.2　客户满意度的影响因素 84

- 5.3 客户满意度的衡量指标 ... 86
- 5.4 客户满意度的监测方法 ... 87
  - 5.4.1 客户投诉与建议处理 ... 87
  - 5.4.2 客户满意度调查 ... 88
  - 5.4.3 神秘客户调查法 ... 89
  - 5.4.4 客户流失分析 ... 89
- 5.5 客户投诉 ... 90
  - 5.5.1 不满意客户的投诉行为分析 ... 90
  - 5.5.2 客户投诉对企业的意义 ... 92
  - 5.5.3 不满意客户投诉和不投诉的原因分析 ... 92
  - 5.5.4 客户投诉的心理分析 ... 93
- 本章小结 ... 94
- 思考题 ... 95

第 6 章 客户忠诚理论 ... 96

- 6.1 客户忠诚的内涵 ... 99
  - 6.1.1 客户忠诚的定义 ... 99
  - 6.1.2 客户忠诚的分类 ... 99
- 6.2 客户忠诚的意义 ... 101
- 6.3 客户忠诚的评价指标 ... 102
- 6.4 培育客户忠诚的方法 ... 104
  - 6.4.1 影响客户忠诚的因素分析 ... 104
  - 6.4.2 客户忠诚的价值驱动模式 ... 107
  - 6.4.3 客户忠诚的评价方法 ... 109
  - 6.4.4 客户满意陷阱与客户忠诚 ... 110
- 6.5 提高客户忠诚度的策略 ... 114
- 本章小结 ... 117
- 思考题 ... 118

第 7 章 数据库营销 ... 121

- 7.1 数据库营销的含义 ... 122

    7.1.1 什么是数据库营销 122

    7.1.2 数据库营销与大众化营销的区别 122

  7.2 数据库营销的优势 123

  7.3 数据库营销的实施过程 125

    7.3.1 客户数据库建立 125

    7.3.2 客户数据分析 127

    7.3.3 基于客户数据的营销策略 127

    7.3.4 数据库维护 128

  7.4 客户隐私问题 128

  本章小结 130

  思考题 130

第 8 章 CRM 系统 131

  8.1 CRM 系统概述 132

    8.1.1 CRM 系统的定义 132

    8.1.2 CRM 系统的主要特征 132

  8.2 CRM 系统的基本构成 134

    8.2.1 CRM 系统的一般模型 134

    8.2.2 CRM 系统的组成 135

  8.3 CRM 系统的功能划分 137

    8.3.1 销售管理子系统 138

    8.3.2 市场营销管理子系统 140

    8.3.3 服务管理子系统 141

    8.3.4 现场服务管理子系统 144

    8.3.5 呼叫中心管理子系统 144

  8.4 CRM 系统的分类 146

    8.4.1 按目标企业分类 146

    8.4.2 按应用集成度分类 146

    8.4.3 按功能分类 147

  8.5 基于云平台的 CRM 系统 148

    8.5.1 云平台技术概述 149

    8.5.2 基于云平台的 CRM 系统与传统 CRM 系统的对比 149

本章小结 150
　　思考题 151

第 9 章　数据仓库技术 152

9.1　CRM 的客户数据 157
　　9.1.1　客户数据概述 157
　　9.1.2　客户数据在 CRM 中的作用 160
　　9.1.3　客户数据的预处理 161

9.2　数据仓库概述 164
　　9.2.1　从数据库到数据仓库 164
　　9.2.2　数据仓库的内涵 167
　　9.2.3　数据仓库的体系结构 168

9.3　数据仓库的执行策略 169

9.4　CRM 中的数据仓库 177
　　9.4.1　CRM 中数据仓库的系统结构 177
　　9.4.2　数据仓库在 CRM 中的应用 178

　　本章小结 179
　　思考题 179

第 10 章　CRM 数据分析 181

10.1　CRM 数据分析流程 182
10.2　常用的描述性统计指标 183
10.3　数据分析模型 186
　　10.3.1　关联分析 186
　　10.3.2　分类与预测 187
　　10.3.3　聚类分析 188
　　10.3.4　其他分析模型 189

10.4　数据分析在 CRM 中的应用 190

　　本章小结 192
　　思考题 193

第 11 章　CRM 系统的实施 194

11.1　CRM 系统的选择 195
11.2　CRM 系统的实施过程 198
11.3　CRM 系统实施的关键因素 206
11.4　一个具体的 CRM 系统实施案例 209
本章小结 216
思考题 216

第1章
客户关系管理概述

学习目标

- 了解客户关系管理（CRM）的起源
- 了解客户关系管理（CRM）的发展动力
- 理解和掌握客户关系管理（CRM）的相关概念

> **开篇案例：CRM 是什么**
>
> Jerry 经营着一家旅游服务公司，主要为客户提供旅游服务和分时度假服务。公司业务发展得很快，但是也有很多新的管理问题涌现出来，比如目标客户定位、客户需求采集、客户流失分析等，让他感觉有些力不从心，于是他准备在公司加强信息系统的辅助管理，经朋友介绍，Jerry 决定使用 CRM 系统。
>
> 但是，CRM 是什么呢？
>
> 还记得以往的那些小杂货店吗？杂货店老板和邻居们有着深厚的私人关系，他记得王大妈的口味，晓得刘大爷的牙口不好，知道李大爷的孙子喜欢吃棒棒糖，甚至记得牛大嫂差不多每个月要买一桶醇香的花生油。他们其乐融融地生活着，杂货店的老板清楚地知道所有客户的喜好和个性，也知道客户的价值。
>
> 这就是杂货店的 CRM！这种商业交易建立在一种私人关系或者说一种友谊的基础上，而不是一种纯粹的商业交易。这种以关系为中心的交易，使老板和客户都感到一种满足感。
>
> 思考：你在生活中遇到过 CRM 吗？

1.1 客户关系管理的起源

西方营销专家的研究和企业的经验表明:"争取一个新客户的成本是留住一个老客户的 5 倍,一个老客户贡献的利润是新客户的 16 倍。"这就是现在经常提及的客户关系管理(Customer Relationship Management,CRM)的实质。学习客户关系管理理论能够帮助我们:更好地理解人与人之间的相处之道,在工作中更好地理解企业管理制度、上司管理行为,更加出色地完成本职工作,这有利于个人职业成长。

客户关系管理的思想由来已久。最早发展客户关系管理的国家是美国,1980 年年初便出现了所谓的"接触管理"(Contact Management),专门收集客户与公司联系的所有信息;1985 年,巴巴拉·本德·杰克逊提出了关系营销的概念,使人们对市场营销理论的研究又迈上了一个新的台阶;到 1990 年则演变成包括电话服务中心支持资料分析的客户关怀(Customer Care)。

1999 年,Gartner Group 公司提出了 CRM 概念。Gartner Group 公司在早些提出的 ERP(Enterprise Resource Planning,企业资源计划)概念中,强调对供应链进行整体管理,而客户作为供应链中的一环,为什么要针对它单独提出一个 CRM 概念呢?

一方面,人们在 ERP 的实际应用中发现,由于 ERP 系统本身功能方面的局限性,也由于 IT 技术发展阶段的局限性,ERP 系统并没有很好地实现对供应链下游(客户端)的管理,针对 3C(Corporation/Customer/Competition,公司、客户、竞争)因素中的客户多样性,ERP 并没有给出良好的解决办法。另一方面,到 20 世纪 90 年代末期,互联网的应用越来越普及,CTI(Computer Telephony Integration,计算机电话集成技术)、客户信息处理技术(如数据仓库、商业智能、知识发现等技术)得到了长足的发展。结合新经济的需求和新技术的发展,Gartner Group 公司提出了 CRM 概念。从 20 世纪 90 年代末期开始,CRM 市场一直处于一种爆炸性增长的状态。可以预见,CRM 在不久的将来会得到更多行业、更多企业、更多层次的接受与应用,在塑造、提升企业核心竞争力方面发挥其独特作用

案例:王永庆卖大米

王永庆,1917 年 1 月 18 日生于台北县新店,于 2008 年 10 月 15 日去世,是台塑集团创办人,被誉为台湾经营之神。王永庆 15 岁小学毕业辍学当杂工,16 岁时用父亲所借的 200 元自己开办了一家米店,从此踏上了艰难的创业之旅。那时,小小的嘉义已有米店近 30 家,竞争非常激烈。当时仅有 200 元资金的王永庆,只能在一条偏僻的巷子里承租一个很小的铺面。他的米店开办最晚,规模最小,更谈不上知名度了,没有任何优势。在新开张的那段日子里,生意冷冷清清,门可罗雀。

怎么打开销路呢?

王永庆想起爸爸常说的一句古训："不惜钱者有人爱，不惜力者有人敬。"他没钱，唯一能做的是不吝惜时间和力气。刚开始，王永庆曾背着米挨家挨户去推销，一天下来，人不仅累得够呛，效果也不太好。谁会去买一个小商贩上门推销的米呢？可怎样才能打开销路呢？王永庆决定从每一粒米上打开突破口。那时候的台湾，农民还处在手工作业状态，由于稻谷收割与加工的技术落后，很多小石子之类的杂物很容易掺杂在米里。人们在做饭之前，都要淘好几次米，很不方便。但是大家都已见怪不怪，习以为常。王永庆却从这司空见惯中找到了切入点。他和两个弟弟一齐动手，一点一点地将夹杂在米里的秕糠、砂石之类的杂物拣出来，然后再卖。一时间，小镇上的主妇们都说，王永庆卖的米质量好，省去了淘米的麻烦。这样，一传十、十传百，米店的生意日渐红火起来。

王永庆并没有就此满足，他还要在米上下大功夫。那时候，客户都是上门买米，自己运送回家。这对年轻人来说不算什么，但对一些上了年纪的人，就是一个大大的不便了。而年轻人又无暇顾及家务，买米的客户以老年人居多。王永庆注意到这一细节，于是主动送米上门。这一方便客户的服务措施同样大受欢迎。当时还没有"送货上门"一说，增加这一服务项目等于是一项创举。

王永庆送米，并非送到客户家门口了事，还要将米倒进米缸里。如果米缸里还有陈米，他就将陈米倒出来，把米缸擦干净，再把新米倒进去，然后将陈米放回上层，这样，陈米就不至于因存放过久而变质。王永庆这一精细的服务令客户深受感动，从而赢得了更多的客户。如果给新客户送米，王永庆就细心记下这户人家米缸的容量，并且问明家里有多少人吃饭，几个大人、几个小孩，每人饭量如何，据此估计该户人家下次买米的大概时间，记在本子上。到时候，不等客户上门，他就主动将相应数量的米送到客户家里。

由于嘉义大多数家庭都靠做工谋生，收入微薄，少有闲钱，主动送米上门，如果马上收钱，碰上客户手头紧，会弄得双方都很尴尬，因此每次送米，王永庆都并不急于收钱。他把全体客户按发薪日期分门别类登记在册，等客户领了薪水，再去一拨儿一拨儿地收米款，每次都十分顺利，从无拖欠现象。

王永庆精细、务实的服务，使嘉义人都知道在米市马路尽头的巷子里，有一个卖好米并送货上门的王永庆。有了知名度后，王永庆的生意更加红火起来。这样，经过一年多的资金积累和客户积累，王永庆自己办了个碾米厂，在最繁华热闹的临街处租了一处比原来大好几倍的房子，临街做铺面，里间做碾米厂。

就这样，王永庆从小小的米店生意开始了他后来问鼎台湾首富的事业。

思考：王永庆卖米成功的原因是什么？

1.2 客户关系管理的发展动力

一般认为，客户关系管理的兴起主要由以下三个方面共同促成。

1. 需求的拉动

（1）企业外部需求的拉动。随着商品经济的飞速发展，高效率、大规模的商品生产早已成为现实，而科技的迅速发展使得商品更新换代的速度大大提升，同时也降低了复杂技术的不可复制性，商品的同质化现象愈发严重，企业的外部竞争加剧。随着消费选择权从商品或服务的提供者转移到客户身上，客户成为整个商品流通和价值实现中的关键因素。企业不仅要设法降低生产成本、提高管理效率、改善营销效果，还要善于倾听客户的声音，并试图用比竞争对手更快、更好、更高效的途径来迅速满足客户的多样化、个性化需求，从而构筑起企业的核心竞争力，维系优良的客户资源。客户关系在企业经营过程中的地位提升到了一个前所未有的高度，客户资源成为企业运营和参与市场竞争必须极力争取占有的关键性稀缺资源，只有拥有更多、更忠诚的优质客户资源，企业才能够在激烈的市场竞争中取胜。因此管理者必须重视客户关系以及由此产生的收益。

（2）企业内部各层管理人员需求的拉动。与客户发生的业务几乎涉及企业的所有部门，很多企业发现销售、营销和服务部门的信息化程度越来越不能适应业务发展的需要，越来越多的企业要求提高销售、营销和服务部门日常业务的自动化及科学化水平。例如，销售人员从市场部提供的客户线索中很难找到真正的客户，常在这些线索上花费大量时间，希望能够自己寻找高质量的客户线索。又如，营销人员在展览会上向 1000 多人发放了企业资料，但其不知道这些人对企业的产品看法怎样，其中有多少人已经与销售人员接触了，如何识别真正的潜在客户。没有 CRM 系统，销售人员、营销人员、服务人员、客户、经理在开展工作中就无法了解事情的来龙去脉，从而影响企业业务。

2. 管理理念的更新

最初以重视生产效率为根本的产品理念逐步发生变化，发展到重视产品功能的产品理念，再到以推销为基础的销售理念，最终发展到以充分关注客户需求的客户导向和注重社会长远利益的社会营销理念，客户在商品经济中的地位逐步攀升。由此可见，客户的个性化需求已成为各企业必须重视和研究的关键，这不仅仅关系到企业能否赢利，更牵涉到企业能否通过有效地满足客户需求而在日益激烈的竞争中获得有利的位置。与此同时，企业管理理念随着市场环境的变化也进行了调整，逐步形成了以客户为中心的管理理念。企业管理理念的演变过程如表 1.1 所示。

表 1.1 企业管理理念的演变过程

演变阶段	产生的背景	管理焦点	核心活动
产值中心论	卖方市场，产品供不应求	产值（量）	扩大生产规模
销售中心论	经济危机，产品大量积压	销售额	促销、质量控制
利润中心论	竞争激烈，实际利润下降	利润	成本管理
客户中心论	客户不满，销量滑坡	客户满意度、忠诚度	客户关系管理

（1）以产值为中心。早期，由于产品的稀缺，企业面对的是一个需求庞大的市场，企业只

要能生产出产品，就不愁卖不出去。因此，企业的管理重点是提高产能和生产效率，产值成为企业管理的中心。

（2）以销售为中心。随着生产效率的不断提高，市场上的产品逐渐丰富起来，形成了卖方竞争的局面。企业所面临的问题已不再是扩大生产规模，而是产品销售。企业不再把目光投向如何生产出更多的产品，而是将如何把产品卖出去作为目标，由此，产值中心论被销售中心论代替，企业把重心转向销售环节。

（3）以利润为中心。为了生存和发展，企业一方面提高产品质量，另一方面强化销售。但是，产品成本和销售费用的提高却造成利润大幅下降。这时，企业管理的重心开始转向以利润为中心的成本管理。

（4）以客户为中心。企业通过压缩成本来提高利润，但成本不能无限压缩，无限制地压缩成本会导致产品质量下降，进而降低客户得到的价值，于是企业的管理者不得不寻找在满足客户需求的基础上实现企业持续赢利的方法，企业的客户意识开始加强，客户地位逐渐提高，"客户就是上帝"成为企业的口号。企业从内部挖掘转向争取客户，转向企业的市场营销、销售和客户服务等部门的管理，以客户为中心的管理理念成为企业管理的重心。

3. 技术的推动

与管理理念的不断进步相得益彰，技术的飞速发展为我们提供了更为高效和复杂的交互点，大大拓展了企业与客户的接触渠道：①企业的客户可通过电话、传真、网络等访问企业，进行业务往来；②任何与客户打交道的员工都能全面了解客户关系；③企业能够对市场活动进行规划、评估，对整个活动进行360度的透视；④企业能够对各种销售活动进行追踪；⑤系统用户可不受地域限制，随时访问企业的业务处理系统，获得客户信息；⑥企业拥有对市场活动、销售活动的分析能力；⑦企业能够从不同角度提供成本、利润、生产率、风险率等信息，并对客户、产品、职能部门、地理区域等进行多维分析。

案例：联想公司的CRM

当联想电脑客户遇到电脑故障，打电话到联想呼叫中心（Call Center）求助时，接待人员可以马上从CRM系统中清楚地知道该客户的许多信息，如住址、电话、购机日期、产品型号、以前的服务记录等，而不用客户再烦琐地进行解释，就能很快为客户提供解决问题的方案。

当一个营销人员要联络一个重要客户前，他可以通过CRM系统了解这个客户的全部情况，包括其单位以前的购买情况、服务情况、资信状况、应用需求、谁是决策人、联想公司有哪些部门的哪些人与其联络过、发生过哪些问题、如何解决等诸多信息，其中有许多都是由联想公司的其他部门完成的，如果不借助这个系统，该营销人员根本不可能了解到这么多信息。

思考：请你站在客户的角度对联想的服务进行评价并谈谈你对CRM的理解。

1.3 客户关系管理的相关概念

1.3.1 什么是客户

一般而言，凡是接受或者可能接受任何组织、个人提供的产品或服务的购买者（包括潜在购买者）都可以称为客户。也就是说，客户既可以是个人，也可以是企业、政府、非公益性团体等组织；客户既可以是现实购买者，也可以是潜在购买者，即那些对产品或服务有需求但由于各种原因还未发生交易的组织或个人。

根据对"客户"这一定义的理解，我们可以将企业的主要客户分为以下 5 类。

1. 消费者

购买或可能购买企业最终产品或服务的零售客户，通常是个人或家庭。

2. 企业客户

这些企业之所以购买产品或服务，是要将其附加在自己的产品或服务上一同出售给其他客户，或将购买的产品或服务附加到自己的内部业务上以增加赢利。如某汽车集团向某发动机生产厂商购买发动机，是因为要将发动机组装到自己生产的汽车上进行出售，该汽车集团就是发动机生产厂商的企业客户。

3. 渠道客户

渠道客户指产品或服务从生产者到达最终消费者所经过的渠道，包括代理商、分销商、服务提供商等。他们购买产品或服务的目的是作为企业在当地的代表出售产品或提供服务。

4. 政府和非营利组织客户

非营利组织是指那些不以营利为目的、主要开展各种公益性或互益性社会服务活动的民间组织，即政府体系以外的非营利的社会组织。对于许多企业来说，政府、教育等部门是十分重要的客户。

5. 内部客户

企业或企业联盟内部的个人或业务部门。在企业内部的各部门，各职级、职能、工序和流程间同样存在着提供产品或服务的关系，因此也存在客户关系管理。例如，现代企业中的 IT 部门几乎要为所有的部门和业务环节提供服务，那些接受服务的对象就是内部客户。

外部客户可以转化为内部客户。当企业同外部客户建立战略联盟形成比较稳固的关系时，企业与客户实现了某些资源和信息的共享，并实施统一的客户关系管理战略，此时，外部客户就实现了向内部客户的转化。例如，苹果公司与富士康公司结成战略联盟，苹果公司目前是世界上最大的手机生产商，但是苹果公司并没有从事苹果手机的生产业务，而是将该业务外包给富士康公司，苹果公司保留手机设计、营销、物流等附加值较高的具有核心竞争力的业务，将附加值不高的手机生产业务外包给富士康公司，富士康公司利用其在中国的廉价劳动力以及在电子产品制造方面的超强能力,在与苹果公司的合作中获取产业利润,双方实现了产业链上的联盟合作。可以说,苹果公司与富士康公司互为对方的内部客户。

1.3.2 什么是客户关系

《现代汉语词典》中对"关系"一词的解释为:①事物之间相互作用、相互影响的状态;②人和人或人和事物之间的某种性质的联系;③对有关事物的影响或重要性;等等。企业为了实现其经营目标,与客户间建立起的某些联系就是客户关系。

1. 客户关系的类型

虽然企业拥有大量的客户,但并不是每个客户的价值和生命周期价值都是一样的,所以企业应该按照自身的实力情况决定是运用"二八定律"抓住核心的主流客户,还是按照长尾理论去满足市场多样化的需求。

在营销实践中,不同的企业因产品和市场的不同,可以分别建立不同水平的客户关系。市场营销大师菲利普·科特勒(Philip Kotler)把企业建立的客户关系分为 5 种:基本型、被动型、负责型、能动型和伙伴型,如表 1.2 所示。

表 1.2 客户关系类型

客户关系类型	企业与客户的关系
基本型	营销人员追求的目标仅仅是向客户销售产品,把产品销售出去后就不再与客户接触
被动型	营销人员不仅追求产品的销量,还鼓励客户在购买和使用产品以后积极地向企业进行反馈
负责型	在产品销售完成后,营销人员还会对产品进行一系列的追踪,了解产品与客户的预期需求之间的差距,主动联系客户,收集客户对产品改进的建议和客户对产品的特殊要求,从而将得到的信息及时反馈给企业,以便今后不断地改进产品
能动型	营销人员经常与客户沟通,通过客户服务中心与客户保持联系,向他们提供产品使用的建议和相关新产品的信息,促进新产品销售
伙伴型	营销人员与客户保持长期的合作,按照客户的要求来设计新的产品,不断地和客户共同努力,帮助客户解决问题,支持客户取得成功,与客户实现共同发展。以互联网为代表的新兴技术使这种需求得到充分的满足,差异化的个性得到彰显

2. 客户关系的选择

这 5 种客户关系类型并没有简单的优劣之分,在实际的经营管理活动中,企业应该建立何种类型的客户关系往往取决于其产品和客户特征。菲利普·科特勒认为,企业可以根据客户规模和产品的边际利润水平来选择合适的客户关系类型,如图 1.1 所示。

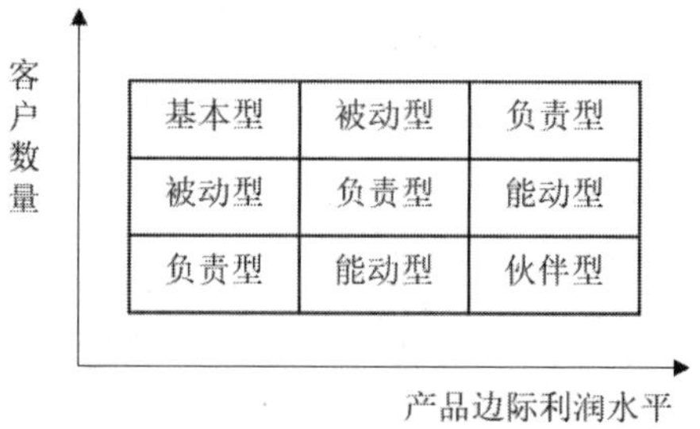

	基本型	被动型	负责型
客户数量	被动型	负责型	能动型
	负责型	能动型	伙伴型

产品边际利润水平

图1.1　客户关系选择示意图

大多数企业在客户规模很大但产品利润很小时，会选用"基本型"客户关系，否则可能会因为成本过高导致亏损。而如果面对的是少量客户且产品的边际利润很高，则应当选择"伙伴型"的客户关系，支持客户取得成功，同时获得丰厚回报。

思考：宝洁公司创立于1837年，是全球最大的日用消费品公司之一，宝洁公司会与它的客户建立哪种类型的客户关系？

1.3.3　什么是客户关系管理

客户关系管理的定义有很多，各大企业和组织都从不同的角度对客户关系管理进行了阐述。

（1）Gartner Group 公司（美国加纳特公司）认为：客户关系管理就是为企业提供全方位的管理视角，赋予企业更完善的客户交流能力，最大化客户的收益率。Gartner Group 公司强调，CRM 是一种商业战略而不是一套系统。

（2）卡尔松营销集团（Carlson Marketing Group）把客户关系管理定义为：通过培养企业的每一个员工、经销商或客户对该企业更积极的偏爱或偏好，留住他们并以此提高企业业绩的一种营销策略。

（3）Hurwitz Group 认为：客户关系管理的焦点是自动化并改善与销售、市场营销、客户服务和支持等领域的客户关系有关的商业流程。客户关系管理既是一套原则制度，也是一套软件和技术。

（4）IBM 公司（International Business Machines Corporation）所理解的客户关系管理包括企业识别、挑选、获取、发展和保持客户的整个商业过程。IBM 把客户关系管理分为三类：关系管理、流程管理和接入管理。

综合各种对 CRM 的理解，通常认为 CRM 包含了理念、技术和实施三个层面。客户关系管理是一种旨在改善企业与客户之间关系的新型管理机制，它以信息技术为手段，按照"以客户为中心"的原则对企业业务流程进行重组和设计，通过分析客户、与客户互动来提高客户满意度和忠诚度，达到获取新客户、保持老客户的目的，最终实现企业利润增长的目标。

（1）CRM 理念：客户关系管理首先是一种管理理念，理念是客户关系管理的指导思想和行为原则。一个企业要进行客户关系管理，必须先树立客户关系管理理念。

（2）CRM 技术：客户关系管理是建立在信息技术基础之上的，其理念通过 CRM 技术来体现。CRM 技术是成功实施 CRM 的手段和方法，是客户关系管理不可或缺的组成部分。软件系统是客户关系管理技术的重要内容，除此之外，CRM 技术还包括数据仓库、数据挖掘、呼叫中心等内容。

（3）CRM 实施：实施是确保以客户为中心的经营理念和软件能够在企业内部得到正确推广，决定 CRM 成功与否、效果如何的直接因素。

CRM 理念、技术、实施三者构成 CRM 稳固的"铁三角"（具体如图 1.2 所示），支撑着 CRM 理论全面发展，使其逐步成为当今最受管理学界关注的营销与管理策略之一。

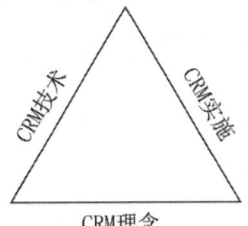

图 1.2　CRM "铁三角"关系图

1.3.4　电子商务背景下 CRM 的特点

CRM 的出现体现了两个重要管理趋势的转变：一是"以产品为中心"向"以客户为中心"思想的转变，二是企业管理的视角从"内视型"向"外视型"的转变。电子商务的信息化、虚拟性和全球性等特点，决定了它与 CRM 之间存在着密不可分的关系。电子商务作为一种商务模式，其基础是网络技术，是随着科技和经济发展产生的一种事物。通过互联网，电子商务能够打破时间和空间的界限，使商务活动能够在更加广泛的范围内开展。在电子商务背景下，CRM 呈现以下特点：

首先，客户管理本身的针对性比较强。将信息和网络作为基础进行客户信息管理时也呈现出多样化的特点，可以根据不同客户的需求制定专门的信息方案，通过信息分析的工具多维度地分析客户信息，明确客户需求，制定科学的方案，利用网络给客户更新产品计划，提高客户维护工作的针对性。

其次，能够实现信息的实时共享。网络的存在让信息传递更加方便，可以帮助工作人员和客户保持更加紧密的联系，随时沟通相关的信息。同时，网络的存在也可以打破时空上的限制，只要有网络，便能够通过平台来进行产品需求信息的反馈，也能通过客服给客户提供更加便捷的服务。

最后，交流方式多样化。客户管理本身便是全方位的立体管理，需要全面考虑客户本身获得的服务体验及客户本身的便利性。当前，企业可通过网络邮件、视频、电话、微信等手段与客户沟通，给客户提供更加便捷的服务，让客户产生归属感，从而更好地与企业合作。

> **案例：家庭购物代理公司**
>
> 有一种"家庭购物代理公司"，会在恰当的时间给您打电话："张先生，据统计，一管牙膏的平均使用周期是 15 天，而现在您的牙膏已经用了 13 天，您需要再来一管牙膏吗？"
>
> **思考：**
>
> 1. 如果是你接到这个电话，你会再来一管牙膏吗？
> 2. 他们如何实现对客户需求的精确测量？对我们的销售有什么启示？
> 3. 恰当的时间是什么时间？恰当的渠道是什么渠道？恰当的客户是谁？恰当的建议又是什么？

本章小结

1. 企业管理理念的发展经历了 4 个阶段：产值中心论、销售中心论、利润中心论、客户中心论。
2. CRM 的发展动力包括：需求的拉动、管理理念的更新、技术的推动。
3. 企业的主要客户包括消费者、企业客户、渠道客户、政府和非营利组织客户以及内部客户等 5 类。
4. 客户关系分为 5 种不同的类型：基本型、被动型、负责型、能动型和伙伴型。
5. CRM 包含了理念、技术和实施三个层面。其中，理念是 CRM 成功的关键，它是 CRM 实施应用的基础和土壤；信息系统、IT 技术是 CRM 成功实施的手段和方法；实施是决定 CRM 成功与否、效果如何的直接因素。三者构成稳固的"铁三角"。
6. 电子商务背景下，CRM 呈现出针对性强、实现信息实时共享、交流方式多样化的特点。

思考题

1. 简述 CRM 的发展动力。
2. 简述企业管理理念发展演变的过程。
3. 如何理解 CRM 的内涵？
4. 通过互联网查询我国企业实施 CRM 的现状，完成调查分析报告。

第 2 章

关系营销理论

学习目标

- 掌握关系营销的概念与特点
- 了解关系营销理论的产生与发展
- 理解和掌握关系营销的三个层次

开篇案例：海底捞的关系营销之道

海底捞成立于1994年，是一家以经营川味火锅为主、融汇各地火锅特色于一体的大型直营餐饮民营企业。历经二十多年的发展，海底捞已经成长为国际知名的餐饮企业。到2019年底，海底捞已经在中国以及新加坡、美国、澳大利亚、韩国、日本等国家经营300多家直营门店，拥有超过50000名员工。

1. 海底捞始终秉承"服务至上、顾客至上"的理念

关系营销倡导通过长期不断地满足顾客需要、使顾客满意来与顾客建立长期的、稳固的相互信任关系。很明显，海底捞区别于其他餐饮企业（火锅类餐饮企业）最显著的优势在于其服务质量。也正是这种高品质的服务，让顾客可以忍受较长的候餐时间、较高的人均就餐费用，还感觉物有所值、物超所值。很多人形容海底捞的服务时都会说："受宠若惊""感觉自己是上帝""服务员态度也太好了吧，超级贴心"。海底捞关注每个服务细节，让每位顾客从进门到出门都体会到"五星级"的服务，服务员始终在与顾客进行互动。海底捞通过美味的食物和贴心的服务在顾客心中留下了良好的难以磨灭的企业形象，正是凭借顾客的口碑宣传，迅速打开知名度，并凭借优质的服务使顾客满意，久而久之形成顾客忠诚。

2. 海底捞雇用的是员工的"心"

海底捞的创始人张勇认为，人是海底捞的生意基石。顾客有着各种各样的需求，单是用流程和制度培训出来的服务员最多能达到及格的水平。制度与流程对保证产品或服务质量的作用毋庸置疑，但同时也压抑了人性，因为它们忽视了员工最有价值的部位——大脑。让员工严格遵守制度和流程，等于只雇了他的双手。大脑在什么情况下才有创造力？当人用心的时候，大脑的创造力最强。要想让员工像自己一样用心，唯一的办法就是把员工当成家人，这样他们才会把海底捞当成家。海底捞的员工大都是家境一般、低学历的外来打工者和农民工，普遍具有年轻、文化水平低的特点，海底捞之所以能够激励员工发挥出如此强烈的服务意识，关键在于其识别并满足了员工多方面、多层次的需求。

3. 海底捞坚持营造"公平公正"的工作环境

按照海底捞的晋升制度，如果做一名技术线的员工的话，他会有一条清晰的上升路径：合格员工——一级员工——先进员工——标兵员工——劳模员工——功勋员工；而如果他想走一条管理者的道路，机会也就在眼前，他的路径会变成合格员工——一级员工——优秀员工——领班——大堂经理——店经理——区域经理——大区经理。当一名员工在自己的普通岗位上做到功勋员工时，他享受的待遇将和一名店长差不多。这种公平公开的晋升制度，让每一个人，不管他来自四川的大山深处，还是高等学府的象牙塔，都知道了"公平"这两个字的写法，也深刻体会到被尊重的滋味。

海底捞的成功，无疑为国内企业，尤其是一些矛盾丛生、举步维艰的"血汗工厂"提供了一些可贵的启示：提高员工满意度与企业发展和创造价值非但不是相克的，反而是相辅相成、互相促进的。

思考：

1. 你认为海底捞的成功之道有哪些？
2. 从这个案例中能够得到什么样的启示呢？不同行业的中国企业应该如何借鉴呢？

关系营销（Relationship Marketing，RM）的概念最早是由20世纪70年代北欧的一些学者提出并发展起来的，给理论界与企业界均带来了深远的影响，是适应当今世界发展的一种营销方式，被称为"未来所有营销的关键"。

所谓关系营销，是指在以市场为导向的基础上，通过满足客户全方位的需求，与客户和其他的合作者建立、保持和发展长期互惠关系，创造忠诚的客户和合作伙伴，取得稳定的竞争优势。用美国学者理查德·古德曼的话说，关系营销"不是创造购买"，而是"建立各种关系"。具体来说，这有三方面的含义：建立关系是指企业向客户做出各种许诺；保持关系的前提是企业履行诺言；发展关系是指企业履行以前的诺言之后，向客户做出一系列新的许诺。

2.1 关系营销的概念与特点

关系营销至今还没有一个普遍被接受的定义,主要有三种理解:第一种,也是最普通简易的看法,将关系营销界定为买方和卖方之间依赖关系的营销。第二种,根据 Gummesson、Gronroos 等著名营销学专家的观点,所谓关系营销,是识别、建立、维护和巩固企业与客户及其他利益相关人的关系活动,并通过企业的努力,以成熟的交换及履行承诺的方式,使活动涉及各方面的目标在关系营销活动中实现。这一观念强调的重点是需要企业与客户及其他利益相关者之间建立起相互信任的合作关系。第三种,关系营销是个人和群体在交换产品和价值的同时创造双方更加亲密的相互依赖关系,以满足社会需求的一种管理过程。

比较以上三种观点,对于"关系营销"的内涵,我们可以得出这样的认识:

(1)关系营销是由许多管理"关系"的一系列活动所构成的一个社会性过程。

(2)关系营销的重点在于利益各方相互之间的交流,并形成一种稳定、相互信任的关系。

(3)关系营销的最终实现要靠产品、服务或价值的成熟、顺畅、高质量的交换。

(4)关系营销的一系列活动都是为了达到一定的营销目标。

因此,学者们大都认为关系营销的核心是建立和发展长期关系,通过长期关系来优化关系方之间的互利。关系营销的定义:关系营销是一个企业与消费者、供应商、分销商、竞争者、政府机构及其他公众发生互动并建立起长期、信任和互惠关系的过程。

另外,关系营销的特征可以归纳为以下几个方面。

1. 双向沟通

在关系营销中,沟通是双向的,企业需要多花时间与精力听对方的意见与想法。只有通过广泛的信息交流与共享,企业才能赢得各利益相关者的支持与合作。

2. 合作

企业关系一般而言可以分为两种状态:合作与对立。在关系营销中,企业明白在激烈竞争的市场上只有通过合作才能实现双赢。

3. 双赢

关系营销通过合作来增加关系双方的利益,而不是通过损害对方的利益来增加自己的利益。

4. 亲密

情感因素在关系稳定发展中起着非常重要的作用。因此,关系营销会强调在营销过程中给客户更多情感上的满足,而不仅仅是物质利益上的互惠。

5. 控制

关系营销要求企业对关系有控制能力,能准确把握并左右关系的走向。一般而言,企业会有专门的部门跟踪企业各利益相关者的反馈，了解他们对企业产品或服务的态度变化，并能及时采取相应措施来消除关系中的不稳定因素以及不利于关系双方利益共同增长的因素。

2.2 关系营销产生的背景

关系营销的产生具有较为深刻的时代背景，可以认为它是后工业社会市场经济和人类文明高度发达的客观要求。

1. 3C 环境：由竞争（Competition）、消费者（Customer）、变化（Change）三要素共同构成，也是关系营销理论产生与发展的客观环境。

（1）企业面临的市场竞争愈加激烈，相应的营销理念也在发生转变，更加注重消费者需求。随着市场经济的进一步发展，物质产品日益丰富，市场形态已经明显转向买方市场，企业之间的竞争日趋激烈，竞争手段也日趋多元化。但是各行业逐渐形成了一个统一的趋势：企业更加注重与消费者的交流，对消费者的研究更加深入，更注意从消费者的要求出发并同消费者形成一种持久良好的关系。

（2）人们的消费观念向外在化、个性化、自然化的方向不断发展，精神消费和心理消费的程度越来越高，这就迫切需要企业与消费者之间以更多的交流来相互实现各自的需要与利益。与此相适应的是生产方式的转变以及营销方式的转变。工业社会的生产主要表现为少品种、多产量的生产，企业为了获取竞争的优势把更多的注意力放在竞争者身上，而忽视了同消费者之间的情感交流。相反，到了后工业社会，由于计算机、机械及制造方面的各项高新技术的广泛应用，生产工艺更加柔性化和敏捷化，市场的细分化程度也更加深入，生产形式更多地表现为多品种、少批量的生产，企业更加注重消费者的实际需求。

（3）全球信息化不可阻挡的发展趋势以及电子通信、交通邮电等行业的迅猛发展，使人与人之间的时空距离相对缩短。企业之间、企业与消费者之间的依赖性、相关性也就越来越强，彼此之间越来越注意相互情感的倾诉。作为企业，对这种时代特征不可漠然视之，尤其是在营销策略方面，要处理好这种互动关系，形成持续发展的基础和动力，达成企业战略目标。

2. 营销理论本身发展的作用。

关系营销是从大市场营销（Mass Marketing）概念衍生、发展而来的。1984 年，菲利普·科特勒提出了"大市场营销"概念，目的在于解决国际市场的进入壁垒问题。在传统的市场营销理论中，企业外部环境是被当作"不可知因素"来对待的，其暗含的假设是，当企业在国际市场营销中面临各种贸易壁垒和舆论障碍时，只能听天由命，无所作为。菲利普·科特勒认为传统的 4P 组合策略在贸易保护主义盛行的今天不足以打开封闭的市场。要打开封闭的市场，企业除需要运用产品、价格、分销及促销四大营销策略外，还必须有效运用政治权力和公共关系这两种营销工具。这种策略思想称为大市场营销。虽然关系营销的概念直接来自大市场营销思想，但它的产生和发展也大量得益于对其他科学理论（如系统论、协同学和传播学等）的借鉴、对传统营销理念的拓展（4P 营销理论、利益相关者理论等）以及信息技术浪潮的驱动。

> **讨论："大数据杀熟"现象**
>
> "大数据杀熟"是指同样的商品或服务，老客户看到的价格反而比新客户要贵出许多的现象。比如，北京市消费者协会的实际体验调查点明了去哪儿和飞猪旅行等网站都有不同程度的"大数据杀熟"情况，但消费者发现被大数据"杀熟"后，由于其存在复杂性和隐蔽性，维权举证确实存在困难。
>
> 2018 年 12 月 20 日，"大数据杀熟"当选为 2018 年度社会生活类十大流行语。
>
> 2020 年 8 月 20 日，文化和旅游部发布了《在线旅游经营服务管理暂行规定》，自 2020 年 10 月 1 日起施行。规定明确：在线旅游经营者不得滥用大数据分析等技术手段，侵犯旅游者合法权益。11 月 10 日，市场监管总局发布《关于平台经济领域的反垄断指南（征求意见稿）》。
>
> 2021 年 4 月 8 日，唯品会、京东、美团等 10 家互联网平台企业代表签署《平台企业维护公平竞争市场秩序承诺书》，承诺不利用大数据"杀熟"。
>
> **思考：**
> 1. 你身边存在哪些"大数据杀熟"现象？你了解这些大数据分析手段吗？
> 2. 如何看待这类现象的产生和未来影响？

今天，人们对关系营销的讨论和实践，已从单纯的客户关系扩展到了企业与供应商、中间商、竞争者、政府、社区等的关系。这样，关系营销的市场范围就从客户市场扩展到了供应商市场、内部市场、竞争者市场、分销商市场、影响者市场、招聘市场等，从而大大地拓展了传统市场营销的含义和范围。关系营销是指企业与客户长期交往，在相互信任的基础上，使得客户对其保持忠诚度，从而在竞争激烈的市场上取得成功的营销方式。CRM 的出现使得以客户为中心的经营理念从空洞口号变为能够进行量化的操作，把抽象的理论运用到企业实践中来。

2.3 关系营销与 4R 理论

营销理论诞生于 19 世纪末到 20 世纪初的美国，最开始应用于广告业，后逐渐应用于学校、医院、图书馆等各行各业。经过一个多世纪的发展，营销理论历经 4P 理论、4C 理论、4R 理论、4V 理论等。

1. 4P 理论的内涵

4P 理论产生于 20 世纪 60 年代的美国，随着营销组合理论的提出而出现。1967 年，菲利普·科特勒在其畅销书《营销管理：分析、规划与控制》第一版中确认了以 4P 理论为核心的营销组合方法。

- 产品（Product）：注重开发的功能，要求产品有独特的卖点，把产品的功能诉求放在第一位。
- 价格（Price）：根据不同的市场定位，制定不同的价格策略，产品的定价依据是企业的品牌战略，注重品牌的含金量。
- 渠道（Place）：企业并不直接面对消费者，而是注重经销商的培育和销售网络的建立，企业与消费者的联系是通过分销商来进行的。
- 促销（Promotion）：企业注重通过销售行为的改变来刺激消费者，以短期的行为（如让利、买一送一、营销现场气氛等）吸引其他品牌的消费者或导致提前消费来促进销售的增长。

4P（产品、价格、渠道、促销）是市场营销过程中可以控制的因素，也是企业进行市场营销活动的主要手段，对它们的具体运用形成了企业的市场营销战略，其最大的特点是以企业为中心，适用于短缺经济时代。

2. 4C 理论的内涵

4C 分别是消费者（Consumer）、成本（Cost）、便利（Convenience）、沟通（Communication），4C 理论强化了以消费者需求为中心的营销组合。

（1）消费者（Consumer）：指消费者的需要和欲望。企业要把重视消费者放在第一位，强调创造消费者比开发产品更重要，满足消费者的需求和欲望比产品功能更重要，不能仅仅卖企业想制造的产品，而是要提供消费者确实想买的产品。

（2）成本（Cost）：指消费者获得满足的成本或消费者满足自己的需要和欲望所肯付出的成本价格。

（3）便利（Convenience）：指购买方便。相比传统的营销渠道，更重视服务环节在销售过程中为消费者提供便利，让消费者既购买到商品也购买到便利。

（4）沟通（Communication）：指与消费者沟通。企业可以尝试多种营销策划与营销组合，如果未能收到理想的效果，说明企业与产品尚未完全被消费者接受。这时，不能依靠单向劝导消费者，要着眼于加强双向沟通、增进相互的理解、实现真正的适销对路、培养忠诚的消费者。

> **思考：** 4P 理论和 4C 理论的关系是什么？

3. 4R 理论的内涵

21 世纪初，唐·E.舒尔茨（Don E. Schultz）教授针对 4C 理论存在的不足提出了 4R 营销新理论，阐述了一个全新的营销四要素 4R：关联（Relevancy）、反应（Reaction）、关系（Relationship）、回报（Reward）。4R 理论根据市场不断成熟和竞争日趋激烈的形势，着眼于企业与客户互动与双赢，侧重于用更有效的方式在企业和客户之间建立起有别于传统的新型关系。

（1）关联（Relevancy）：企业与客户是一个命运共同体，与客户建立关联是企业经营的核心理念和重要内容。

（2）反应（Reaction）：在相互影响的市场中，对经营者来说最难实现的不在于控制、制定和实施计划，而在于站在客户的角度及时地倾听和从推测性商业模式转为高度回应需求的商业模式。

（3）关系（Relationship）：在企业与客户的关系发生了本质性变化的市场环境中，抢占市场的关键已转变为与客户建立长期而稳固的关系。

（4）回报（Reward）：任何交易与合作关系的巩固和发展都是经济利益问题。因此，一定的合理回报既是正确处理营销活动中各种矛盾的出发点，也是营销的落脚点，企业要满足客户需求，为客户提供价值，不能做无用的事情。

4R 理论以竞争为导向，体现并落实了关系营销的思想，建立了互动双赢的反应机制，并注重企业与客户双方的回报，为市场营销提供了一条新思路。

4. 4V 理论的内涵

21 世纪以来，高科技产业迅速崛起，高科技企业、高技术产品或服务不断涌现，互联网、移动通信工具、发达的交通工具和先进的信息技术使整个世界面貌焕然一新，原来那种企业和消费者之间信息不对称的状态得到了改善。沟通的渠道越来越多元化，越来越多的跨国公司开始在全球范围进行资源整合。在这种背景下，4V 理论应运而生：差异化（Variation）、功能化（Versatility）、附加价值（Value）、共鸣（Vibration）。

4V 理论首先强调企业要实施差异化营销，一方面使自己与竞争对手区别开来，树立自己的独特形象；另一方面也使消费者相互区别，满足消费者个性化的需求。其次，4V 理论要求产品或服务有更大的柔性，能够针对消费者的具体需求进行组合。最后，4V 理论更加重视产品或服务中的无形要素，通过品牌、文化等满足消费者的情感需求。

案例：以 4R 理论探秘华为的营销战略

观看中国企业尤其是民营企业的营销史，华为绝不能被视而不见。从市场占有率为零、没有自己的品牌到 35 年后的今天全球电信设备市场份额排名第一，品牌知名度已经打入欧美国家，华为有足够的资本值得中国民营企业学习、借鉴。

35 年前，华为只有 6 名员工、20000 元注册资金；35 年后，华为年销售额超过 6000 亿元，在印度、美国、瑞典、俄罗斯以及中国的北京、上海、南京等地设立了研究所，一举成为中国最具影响力的通信设备制造厂商，即使是世界通信巨头思科，也将其列为最具威胁的竞争对手。

1. 关联（Relevancy）：与客户建立关联

在竞争性的市场中，客户具有动态性，客户的忠诚度是变化的，他们会转移到其他企业。要提高客户的忠诚度、赢得长期而稳定的市场，营销策略是通过某些有效的方式在业务、需求等方面与客户建立关联,形成互助、互求、互需的关系,把企业和客户联系在一起。为了与客户建立长期的合作关系,华为在初次与客户谈判的时候,往往从客户的现有条件出发,在充分考虑客户转换成本最小化的条件下,设计出一套互相兼容的方案。这种营销理念不仅为华为赢得了大量来自初次合作客户的好评,而且大大提高了客户的忠诚度。

2. 反应(Reaction):提高市场反应速度

对经营者来说,最现实的问题不在于如何控制、制定和实施计划,而在于如何站在客户的角度及时地倾听客户的希望、渴望和需求,并及时答复和迅速做出反应,满足客户的需求。面对迅速变化的市场,企业必须建立快速反应机制,提高反应速度和回应力,这样可以最大限度地减少抱怨,稳定客户群。在协调质量与服务关系的基础上建立快速反应机制,提高服务水平,并对问题进行快速反应及解决是一种企业、客户双赢的做法。华为的成功,从外部来看,得益于全球通信行业大发展的市场环境;从内部来看,既依托于自身强大的研发实力和市场能力,也离不开先进高效的物流系统的支撑。采用自动化物流设备实现物料的自动存取、输送与分拣,大幅提高了作业效率,减少了仓库作业人员,同时防止了人为操作产生的差错,使库存物料的准确率几乎达到100%。

3. 关系(Relationship):关系营销的重要性

在企业与客户的关系发生了本质性变化的市场环境中,抢占市场的关键已转变为与客户建立长期而稳固的关系,从交易变成责任,从管理营销组合变成管理和客户的互动关系。关系营销不仅强调赢得客户,而且强调长期地拥有客户;从着眼于短期利益转向重视长期利益;从以产品性能为核心转向以产品或服务给客户带来的利益为核心,通过与客户建立长期稳定的关系实现长期拥有客户的目标。华为的品牌力在一定程度上可以说是其技术与关系营销的结合。华为的技术创新有着明确的市场定位,向选择好的目标大客户价值聚焦,实现技术和市场的有效对接,以应用创新满足大客户最重视的价值。例如,华为拿下的泰国移动运营商AIS(Advanced Info Service)的智能网建设项目中体现了华为对大客户感知价值的热心和敏锐。为了展示泰国旅游业的特色,华为特别帮助AIS开通了在手机上进行小额投注的博彩业务,并在5个月内帮助AIS收回投资。华为的产品不一定性能最优,但一定适用;技术不一定最先进、最前沿,但一定可以满足客户需要,并且帮助其获取想要的效率和利润。

4. 回报(Reward):回报是营销的源泉

对企业来说,市场营销的真正价值在于其为企业带来短期或长期的收入和利润的能力。一方面,追求回报是营销发展的动力;另一方面,回报也是维持市场关系的必要条件。企业要生存下去,必须要能从市场获取回报。华为的国内、国际市场业绩一直保持着稳健的增长,各年的增长率也不断升高。可见,华为的营销策略有很多值得我国民营企业尤其是当前处于弱势地位的民营企业借鉴参考。

思考:小组完成案例报告。也可探讨其他中国民营企业的案例。

补充阅读：网络时代营销人的 4I 理论

4I 理论最早由美国的唐·舒尔茨提出，是基于网络时代而提出的最新营销理论，包括趣味（Interesting）、利益（Interests）、互动（Interaction）、个性（Individuality），其含义是营销务必以消费者为中心，务必遵循趣味性原则、利益性原则、互动性原则、个性化原则。

网络时代，传统的营销经典已经难以适用。在传统媒体时代，信息传播是"教堂式"，信息自上而下、单向线性流动，消费者们只能被动接受。而在网络媒体时代，信息传播是"集市式"，信息多向、互动式流动，声音多元、嘈杂、互不相同。如何进行创意营销与品牌关系营销，4I 理论被认为是最好的指引。

思考： 用自己的语言或者身边的例子简单解释什么是 4I 营销。

2.4 关系营销的比较优势

关系营销与传统营销相比，最根本的区别是：传统营销是一个短期的概念，其核心是商品交换；关系营销其是一个长期的概念，其核心是"关系"，指在双方之间建立一种联系。关系营销的主要内容是对客户及利益相关者进行科学的管理，方法灵活多样。例如，可以借助计算机建立客户数据库，使企业准确了解客户的有关信息，使产品或服务能得以准确定位，同时使企业的促销工作更具有针对性，从而提高营销效率。运用数据库与客户保持紧密联系，无须借助大众媒体，比较隐秘，不易引起竞争对手的注意。

作为传统营销的主要形式，交易营销是着眼于产品或服务实际交易过程的营销理念，而关系营销更加注重和客户建立并保持长期的联系。德国汉诺威大学的索斯顿·亨尼格梭罗（Thorsten Henning Thuran）和厄苏拉·拉汉森（Ursula Hansen）认为，关系营销是对传统营销方式的新发展，其实质是通过建立和维护与现有客户及利益相关者的关系获利。它与传统只注重与客户单次交易的交易营销有很大的不同，在交易营销中，销售完成后互动关系即告终止；而关系营销则认为销售是长期商务关系的开始。两者的具体区别有以下几个方面。

1. 营销的理论基础不同

传统营销主要以 4P 理论为基础，而关系营销则以 4C 理论为基础。4P 理论认为，一次成功和完整的市场营销活动意味着以适当的产品、适当的价格、适当的渠道和适当的促销推广手段，将适当的产品或服务投放到特定的市场。而 4C 理论则以消费者需求为导向，重新设定了市场营销组合的四个基本要素，即消费者（Consumer）、成本（Cost）、便利（Convenience）、沟通（Communication），强调企业首先应该把追求消费者满意放在第一位，产品或服务必须满足消费者需求，同时降低消费者的购买成本，在研发产品或服务时就要充分考虑消费者的购买力，然后充分注意消费者购买过程中的便利性，最后还应以消费者为中心实施有效的营销沟通。

2. 营销重心的转移

传统营销强调对传统营销过程的分析，其核心是交易，关注的是一次性交易，看重的是实现每一次交易的利润最大化，强调企业利益的最大满足，并且把交易看作营销的基础，而没有把与客户建立和保持广泛密切的关系摆在重要位置。而关系营销则不同，它把营销视为企业建立市场关系的活动，重视市场营销过程中与企业利益相关者的相互关系和相互作用，认为企业与客户、供应商、分销商等建立起牢固的、互相依赖的关系是营销的重心，通过建立关系形成营销网络，并从良好的合作关系中获利。

3. 市场范围的扩大

传统市场营销把视野局限于目标市场上，也就是通过市场细分确定客户群。关系营销的范围广得多，不仅包括客户市场，还包括供应商市场、中间商市场、劳动力市场、影响者市场和内部市场，会涉及客户、供应商、分销商、竞争对手、银行、政府及内部员工等。客户是企业生存和发展的基础，建立和维持与客户的良好关系是企业营销成功的保证。因此，关系营销把客户作为关注的焦点，并把它放在建立各种关系的首要位置。

4. 服务观念的强化

传统意义上的产品和服务是截然分开的，企业仅仅满足于把产品卖出去，拥有更多的市场份额，获取更大的商业利润，不太强调客户服务。在关系营销理论中，产品和服务之间的界限变得模糊起来，这两个如同两极的事物正在被统一，产品服务化和服务产品化已成为明显的发展趋势，服务的地位越来越重要。

交易营销与关系营销在实践活动中的特点见表2.1。

表2.1 交易营销与关系营销在实践活动中的特点

交易营销	关系营销
关注一次性的交易	关注客户保持
较少强调客户服务	高度重视客户服务
有限的客户承诺	高度的客户承诺
适度的客户联系	高度的客户联系
质量是生产部门所关心的	质量是所有部门所关心的

通过上述分析可知，交易营销和关系营销这两种不同的营销方式有其各自的适用条件和范围：第一，当服务在产品交易中的作用越来越突出的时候，关系营销优于交易营销；第二，在大宗产品、设备行业和专业服务业，关系营销比交易营销更适用；第三，在消费品行业，关系营销更适用于与经销商的合作，而与终端消费者则更多的是交易营销。

2.5 关系营销的三个层次

企业最关心的问题是如何将新客户转为企业长期合作的伙伴。企业为客户提供的价值是建立、发展和维护客户关系的基础。如果企业能够持续不断地为客户提供额外的价值，即企业所提供的产品或服务所带来的利益高于客户所付出的成本，那么企业就可以吸引新的客户，同时也能增进与老客户之间的合作关系。至于企业如何为客户提供额外价值，便是关系营销策略所关注的内容。从目前的商业实践来看，企业在为客户提供价值方面有很多种手段，这里我们可以借鉴美国学者贝瑞（Berry）和帕拉苏拉曼（Parasuraman）归纳的三个层次的策略手段。企业可以通过以下不同级别的客户关系营销手段来加强与客户联系，使其成为企业的忠实客户，分别是一级关系营销（财务层次营销）、二级关系营销（社交层次营销）和三级关系营销（结构层次营销）。

1. 一级关系营销（财务层次营销）

一级关系营销也被称为财务层次营销，是最低层次的关系营销。它维持客户关系主要是运用财务方面的手段，通过价格调整来刺激目标市场客户的财务利益，同时增加企业收益。频繁市场营销计划是一级关系营销中比较具有代表性的一类。所谓频繁市场营销计划，指的是对那些频繁购买以及按稳定数量进行购买的客户给予财务奖励的营销计划。美国航空公司是首批实行频繁市场营销计划的公司之一。20世纪80年代，它决定对客户提供免费里程信用服务。近年来，国内的各大航空公司也纷纷推出类似的里程累积和里程奖励计划。比如，中国南方航空公司（简称南航，国内最大的航空公司之一）已全面推出常旅客里程累积奖励计划——南航明珠俱乐部，这是目前国内规模最大、增长速度最快的常旅客奖励计划之一。当客户的里程累积到20000公里后，将有机会使用里程积分直接兑换免票或免费升舱服务，所获得的里程可以转赠给他人使用。同时，南航与多家商户达成合作意向，除了乘坐南航航班能够累积里程外，用香港中银信用卡消费、入住香格里拉酒店也能累积里程。另外，它还会定期推出优惠"套餐"：乘坐特定的航班，里程加倍。除了航空公司，酒店等服务行业也是采用这种计划比较频繁的行业。

一级关系营销的另一种常见形式是，对不满意的客户承诺给予相应的补偿。企业对客户提供对产品或服务标准的承诺，如果客户对企业的产品或服务不满意，企业将承诺给予客户合理的价格赔偿。例如，新加坡奥迪公司承诺：如果客户购买汽车一年后不满意，可以按原价退款。

总之，一级关系营销是一种低层次的营销，无法与竞争者真正拉开差距，因为这一层次的营销策略非常容易被模仿，而一旦竞争者成功模仿，客户将很容易流失。所以我们说，一级关系营销可以刺激客户购买，却很难培养起客户对企业的忠诚度。同时，如果企业频繁地使用此市场营销策略，也会给企业带来额外的成本负担。因此，企业在竞争对手也采取类似的策略时，必须在经营策略上进行进一步的深入，即在一级关系营销的基础上进行二级关系营销和三级关系营销，这样可以有效增加客户的转移成本，培养客户的忠诚度。

2. 二级关系营销（社交层次营销）

二级关系营销也被称为社交层次营销。二级关系营销通过了解单个客户的需要和愿望，为其提供更个性化与人性化的服务，来增加企业与客户之间的联系。在二级关系营销里，与客户建立良好的社交关系比向客户提供价格刺激更为重要。

二级关系营销策略的主要表现形式是建立客户组织。企业以某种方式将客户纳入特定组织中，使企业与客户保持更为紧密的联系，从而实现对客户的有效控制。一般而言，建立客户组织包括两种形式：有形的客户组织和无形的客户组织。

有形的客户组织通常是企业通过设立会员制、客户俱乐部、客户联盟等形式来与客户保持长久的联系。例如，国内著名的家电企业海尔于2000年1月建立了海尔俱乐部，这是海尔为满足客户的个性化需求而建立的一个与客户共同追求国际化生活品质，分享新资源、新科技的亲情化组织。在海尔俱乐部内，会员可以享受很多权益和贴切的亲情服务：体验最新的家电时尚，感受海尔家电的国际品质，享受俱乐部定期电话回访或信访，享受到俱乐部异业结盟带来的衣、食、住、行等方面的优惠服务，同时还能享受海尔家电保修期延长服务等。

日本的任天堂电子游戏机公司建立了任天堂俱乐部，吸引了200万会员，会员每年付16美元会费，可以每月得到一本任天堂杂志，先睹或回顾任天堂游戏，赢者有奖，还可以打游戏专线电话询问各种问题。

哈雷·戴维森公司建立了哈雷所有者团体，拥有30万会员，向会员提供一本杂志（介绍摩托车知识、报道国际国内的骑乘赛事等）、一本旅游手册、紧急修理服务、特别设计的保险项目、价格优惠的旅馆，还经常举办骑乘培训班和周末骑车大赛，向度假会员廉价出租哈雷·戴维森摩托车。第一次购买哈雷·戴维森摩托车的客户可以免费获得一年期的会员资格，在一年内享受35美元的零件更新。目前，该公司占领了美国重型摩托车市场的48%，市场需求大于供给，客户保留率达95%。

无形的客户组织与有形的客户组织不同，有形的客户组织更多的是通过线下的沟通和各种活动来密切与客户的关系；无形的客户组织则主要借助互联网、移动终端等现代设备通过论坛、官方微博、网上社区等平台来发布商品信息，举办各类活动，吸引客户参与交流，提升客户黏性，培养忠诚客户。比如，全球有名的亚马逊网上商店利用其庞大的客户数据库资源记录客户的偏好和购买习惯，并据此来为客户提供更个性化的有针对性的服务。在亚马逊网上商店，每一位购买者都必须登记注册，建立自己独一无二的用户名。每一个用户名对应的数据库中都记录了个人信息，如代号、年龄等，并保存在亚马逊庞大的客户数据库中。当客户在亚马逊网上商店选中一本书时，窗口会主动列出同类书供客户参考；任何人只要在亚马逊网上商店买过一次商品，亚马逊都会记住其相关资料；再次购买时，只需用鼠标点一下欲购之物，网络系统就会帮你完成之后的手续，其中包括收件资料，甚至刷卡付费也可由网络系统代劳，客户只需点一下"确认"按钮即可。为了帮助读者选书、购书，亚马逊推出了一个有形的会员俱乐部，利用与会员之间的互动，提供一项名为"虚拟导购"的服务。这项服务征集对某些书籍十分精通的客户来对书籍进行整理和推荐,这些被选中的客户如果把书卖给了其他客户,就可以从亚马逊那里分得销售额 3%~7%的利润,这一切都是在网站上完成的。

数据库这个无形的组织不仅可以帮助企业掌握客户的消费习惯与偏好,同时还可以有效地警示客户的异常购买行为以及可能的客户流失。比如,当美国特惠润滑油公司的客户超过 113 天(这是该公司经过长期试验得出的客户平均换油周期)没有再次使用该公司的产品或服务时,该公司的数据库系统便会自动提醒企业是否采取相应的措施。无形的客户组织利用企业与客户以及客户与客户之间的积极互动,使客户获得了经济利益以外的满足,极大地提高了客户的忠诚度。

思考:美容院客户组织化的具体方法有哪些?

显然,二级关系营销比一级关系营销更进了一步。当竞争对手也在采用相似的一级关系营销的时候,二级关系营销就可以有效地帮助企业来保留客户。当然,在面临非常激烈的价格战的时候,二级关系营销也可能成效甚微,因为它只能支持价格的小幅度变动。当与竞争对手的价格差距较大的时候,要想继续保持与客户的关系,就必须通过提供竞争对手所不能提供的一些深层次的服务吸引客户,如对一些小型的客户提供特殊的技术支持、资金援助等。因此,企业还需要在二级关系营销的基础上,与客户建立三级关系营销,与客户建立稳定的结构纽带联系,从而长久地留住客户。

关系营销基于客户关系的三种营销方式

客户是企业发展的根本,利用关系营销来维护好客户关系,有以下三种常用的营销方式。

1. 会员营销:彻底改变了结账便意味着交易结束的消费观念。会员营销让原有的客户自由选择变得更具有目的性,通过简单的会员体系,能够将企业与客户紧密联系在一起。

2. 粉丝营销:在互联网普及的现在,粉丝经济应运而生。立足于粉丝经济上的粉丝营销,极大增加了客户对某品牌的归属感。

3. 口碑营销:口碑营销是实现品牌裂变式传播的关键。塑造好了口碑,可以极大加深客户对企业的好感。

思考:给出上述几种营销方式的具体例子。

案例:社交营销

例如,九阳面条机品牌成功尝试社会化电商实现销售推广,这是一次几乎没有花什么成本的营销:三天时间内,新浪微博共为天猫九阳卓嘉专卖店引流25835,有4241个订单直接来自新浪微博,直接访问转化率为18.24%。九阳这次社会化电商的尝试,把握住了两个关键点:如何吸引用户的关注度,以及如何选择渠道。

例如,杜蕾斯因为能够快速根据当时的热点事件做创意营销、与微博网友即时互动,引起了很大的关注。

例如,小米公司通过小米社区整合"米粉",举办了各种比赛、庆典活动等,将线上交流延伸至线下,用户黏性极高;华为通过手机、平板等特别的华为生态吸引了一大批用户。可见,社交平台引流的重要性。

例如,大众点评为什么选择了腾讯?有报道称,腾讯战略入股大众点评,大众点评CEO张涛和产品负责人姜跃平详细阐述了选择与腾讯合作的四大因素和大众点评未来的规划。张涛总结的这四大因素包括:社交属性、位置属性、支付闭环(账号体系)以及沟通体系。

关于社交属性,张涛说优质的内容是大众点评最大的优势,但劣势是缺乏社交,特别是在移动互联网时代。大众点评曾经自己做过社交,但最后尝试失败,他发现无论如何引导,用户在大众点评上都很少进行社交,以至于他说最近几年他理解最深的一个词就是企业基因,因为它比一个人的性格更难去改变。而腾讯的微信、QQ等本身就为社交而生,弥补了大众点评所缺的。社交产品天然具备了位置属性(LBS),这点恰好是大众点评非常看重的地方。双方要合作的地方包括微信"附近的人"这个模块甚至朋友圈,"附近的人"未来可能会分成多个子模块,比如包括附近的商家和附近的人等。用张涛的话说,就是要让LBS流量变现,实现交易的场景化,而与微信一起合作,将朋友圈的内容结构化。

张涛认为,这四点是大众点评与腾讯合作的基础,它实现的是一种乘法效应,而BAT里的其他两家——阿里和百度均不具备。他说,目前互联网的流量分发入口只有百度、腾讯和360,但百度的流量是可以计算出来的,阿里则没有,而移动端具有长期流量分发能力的目前只有腾讯。如果与阿里或者百度合作,更多可能是一种财务投资和单纯地增加收入或者用户,从这个角度来说他更愿意让大众点评独立发展。

思考:社交营销是否存在一定的缺陷呢?

3. 三级关系营销——结构层次营销

这里所说的结构层次营销,指的是企业在向交易伙伴提供财务利益和社会利益的同时,还为交易伙伴提供其他的一些有价值的服务,而这些服务一般无法从其他竞争企业获得,同时还通过交易伙伴与企业之间的长期互动,使企业能传递更个性化与差异化的服务和价值给交易伙伴,这样就使得企业与交易伙伴结成结构性纽带关系,并带来长期稳定的关系。因此,结构层次营销主要是企业建立起与交易伙伴之间的结构性纽带。根据交易伙伴的不同,它可以分为企业与客户(或顾客)的结构性纽带和企业与企业的结构性纽带。

企业与客户(或顾客)的结构性纽带是指企业通过向客户(或顾客)提供独特的服务来建立起双方结构性的关系。例如,在厂家、代理商、经销商的销售体系中,厂家和代理商不仅仅充当向经销商提供商品的角色,而且帮助销售网络中的经销商特别是一些较小的成员提高其管理水平，合理地确定他们的进货时间和存货水平，改善商品的陈列；向其提供有关市场的研究报告，帮助其培训销售人员；同时建立经销商档案，及时向经销商提供有关商品的各种信息等。又如，美国美林公司为了方便客户进行股票和债券交易，创建了一套先进的管理会计系统。这一管理会计系统通过在资金市场上卖出股票和债券获得现金，让客户的基金持续地赚取利息，同时也减少了客户在交易上所消耗的时间，大部分客户喜欢这种简单、灵活的方式。而与美林公司相比，竞争者要提供类似服务的技术系统需要很多年，于是美林公司就通过这一系统与客户结成了稳定的结构性纽带联系。

另外，企业与企业的结构性纽带是指两个企业结成紧密合作的伙伴关系，在开发、研究、供应、人员等方面互相协作，以促进双方的共同发展。例如，德国工业巨子西门子每年的销售额高达 500 亿美元，在世界各地的供应商总数超过 120000 个，其中有 20000 个被认为是"第一选择供应商"，西门子与其建立了结构性纽带关系。这种关系的确立基于两个原则：供应商的竞争优势（主要根据产品和技术的复杂度以及寻找替代供应商的难度）和供应商对企业利润的影响，目的是促进共同发展。通过互派工作人员，对双方企业的工作流程和信息系统进行相应的改进和适应调整，西门子与"第一选择供应商"建立了密切的长期战略合作伙伴关系，双方也取得了共同的发展和进步。

当面临激烈的价格竞争时，结构性纽带为维系企业与交易伙伴间的关系提供了非价格动力，解决了前两个层次营销策略只能支撑价格小幅度变动的问题。

以上所述即为关系营销的三个层次，其各自的特点如表 2.2 所示，这三种营销策略可以在企业的实际运营管理中根据情况加以灵活使用。如果企业规模较小，在企业与客户建立关系的过程中，可以只采取财务层次营销手段，也可以将财务层次营销、社交层次营销这两种手段并用；如果企业的规模较大，就可以综合运用这三种关系营销手段使客户成为企业的长期合作伙伴，让企业在激烈的市场竞争中取得胜利。

表 2.2 关系营销的三个层次及其特点

策略层次	个性化程度	主要的营销组合要素	持久竞争优势的潜力
财务层次	低	价格	低
社交层次	中	与客户的沟通	中
结构层次	高	服务的传递	高

本章小结

1. 关系营销的定义：关系营销是一个企业与消费者、供应商、分销商、竞争者、政府机构及其他公众发生互动并建立长期、信任和互惠关系的过程。
2. 关系营销与交易营销存在诸多区别。

3. 关系营销的三个层次：一级关系营销（财务层次营销）、二级关系营销（社交层次营销）和三级关系营销（结构层次营销）。

思考题

1. 简述关系营销产生和发展的背景。
2. 简述 4P、4C、4R 营销理论。
3. 简述关系营销的含义。
4. 简述关系营销与传统交易营销的区别。
5. 比较关系营销的三个层次策略。

第 3 章
一对一营销理论

学习目标

- 理解一对一营销的定义
- 掌握一对一营销的核心理念
- 理解和掌握一对一营销的价值
- 理解一对一营销的战略流程和不同阶段特征
- 掌握一对一营销的陷阱

开篇案例：三个商贩都在卖水果

我的一个邻居老太太去市场买菜，买完菜路过卖水果的摊位，看到两个摊位上都有苹果在卖，就走到一个商贩面前问道："苹果怎么样啊？"商贩回答说："我的苹果不但大，而且还保证很甜，特别好吃。"

老太太摇了摇头，向第二个摊位走去，又向这个商贩问道："你的苹果怎么样？"

第二个商贩答："我这里有两种苹果，请问您要什么样的苹果啊？"

"我要买酸一点儿的。"老太太说。

"我这边的苹果又大又酸，咬一口就能让人酸得流口水，请问您要多少斤？"

"来一斤吧。"老太太买完苹果又继续在市场中逛，好像还要再买一些东西。

这时她又看到一个商贩的摊上有苹果，又大又圆，非常抢眼，便问水果摊后的商贩："你的苹果怎么样？"

这个商贩说："我的苹果当然好了，请问您想要什么样的苹果啊？"

老太太说："我想要酸一点儿的。"

商贩说："一般人买苹果都想要又大又甜的，您为什么会想要酸的呢？"

老太太说："我儿媳妇怀孕了，想要吃酸苹果。"

商贩说："您对儿媳妇可是真体贴啊，您儿媳妇将来一定能给您生个大胖孙子。前几个月，这附近也有两家要生孩子，总来我这儿买苹果吃，你猜怎么着？结果都生了儿子。您要多少？"

"我再来二斤吧。"老太太被商贩说得高兴得合不拢嘴，便又买了二斤苹果。

商贩一边称苹果，一边向老太太介绍其他水果："橘子不但酸，而且还有多种维生素，特别有营养，尤其适合孕妇。您要给儿媳妇买点橘子，她一准儿很高兴。"

"是吗？好，那我就再来二斤橘子吧。"

"您人真好，您儿媳妇摊上了您这样的婆婆，真是有福气！"商贩开始给老太太称橘子，嘴里也不闲着，"我每天都在这儿摆摊，水果都是当天从水果批发市场批发回来的，保证新鲜，您儿媳妇要是吃好了，您再来。"

"行。"老太太被商贩夸得高兴，提了水果，一边付账一边应承着。

三个商贩都在卖水果，但结果却不同。

思考：三个商贩都在卖苹果，为什么结果如此不同？

当老太太走近并询问苹果怎么样时，第一个商贩直接向老太太介绍自己的苹果又大又甜，老太太摇摇头离开了。这个商贩没有卖出苹果的原因是他没有探询老太太的需求，便试图向老太太推销苹果，结果老太太并不想买甜苹果，就离开了。

第二个商贩询问老太太要买什么样的苹果，并根据老太太的需求卖出了一斤苹果，但是并没有卖出其他的水果，原因在于他虽然探询了老太太的需求，但没有挖掘到需求背后的需求。

第三个商贩充分挖掘了老太太的需求和需求背后的需求，并据此向老太太介绍自己的水果，不但卖出了苹果，还卖出了橘子。这个商贩还非常善于称赞老太太，使得老太太十分开心，这时这个商贩趁机告诉老太太自己每天都在这里卖水果。这个商贩不仅卖出了水果，还为下一步的销售做好了准备。

其实，第三个商贩的销售过程就是一个面对面销售的流程。

这个流程包括开场白、探询客户需求、说服和计划下一步行动四个步骤。

在现实中，销售代表不能生搬硬套销售流程，根据不同的情景和实际情况，有一些步骤可能被一语带过。

第一步是开场白。在开场白中,老太太向商贩询问苹果怎么样的时候,商贩先热情地与老太太打了个招呼。销售代表和客户见面的时候也是一样,销售代表不能开门见山地直接要求客户买自己的产品,而是需要先与客户进行寒暄,寒暄就是开场白的一部分。销售代表应该设计一个好的开场白,因为刚开始的几分钟决定了这个拜访过程的走向,客户会在最初的几分钟里对销售代表进行判断,决定是否与这个人交谈下去。开场白的第一个作用是使客户了解与销售代表交谈的意义。另外,精彩的开场白可以拉近与客户的距离,使得下个步骤顺利进展。

第二步是探询客户需求。商贩没有直接回答老太太关于苹果怎么样的问题,而是先应付过去,然后开始探询老太太的需求。三个商贩了解客户需求的程度不同,因此推荐的水果也不同,所以越能充分、完整地了解客户的需求,便越能够正确地向客户推荐产品,并介绍自己产品对客户的益处。

第三步是说服。清晰、完整地了解客户需求之后,销售代表就可以进行说服了。在销售代表的说服过程中有三个关键的因素:产品特性、对客户的益处以及证据。很多销售代表都热衷于介绍自己产品的优点,而不关心这点对客户是否有用。说服客户应该从客户需求和利益出发,帮助客户趋利避害。因势利导是说服的关键。

第四步是计划下一步行动。第三个商贩一直没有闲着,一边称橘子,一边告诉老太太自己每天都在这里摆摊。如果老太太的儿媳妇吃得满意,老太太又很喜欢这个商贩,那么老太太可能每天都来这个商贩的摊上买水果。日积月累,这个商贩就能积累一大批老客户,这些老客户的不停采购可以使这个商贩的销售额大大提高。销售代表在拜访客户时,应该时时观察客户的兴趣点,并据此提议下一步的活动,将销售一步步地进行下去。

补充:

1. 取得大量客户信息是不够的,关键是要利用这些信息,为各种客户创造定制化的待遇。

——Ken Robb,迪克超级市场营销总监

2. 我们不断与客户沟通,让他们觉得他们在我们心目中是特别的,并且能够得到特别的服务。

——Billy Payton,奈门马可仕公司客户服务副总裁

3.1 一对一营销的含义

"一对一营销"思想是由博士 Don Peppers 和 Martha Rogers 在畅销书《一对一的未来:与客户逐一建立关系》中提出的。"一对一营销"思想自提出以来,一直受到商界热烈的推崇,随后网络信息技术的快速发展也大大提高了"一对一营销"思想的应用,可以说,一对一营销是现代市场营销学实践的重大突破。

传统大众营销是开发出一种产品后努力为其寻觅客户，而一对一营销则是培育出一位客户后努力为其搜寻产品，这是两者的本质区别。一对一营销是满足客户个性化需求的活动，要求一切从客户需要出发，通过设立"客户库"，与库中每一位客户建立良好关系，开展差异性服务。从理论上讲，每一位客户的需求都具有唯一性。从市场的角度看，每一个客户都是一个细分的市场。如何有针对性地向客户提供产品或服务，如何把握客户的需求并以最快的速度做出响应，即如何吸引并保持客户是一对一营销的核心。例如，一家干洗店不是千方百计地寻觅城中尽可能多的客户，而是要从现有的每一位客户中获取更多的生意，确保为他们每一个人永远地做好各项服务，同时赢取忠诚客户推荐来的生意。

所谓一对一营销（One to One Marketing），就是指企业通过与客户进行一对一的沟通，了解并把握每一位目标客户的需求，提供个性化的产品和服务来满足其需求，从而更好地实现企业利益的活动过程。

Don Peppers 和 Martha Rogers 指出：一对一的营销发生在你与客户互动的时候。当客户告诉你他需要什么时，你根据客户的需求来改变自己的行为，这就被称为"一对一营销"。一对一营销是指企业根据客户的特殊需求来相应调整自己的经营行为，它要求企业与每一个客户建立一种学习型关系。一对一营销目前正在以各种方式影响着全世界的每一家企业、每一个行业，美国航空、第一联合银行、通用电气、戴尔、惠普、甲骨文等众多的知名公司都正在逐步运用这种营销模式。

3.2 一对一营销的核心思想

1. 提高客户占有率（Customer Share）

一对一营销以"客户占有率"为中心，通过与每个客户的互动对话，与客户逐一建立持久、长远的"双赢"关系，为客户提供定制化的产品。其目标是在同一时间向一个客户推销最多的产品，而不是将一种产品同时推销给最多的客户。

Don Peppers 和 Martha Rogers 认为，企业应该采用新的营销思维模式，将营销的焦点从市场占有率（Market Share）转换到客户占有率（Customer Share）上来。市场占有率（也称为市场份额）是指一个企业的产销量占该类产品在整个市场销售总量的比例。客户占有率（也称为客户份额）则是指一个客户的"钱包占有率"（Share Of Wallet，SOW），即企业在一个客户的同类消费中所占的份额大小。SOW 是衡量客户忠诚度的一个重要指标，客户份额越大，企业对该客户的占有率也就越高，客户对企业也就越忠诚。占据了客户份额的企业也就真正得到了客户的"芳心"，拥有了客户的忠诚度，不管市场风云如何变幻，企业也可以在某种程度上立于不败之地。

对于传统的以追求市场份额为目标的企业而言，其发展的方向就是获取更多的客户，占据更大的市场份额，即不停地拓宽水平线，争取更多的客户。而以追求客户份额为目标的企业，其发展方向是保留客户的时间更长，并让他们发展壮大，购买更多的企业产品或服务。追求市场份额和追求客户份额的营销战略比较,如图 3.1 所示。

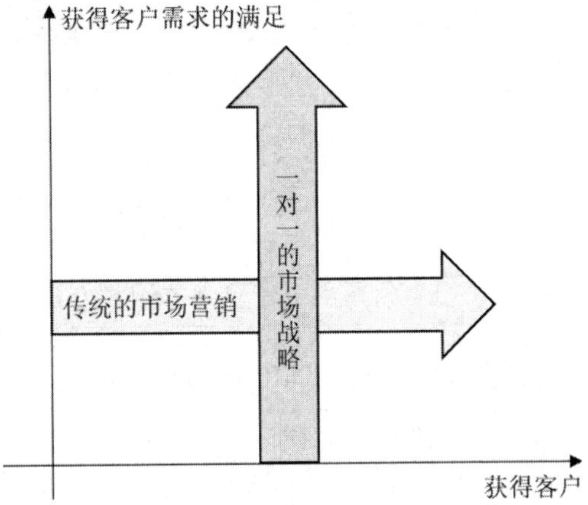

图3.1 追求市场份额和追求客户份额的营销战略比较

一对一营销鼓励企业建立客户基础,认为企业应该思考如何增加单个客户的营业额(也就是在一对一基础上提升对单个客户的占有),而不是竭力追求增加市场占有率,只考虑如何将更多的资金与精力投放在市场上以获得营业额的提升。一般大众市场推广的做法是开发一种产品,然后试图为该产品找到客户。但一对一营销则是以客户为中心,开发一个客户,然后试图为该客户寻找适合的产品。因为提升已有客户消费金额所需的成本往往低于新开发一个客户的成本,所以提升客户占有率有助于提升企业的利润。同时,当企业致力于提高现有客户的消费金额时,也在与客户建立一种更长远和稳固的关系,而这有助于提升客户的终身占有率,即"终身钱包占有率"。

2. 与每个客户进行个性化交流(Personalized Communication)

一对一营销中非常重要的一个观念就是:你不仅要了解客户的总体情况,还要深入数字背后了解每一位客户具体的感受与需求。对于企业而言,重要的不是对所有客户了解多少,而是对单个客户的了解程度。这种了解是通过双向的交流与沟通实现的,就像交朋友一样,认识之后,持续的交往与交流才能让这种关系得以保持并加深。从这样深入的互动中,企业可以了解到比一般市场调查更多的信息,也可以与客户建立信任与忠诚的关系。

目前的技术手段可以让我们充分做到这一点。互联网、呼叫中心及其他 IT 技术平台都使我们可以很容易地做到与客户互动。与客户互动最关键的一点是让客户参与企业的销售、生产及服务过程。

补充阅读:戴尔公司的一对一思想

大家经常谈及戴尔公司,它是业界实现一对一思想最为彻底的公司之一。它的 Premier Page 的成功运作,能充分说明"与客户互动对话"的可操作性与良好效果。戴尔是最早为客户在自己的网站上建立"一对一"界面的企业之一,客户登录这个系统,里面的资料就好像是为其专门准备的,其实也的确是专门为其准备的。里面有该客户与戴尔发生过交易的所有信息、戴尔曾经给过客户的报价、售后服务信息,更有专门的直销价格与推荐机器。这种直销价格针对不同的客户是不同的,给你的价格只有你在自己的 Premier Page 中才能看到。所推荐的机器也可能是不一样的,因为戴尔为客户的不同喜好、不同 IT 架构做不同的推荐。同样,客户可以在这个 Page 里配置自己的机型、发布自己的需求与对戴尔产品及服务的意见与建议。不仅仅是这个 Page 本身,客户也可以通过电话、传真、电子邮件与戴尔进行对话。在此模式中,客户全程参与戴尔的生产、销售及服务的各个环节,客户不再是企业的外人。

3. 与客户建立持久的、长远的学习型关系(Learning Relationship)

一对一营销鼓励企业与每个客户进行交互式对话,在对话中,客户会提出自己所需要的产品或服务,而企业则为客户提供所需要的东西。所谓学习型关系,是指企业每一次与客户的交往都使企业对该客户增长一分了解,客户不断地提出需求,企业就不断地按此需求改进产品或服务,从而使企业不断地提高让该客户满意的能力。客户在这种合作关系中会提供意见,并详细说明自己的要求,这亦是客户对企业进行教育的过程。与对企业最有价值的"金牌客户"建立学习型关系尤为重要。与客户建立学习型关系的时间越长,客户离开的成本就越高。客户需求变化得越快,客户就越珍惜与企业的这种学习型关系。客户向企业表达的需求获得的满足越多,那么客户就会越不愿意购买企业竞争者的产品或服务,因为需要对企业竞争者进行重新培训。客户与企业的一对一交流越深入,就越能帮助企业在进入壁垒上设置屏障,阻止竞争者进入,以保护企业在客户身上所做的投资。企业与客户之间的学习关系就是与客户的一次次交流,随着交流的加深,企业与客户之间的关系"愈加聪明",这也就是所谓的"干中学",这种学习关系是一对一企业策略的中心动力。与客户保持长期的学习型关系,企业不仅可以留住客户,而且还能够扩大赢利空间。

一般而言,企业与客户建立学习型关系主要有四个重要的步骤:

(1)通过与客户的互动与反馈探索客户的需求;

(2)为客户提供按客户需求定制的产品或服务,并且记住这些商品的特征;

(3)继续与客户进行互动,并寻求其深度反馈,以便更深入了解客户的个人需求;

(4)根据客户的反馈不断修正客户需求,并尽力满足客户以留住客户。

4. 划分客户等级(Customer Levels)

客户等级是"20/80"法则在市场营销学中的应用,特指 20% 的客户为企业创造 80% 的利润,以此将客户划分等级。在大多数产业,那些高获利群可以带来高于低获利群 6~10 倍的利润。美国代顿·哈德森(Dayton Hudson)公司通过对 400 万消费者调研,发现一个令人惊奇的事实:2.5% 客户的消费额占到了公司总销售额的 33%。为此,实施一对一营销的企业对客户进行划分,将所服务的客户划分为三类,即最有价值客户(Most Value Customer,MVC)、最具增长性客户（Most Growable Customer，MGC）和负值客户（Below Zero Customer，BZC）。实施一对一营销的企业非常注重客户的质量，千方百计地争取和保持住 MVC 和 MGC，对 MGC 实施交叉营销策略，努力将其转化为 MVC。由于 BZC 获取的利润无法弥补为他们服务的相关开支，因此要么是将其转化，要么是降低服务，甚至终止服务。2002 年，被各大媒体纷纷炒作的花旗银行向小储户收取服务费事件，正是花旗银行实施一对一营销战略的结果。

简而言之，一对一营销的核心是以客户份额为中心，通过与每个客户的互动对话，与客户逐一建立持久、长远的双赢关系，为客户提供定制化的产品和服务，提升企业生存与发展的能力。一对一营销具有以下几点特征：由追求市场占有率变为追求客户占有率；从注重产品差异化转向注重客户差异化；企业的营销组织从产品管理型变为客户管理型；由强调规模经济变为强调范围经济。

3.3 一对一营销的价值

1. 大大增加交叉销售

在一对一营销中，客户对其所忠诚的企业的产品或服务的消费会随时间的增长而增加，由此增加对企业的信任度，其结果是他们有可能更多地购买企业的产品或服务。他们不但会继续购买原来的产品或服务，还会尝试购买企业的其他产品或服务。这样的重复购买和交叉销售会大大增加企业的收入。

2. 降低客户游离程度，增加客户忠诚度

在互联网中，客户可以获取各种信息并相互比较，以便为自己寻求更大的价值。而一对一营销的一个重要观念是："重要的不在于您对所有的客户了解多少，而在于您对每一位客户了解的程度。"也就是说，必须与客户进行一对一交流。通过双向沟通媒介以及信息回馈机制，企业能获得更多的信息，因而能更好地满足客户的各种特殊需求，提供给客户质量上乘和价格合理的产品或服务，建立与客户之间的信任与忠诚关系，同时有效地制止客户对其他产品或服务信息需求的欲望、排斥其比较心理，使企业获取长期客户。

3. 降低交易成本，缩短服务周期

老客户的重复购买可以缩短产品或服务的购买周期，拓宽产品或服务的销售渠道，控制销售费用，从而降低成本。同时，与老客户保持稳定的关系，使客户产生重复购买过程，有利于企业制定长期规划，建立满足客户需要的工作方式，从而降低成本。此外，一对一营销能使客户更加便捷地得到产品或服务。每次交易中客户需要重复陈述的信息或需求越少，交易的效率也就越高。

4. 提高客户满意度，建立品牌效应

客户满意度得到提高，使企业获得终身客户。这些忠诚的客户会成为企业的义务推销员，向其他人群推荐产品或服务。通过这种客户口碑宣传，不仅使客户所属群体的其他成员成为企业的新客户，而且与那些冲着诱人广告或价格折扣而来的客户相比，这种新客户更容易产生价

值共鸣，最终也成为忠诚客户。这将对企业树立良好的品牌形象起到不可估量的作用。

3.4 一对一营销的战略流程：IDIC 四步模型

一对一营销的执行和控制比较复杂，企业通过与客户的接触不断增加对客户的了解，企业在客户提出的要求以及对客户了解的基础上，生产和提供完全符合单个客户特定需要的定制化产品或服务。Don Peppers 和 Martha Rogers 认为，实施一对一营销非常重要的四个环节是识别企业客户（Identify）、客户差别化（Differentiate）、企业与客户的双向沟通（Interactive）、企业行为定制（Customize），即 IDIC 四步模型，如图 3.2 所示。

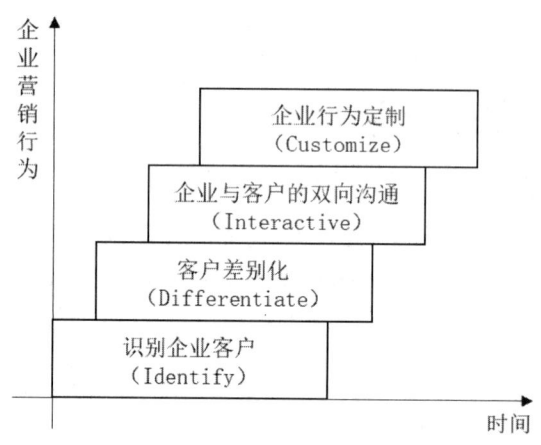

图3.2 一对一营销的战略流程——IDIC四步模型

1. 识别企业客户（Identify）

营销者对客户资料要有深入、细致的调查和了解。对于准备实施一对一营销的企业来讲，关键的第一步就是挖掘出一定数量的客户，且有少部分是具有较高价值的客户，建立自己的"客户库"，并与"客户库"中的每位客户建立良好关系，最大限度地提高每位客户的价值。

（1）深入了解客户。仅仅知道客户的名字、住址、电话号码是远远不够的，企业必须掌握包括客户习惯、偏好在内的尽可能多的信息资料，并了解客户的特征偏好。企业可以将自己与客户发生的每一次联系都记录下来，例如客户购买的数量、价格、采购的条件、特定的需求等。

（2）长期研究客户。对客户进行某一次调查访问不是一对一营销的特征，一对一营销要求企业必须从每一个接触层面、每一条能利用的沟通渠道、每一个活动场所及企业每一个部门和非竞争性企业收集来的资料中认识和了解每一位特定的客户。同时，每次客户与企业联系的时候，要能认出每个客户，然后把那些不同的数据、不同的特征关联起来，构成对每一个具体客户的完整印象。

（3）统一客户沟通平台。识别客户最重要的在于建立企业与客户沟通的统一平台，企业应将电话、传真、Web、无线接入等多种交流渠道进行高度集成，使企业的客户无论通过何种渠道,在何种地点、何种时间与企业的任何工作人员进行交流时,企业都能识别出客户,实现"从哪里开始,就从哪里结束"。

> 例如,利兹卡尔顿酒店(Ritz Carlton)通过倾听获取客人偏好,从而为其提供个性化的服务。倾听是该酒店营销努力的核心要素。任何人得知客人的偏好,都可以通过前台服务人员记录到"客人偏好表"中,然后客人偏好就会进入所有分店的名为"客人历史"的计算机文件中。每天晚上,文件被送到酒店数据库,以保证每一位客人下榻的不同的利兹卡尔顿酒店都拥有其偏好信息。每天早上,根据酒店的预订名单查看客人偏好文件,从而使工作人员能采取各种必要措施迎接客人的到来。这种倾听的"小把戏"还包括由前台迎宾人员从行李标签上收集到达客人的姓名,并迅速传递到服务前台,供酒店其他员工使用。

2. 客户差别化(Differentiate)

一对一营销较之传统目标市场营销而言,已由注重产品差别化转向注重客户差别化。从广义上理解,客户差别化主要体现在两个方面:一是不同的客户代表不同的价值水平;二是不同的客户有不同的需求。一对一营销认为,在充分掌握了企业客户的信息资料并考虑了客户价值的前提下,合理区分企业客户之间的差别是重要的工作内容。客户差别化对开展一对一营销起着重要的作用:首先,可以使企业在"一对一"上做到有的放矢,集中有限的企业资源从最有价值的客户那里获得最大的收益;其次,企业也可以根据现有的客户信息重新设计企业行为,从而对客户的价值需求做出及时的反应;最后,企业对现有"客户库"进行一定程度和一定类型的差别化,将有助于企业在特定的经营环境下制定合适的经营战略。

> 例如,根据"关键的占少数,次要的占多数""20%的客户为企业创造80%的价值"的二八原则,采用ABC分类法对客户进行划分,可把客户分为贵宾型客户、重要型客户和普通型客户三种。
>
> 例如,上海移动集团通过对大客户进行分类,为不同类型的客户提供不同的服务。自1999年成立以来,经过多年探索,上海移动集团大客户服务部建立了一套切实可行的集团客户营销服务方法。集团大客户分为科技、金融、制造等九个行业,A、B、C三个等级,根据不同的行业特征设计个性化的集团产品解决方案,根据不同的等级提供合适的资费优惠组合,从而更好地为集团大客户提供规范化、标准化、综合化、个性化的服务。
>
> 例如,乐高集团(Lego Group)就是根据客户各自的特定需求来划定客户进行个性化营销的。据调查,7岁男孩玩相同的乐高玩具出于至少两种不同的原因:一是角色扮演,喜欢把自己装扮成他刚刚用积木建好的宇宙飞船的船长;二是建造,喜欢根据随附的参考示意图想出如何进行搭建。鉴于此,乐高集团为"角色扮演者"提供与其乐高玩具配套的录像带和故事书;为"建造者"提供更多的参考图,甚至单独提供一套参考图书目录。

3. 企业与客户的双向沟通(Interactive)

在激烈的市场竞争中,企业应当根据对客户的区分有针对性地与客户建立有效的信息互动交流平台,以收集最新、最有价值的信息,了解客户的需求、偏好和购买习惯等,从而改进产品或服务。在互动中,首要的是沟通效率,而沟通效率的提高取决于对相关信息做出反应的及时性和连续性。企业与客户互动的平台和措施应视该客户的价值级别而定,可以是数字化、网络化的,也可以是电信化和人工化的。与营销渠道成员的互动相比,企业与最终客户的沟通交流面积更大,沟通的接触点更多。企业必须通过多种方式尽可能地挖掘企业的产品、服务以及广告宣传路径中与客户的接触点,在一些重要的接触点上设置与客户的反馈沟通装置。

> 例如,沃尔玛零售连锁店在收银台设置客户购买资料录入器,对客户购买商品的数量、品种、购买频率、购买时间等进行录入,而且在卖场里设置客户意见和建议反馈记录箱。并派专人进行收集整理和分析,以便及时了解客户的需求变化,实现双向及时沟通。

4. 企业行为定制(Customize)

一对一营销的最后一步是定制服务。识别客户也好,与客户互动也好,最终目的都是通过了解客户需求来实现客户需求的满足,从而与客户建立长期的关系。在这一过程中,企业可以结合内部的流程再造构建以定制服务为目标的新流程,即将生产过程重新解剖,划分出相对独立的子过程,再进行重新组合,设计各种微型组件或微型程序,以较低的成本组装各种各样的产品,以满足客户的需要;采用各种设计工具,根据客户的具体要求确定如何利用自己的生产能力,满足客户需要,从而为单个客户定制一件实体产品,或围绕这件产品提供某些方面的定制服务。这个过程可能会涉及大量的客户化工作,而且调整点往往并非在于客户直接需要的产品,而是这种产品"周边"的某些服务,例如提交发票的方式、产品的包装样式等。

> 例如,上海通用汽车公司现在可以为每一位客户提供个性化的别克。每一个注册过的准车主都可以尝试通过上海通用汽车公司的中文网站定制自己中意的别克配置、颜色以及供货的地点。不仅如此,如果车主是一个爱操心的人,还可以通过该网站查看所订购车辆的状态是尚在生产线上,还是在喷漆,进入仓库,或者已经在运输途中,一直到这辆个性化汽车送到面前。这就是上海通用汽车公司实施 CRM 后为客户提供的定制服务。
>
> 例如,自行车制造商松下公司的一对一营销措施为:收集客户个性化的自行车制作要求;将不同客户所需的特定规格、式样传真到工厂;工厂 3 分钟后绘制出自行车蓝图并在两周内制作完成。松下公司可以提供 199 种颜色、18 种型号、11231862 种变化给客户,而且尺寸还可以因人而异;每辆自行车价格从 545 美元到 3200 美元不等。

总之,这四个环节之间没有泾渭分明的阶段划分,但随着四个环节的依次进行,复杂程度逐渐提高,企业可以获得的收益也越来越大。前两个环节对客户进行识别与差异分析,主要是"内部分析";后两个环节与客户接触并调整经营行为,则重在"外部行动"。从这个意义上讲,企业可以把这四个环节看作逐步开展一对一营销的进阶表,逐步落实与完善。IDIC 四步模型同样也存在不足,即企业在关注与客户的一对一关系时,忽视了企业外部环境的变化,包括竞争对手的变化、相关产品市场的变动等。因此，企业在进行营销活动过程中，不能仅仅依靠某一个模型或模式，而应当全面考虑，从而做出正确的决策。

案例：卡当网

卡当网的口号：卡当一下，好礼到家！

卡当网成立于2006年，秉承"让生活因定制更多彩"的理念，致力于打造全球最大的C2B平台，目前在个性礼品定制行业处于第一品牌的绝对优势地位，销售额增长率连续数年高达300%。其产品线囊括了时尚饰品、珠宝手表、鞋包配饰、杯子餐具、Zippo打火机、家居饰品、时尚文具、印刷品、T恤、照片冲印等数十个大类超千款单品，全网商品支持一件起订，80%的定制产品实现了24小时闪电发货。

案例：海尔

随着新经济时代的来临，人们的个性化需求愈加突出，个性化家电越来越受到市场追捧。海尔认为，新经济时代，企业面对的是千千万万的个体，或者说是一对一的消费者，他们会提出无数个性化需求。满足这种需求，才能在新经济中掌握主动。为了应对新经济时代的要求，海尔制定了从制造业向服务业转移的战略。

定制冰箱对厂家来说，就是把"我生产，你购买"转变成"你设计，我生产"。虽然这两者都是做冰箱，但前者是典型的制造业，后者却有了服务业的概念。定制冰箱对企业提出了更高的挑战，设计系统、模具制造系统、生产系统、配送系统、支付系统、服务系统等都比普通冰箱的要求高得多，将是一项浩繁的工程！

海尔冰箱出口的国家达100多个，每个国家都有不同的气候、电压状况及消费习惯，所以对冰箱的设计要求也各不相同。海尔从市场细分以及个性化的角度出发，设计了数千种不同类型的冰箱产品，总是能满足不同国家消费者的需求。海尔的冰箱超大容积设计满足了国外消费者"一日购物，六日休闲"的生活习惯；多路风冷设计的冰箱让地处热带荒漠、气候炎热干燥的中东国家消费者感受到无限凉爽；另外，根据国外消费者喜欢放长假出游的生活习惯，海尔还设计了具有"假日功能"的冰箱，只要用户在外出度假前将冰箱设置在"假日"模式，冰箱内就不会因为长期密封而产生异味，而且耗电量也大大降低。

3.5 一对一营销的战略发展阶段

Don Peppers和Martha Rogers根据一对一营销战略的实施水平，把企业一对一营销战略发展划分为四个阶段：产品驱动型阶段、客户敏感型阶段、客户驱动型阶段以及整合一对一阶段。

这四个阶段是企业营销战略从低级到高级的发展过程，如图3.3所示。

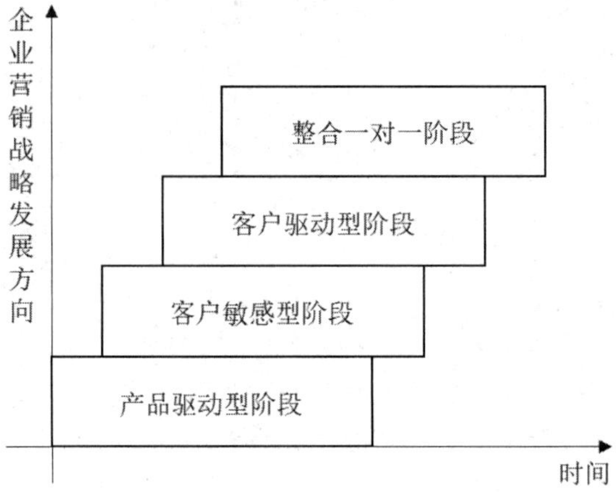

图3.3　一对一营销战略发展过程

1. 产品驱动型阶段

企业发展的早期阶段大多都采用产品驱动型的战略，因为此时企业面临的市场巨大，企业不需要为吸引客户而开展各种营销活动，而只需不停地生产产品来满足市场的需求，因此企业的关键职能就是进行产品的改进、销售与服务。在这一过程中，企业只需要追踪产品，区分不同的产品，而无须考虑客户的感受，很少与客户接触，所有的客户都只有一种产品可以购买。因此，在产品驱动型阶段，企业的主要任务在于生产产品。

2. 客户敏感型阶段

随着社会产品的极大丰富和消费者需求的变化，企业开始意识到识别不同客户的重要性，但这时还只是处于初期阶段，属于对客户敏感的阶段。在这一阶段，企业开始关注客户的相关信息，但是还没有形成系统性的信息收集和整理，只是断断续续地接触客户，只有很少的产品能满足客户的需求。

3. 客户驱动型阶段

随着客户在企业经营发展中的重要性逐渐显现，企业的战略进入到第三个阶段，即客户驱动型阶段。在这一阶段，企业开始全面关注客户的价值与需求，从企业发展的高度来进行客户识别和区分，并且利用多种环节进行互动，针对不同的客户群体提供定制性的服务。

4. 整合一对一阶段

客户识别和区分服务发展的最高阶段就是针对每一个客户进行量身定做，即企业追求满足每个客户的个性化需求，这时企业便进入了整合一对一阶段。

根据上面的分析，可以从识别、区分、互动和定制四个方面对上述四个阶段进行对比，具体如表3.1所示。

表 3.1 企业一对一营销战略发展的四个阶段

企业阶段		产品驱动型	客户敏感型	客户驱动型	整合一对一
战略实施水平	识别	追踪产品而非客户	根据产品识别客户	企业层面识别客户	企业"拥有"个体的爱好
	区分	区分产品而非客户	仅按照价值识别客户	按照价值与需求区分客户	企业追求满足每个客户的需求
	互动	极少与客户接触	断断续续接触,许多为单向	双向互动,协调并不断完善	与每个客户的反馈循环
	定制	所有客户一种产品	不同的层次有不同的产品	不同的层次有定制化的服务	为单个客户批量定制

以产品为中心的企业,经过产品驱动型阶段、客户敏感型阶段、客户驱动型阶段,直到整合一对一阶段,除了最早期的产品驱动型阶段,其余阶段都包含对客户进行区分的个性化服务的内容。在这个过程中,企业的一对一营销水平不断提高,逐步满足每个客户的需求。

3.6 一对一营销的陷阱

一对一营销理论自提出以来广受好评,但同时也面对着一些质疑,主要的批评之声来自以下几个方面。

1. 客户忠诚的逻辑陷阱

按照一对一营销理论,通过客户数据库中反映出的客户过去的偏好,就能判断出客户将来的需求。这里存在一个悖论:实施一对一营销需要客户数据库的支持,而客户数据库的建立与完善需要企业与客户有较为密切的互动。实际上,也就是要求客户是忠诚的,但恰恰培育客户忠诚度是一对一营销的目的,这个目的反过来又成为了实现一对一营销的必要条件。

毋庸置疑,对于某些老客户,企业确实有可能通过对他们既有购买数据的利用与完善,提供更好的服务或产品,提高他们的满意度,进而巩固这些客户的忠诚度。但对那些还没有重复购买行为的客户,特别是购买不频繁的耐用品消费者,企业就很难在掌握充足客户数据的情况下再根据不同客户制定决策。比如说,一个家庭购买冰箱、彩电、空调,可能购买周期是十几年,当他们有重复购买的需求时,历史购买数据不仅少得可怜,并且随着时间流逝,可能早已因客户偏好发生变化而失去了价值。对企业进行一对一营销、提供个性化的服务来说,这些信息已经无法构成行动基础。在这种没有足够有价值的客户忠诚行为做起点的情况下,一对一营销就成了空中楼阁。

2. 客户导向陷阱

一对一营销认为企业的一切活动都以满足从客户数据库中挖掘出的每个客户的需求为目的,客户需要什么,我们就生产什么、提供什么。然而,在企业与客户的互动过程中,无论是客户的历史购买数据，还是客户的投诉、建议等，反映的都是老客户明示的需求、表现出的偏好和对现存产品或服务的态度。被这些数据牵着鼻子走的企业，还能迸发出创造未来的精彩创意吗？还能拥有持续发展的活力吗？

营销学家斯蒂芬·布朗曾批评过对客户明示的需求亦步亦趋的企业，他认为客户都是短视的，甚至于他们根本不知道自己究竟想要什么，因此只有企业充分发挥创造性才能挖掘出他们的需求。管理学家哈默和普拉哈德也说过，企业的未来会维系在客户没有表达出来的模糊需求上，特别是那些潜在客户的模糊需求上，探求这些客户需求并满足他们才是真正的客户导向。正是这些客户数据库中不可能存在的东西，才能指引企业的未来之路，保证企业长久持续发展。

陷入一对一营销极端"客户导向"陷阱的企业会发现，一旦有竞争对手以非凡的远见推出超越客户现有期望的产品或服务，自己就会陷入老客户背叛的险境。

思考：你能举出类似的例子吗？试说明客户导向的弊端。

3. 能力陷阱

无论是满足个体客户需求的定制产品或服务，还是交叉销售，一对一营销都没有充分考虑企业能力的限制：似乎任何个性化的客户需求企业都能够满足；只要是老客户要求的，任何领域企业都能够延伸。

事实上，企业要满足超出企业现有经营范围的客户需求，必须扩展自己在现有价值链上的能力，甚至打造全新的价值链。这绝不是随心所欲可以做到的，因为企业受到有限资源的限制，并面对着各种技术壁垒与资金壁垒。联想是否能为电脑客户定制联想冰箱或者联想彩电？一定程度上，这好比要求一个畅销小说家为自己的忠实读者写一本具有深刻内涵的哲学书一样荒诞。大规模定制的出现，在 Don Peppers 和 Martha Rogers 看来，能够保证企业针对每个个体客户设计生产，同时又保证成本维持在一定范围。但他们又忽略了，这种把最终产品分解为不同模块，通过模块组合而增加可供选择的最终产品的生产方式，还是会受到有限模块的限制。超出这种界限的客户个性化需求，企业还是不可能满足。

在竞争日益激烈的时代，企业要常胜不败，就必须培育核心竞争力，也就是说，在创造客户价值的某些方面应比竞争对手做得更好，而且让对手模仿不了。然而，按一对一营销的要求，企业难免分散资源于价值链的多个环节，这样就难以培育核心竞争力。掉进一对一营销的这种能力陷阱，企业就不可能获取竞争优势了。

4. 品牌定位陷阱

一对一营销强调要将精力集中于追求客户份额上，而非追求市场份额。要完成这个任务，可通过交叉销售和向上销售来确保企业的每个老客户购买更多本企业生产的产品。在这种方针政策之下，星巴克就不再只是一家咖啡店，因为一旦某个老客户表现出现有服务范围之外的需求，无论是汉堡、油条、豆浆、面条，还是啤酒、香烟，星巴克就应该针对性地推出。似乎只有如此，星巴克才会成为每个老客户休闲餐饮的唯一之选，客户份额才能相应得到提高。

品牌的生命力，凝聚于它对目标客户群体所提供的比较一致的价值，也就是存在于品牌的价值定位之上，而不是分散于提供给每个客户的不同价值当中。由于每个客户都有复杂多样的需求，提高客户份额需要企业扩大经营项目，在差异化发展的同时，结果必然会偏离品牌的定位，继而分散和模糊企业的形象，品牌的价值也会遭到稀释。片面追求增加客户份额，必然是一种饮鸩止渴的行为，很可能把企业推上不归路。

5. 数据库万能陷阱

一对一营销认为信息技术的发展足以保证企业从客户数据中挖掘到准确的客户偏好与需求。这里有这样一个逻辑基础：历史总是重复自身。按这个逻辑思路，服装设计师只要按客户过去的偏好设计，不需要再创新和突破。但研究消费者行为的学者已经证明，客户的许多购买行为是冲动的，并不具备重复性。

消费者求新求变，根据客户过去的需求特点设计未来的产品或服务，企业可能会陷入失去活力的境地，最终被客户背弃。影响客户购买的因素非常多，无论信息技术如何发达，把这些海量数据全部纳入数据库，并借以分析客户的消费行为，都只能是天方夜谭。可见，客户数据库并不是万能的，客户的购买行为规律难以从中准确挖掘出来。

6. 客户附加价值陷阱

一对一营销认为：企业在充分了解客户的偏好，建立学习型关系之后，可以更好地服务于每个客户，增加他们体验到的价值，降低他们付出的经济、精力等成本，从而增加客户获得的附加价值。然而，在这一过程中，客户有兴趣和耐心与企业共同投入精力，使企业深入了解客户的习惯和偏好吗？

此外，一对一营销要求设计个性化的服务，增加客户得到的价值，以便把这些客户彼此区分开来。比如，当一个老乘客上了航班，空姐必须通过数据库的指示，不等这位老乘客发话，就端上一杯他爱喝的饮料、送上一本他常看的杂志。听起来很人性化，然而通过这个例子我们可以看出，实施一对一营销，很多企业必须把大量精力投入客户并不一定重视的那些细枝末节，投入并不能明显增加客户价值的那些方面。而且，如果上述老乘客的喜好已经发生变化，反而会降低客户体验到的价值。可见，一对一营销可能增加成本付出，而并不一定增加客户价值，反而会使客户附加价值大打折扣，客户满意度随之下降。

7. 客户权利陷阱

要透彻地了解客户的购买习惯、偏好，需要多少数据？企业有多大权利获得这些信息并把这些信息用于经营？假若所有企业真的奉一对一营销为"胜经"，都利用各种信息技术挖掘客户生活习惯的所有细节，人们就如同生活在间谍群当中，到处面对窥探的眼神，难免失去很多自我空间，客户怎会不抵制这种对他们来说可能是得不偿失的企业行为呢？

借助于信息技术的发展，传递信息的成本已经大大下降。这是企业选择实施一对一营销的重要原因。然而，与此同时，人们每天接触的信息量也大大增加了。"不请自来"的商业电子邮件、商业短信息泛滥引起了很多人的抵触情绪。为此，欧盟已经全面禁止向个人发送未事先征得收件人同意的商业广告性质的电子邮件。一对一营销的拥护者忽略了客户作为信息受众的决定权。

讨论：一对一营销是陷阱吗？

诚然，一对一营销并不是放之四海皆准的理论，它的应用有其自身的适用范围和条件，对于不同行业、不同企业和不同产品来说，在具体实施一对一营销时也会存在较大差异。

本章小结

1. 所谓一对一营销（One to One Marketing），就是指企业通过与客户进行一对一的沟通，了解并把握每一位目标客户的需求，提供个性化的产品或服务来满足其需求，从而更好地实现企业利益的活动过程。
2. 一对一营销的核心思想有：（1）提高客户占有率；（2）与每个客户进行个性化交流；（3）与客户建立持久的、长远的学习型关系；（4）划分客户等级。
3. 一对一营销具有以下几点特征：由追求市场占有率变为追求客户占有率；从注重产品差异化转向注重客户差异化；企业的营销组织从产品管理型变为客户管理型；由强调规模经济变为强调范围经济。
4. 一对一营销的执行和控制较复杂，企业通过与客户的接触不断增加对客户的了解，企业在客户提出要求以及对客户了解的基础上，生产和提供完全符合单个客户特定需要的定制化产品或服务。Don Peppers 和 Martha Rogers 认为实施一对一营销非常重要的四个环节是识别企业客户（Identify）、客户差别化（Differentiate）、企业与客户的双向沟通（Interactive）和企业行为定制（Customize），即 IDIC 模型。
5. 一对一营销理论自提出以来广受好评，但同时也面对着一些质疑，主要的批评之声来自以下几个方面：（1）客户忠诚的逻辑陷阱；（2）客户导向陷阱；（3）能力陷阱；（4）品牌定位陷阱；（5）数据库万能陷阱；（6）客户附加价值陷阱；（7）客户权利陷阱。一对一营销并不是放之四海而皆准的理论，它的应用有其自身的适用范围和条件，对于不同行业、不同企业和不同产品来说，在具体实施一对一营销时会存在较大差异。

思考题

1. 什么是一对一营销？一对一营销的核心思想是什么？
2. 一对一营销有何特点？
3. 一对一营销的战略流程分为哪几个阶段？
4. 如何认识一对一营销？
5. 你认为一对一营销和数据库营销之间有什么联系？

第4章
客户价值理论

学习目标

- 理解客户价值的含义
- 掌握客户价值的分类
- 理解和掌握客户生命周期不同阶段的特征
- 理解客户生命周期价值的概念和计算
- 掌握客户价值细分的 ABC 分类法、CLP 分析法和 RFM 分析法

开篇案例：汇丰银行客户分级管理

汇丰银行成立于 1864 年，曾经是世界第一大银行集团。目前，汇丰银行在世界 79 个国家和地区建立了 5000 多家分行，机构网络横跨欧洲、亚太地区和美洲。经过多年的经营，汇丰银行拥有庞大的零售客户群体和业务流程，具备丰富的本土化经营策略，通过地理上的扩张，将成功的业务、经验和产品以较低的成本推广到世界各地，并充分利用现有的人力和信息资源，降低经营成本，为庞大的客户群推出具有较高附加值的产品。汇丰银行的各个分行致力于服务客户，包括提高自动化程度，使常规操作变得简单有效；简化业务操作流程；简化并重新设计产品，使其符合客户要求；鼓励分行经理及员工融入社群并成为重要成员。汇丰银行还善于利用遍布全球的先进通信技术将位于各地的分支机构连为一体。

根据"二八法则"，对于银行业来说，80% 的利润来自 20% 的客户。当然，并非所有的客户都会给银行带来价值，因此银行的目标是留住那些有价值的客户。而有价值的客户，根据其对银行利润贡献的大小又可分为一般客户、重点客户和核心客户。CRM 的理念之一就是"鉴别最佳

客户,设计最佳体验"。那么,区分出一般客户、重点客户和核心客户,并且针对不同群体提供精准化、个性化、场景化的财务解决方案,满足不同的财务需求,就成了银行合理配置资源、降低营运成本、提高赢利水平的重要途径之一,同时也是银行在市场中获得竞争优势的有力法宝。

根据客户的利润贡献,汇丰银行把它的客户分为以下七类。

第一类:高忠诚度、高价值客户

他们在汇丰银行有许多活跃的账户,并且使用汇丰银行的一系列产品和服务;他们愿意把产品推荐给其他人,乐意提供反馈信息;他们为汇丰银行带来大量的现金流;他们创造的收入远远大于银行为此付出的成本。

第二类:高忠诚度、低价值客户

他们在汇丰银行有许多活跃的账户,并且使用汇丰银行的一系列产品和服务;他们愿意把产品推荐给其他人,乐意提供反馈信息;但是,他们仅和汇丰银行做小笔交易,他们创造的收入不尽如人意。

第三类:低忠诚度、高价值客户

他们在汇丰银行有一些活跃的账户,使用汇丰银行的一些产品和服务;他们愿意支付的价格极富弹性,不愿意提供反馈信息;但是,他们为汇丰银行带来大量的现金流,他们创造的收入远远大于银行为此付出的成本。

第四类:低忠诚度、低价值客户

他们在汇丰银行有一些活跃的账户,使用汇丰银行的一些产品和服务;他们愿意支付的价格极富弹性,不愿意提供反馈信息;而且,他们仅和汇丰银行做小笔交易,他们创造的收入不尽如人意。

第五类:潜在型客户

他们以前在汇丰银行开有账户,但现在撤销了;或者,他们是汇丰银行贷款者的担保人,但自己又在汇丰银行开设账户。

第六类:非活跃型客户

他们在汇丰银行开有账户,但是很少办理业务或进行交易活动。

第七类:可疑型客户

他们从不在汇丰银行开设账户。

对汇丰银行来说,要想赢利,主要任务在于识别并保留高忠诚度、高价值客户。这就需要对客户简介资料、客户反馈信息、客户创造的利润率等进行分析,从而识别出这部分客户,并且为这部分客户量身定制不同的理财方案。

讨论:为什么汇丰银行要对客户进行分级管理?

案例：客户价值管理

D 先生是一家电子产品销售公司的经理，经过 D 先生及其团队的共同努力，公司的业务不断拓展。随着公司业务的发展，老客户越来越多，公司知名度也越来越高，甚至经常有新客户慕名打电话来咨询业务。一时间，公司上上下下忙得不亦乐乎，可还是有些重要客户抱怨公司的响应太慢、服务不及时，而将订单转向下给了其他厂商，使公司利润流失了不少。为此，D 先生决定加大投入，招聘更多的销售及服务人员来应对忙碌的业务。

一年辛苦下来，D 先生满以为利润不错，可公司财务经理给出的年终核算报告显示，利润居然比去年还少！经过仔细分析，D 先生终于发现了症结所在：原来，虽然不断有新的客户出现，但是他们带来的销售额不大，带来的销售和服务工作量却不小，甚至部分新客户还严重拖欠货款。与此同时，一些对利润率贡献比较大的老客户，因在忙乱中无暇顾及，已经悄悄流失了。

为此，D 先生改进了公司的工作方法：首先梳理客户资料，从销售额、销售量、欠款额、采购周期等多角度进行度量，从中选出 20%的优质客户；针对这 20%的客户制定特殊的服务政策，进行重点跟踪和培育，确保他们的满意度。同时，针对已经流失的重点客户，采用为其提供个性化采购方案和服务保障方案等手段，尽量争取客户回归；针对普通客户，采用标准化的服务流程，降低服务成本。经过半年的时间，在财务经理再次给出的半年核算报告中，该公司利润额有了大幅回升。

思考：

1. D 经理所在公司原来的工作方法不好的原因是什么？
2. D 经理是如何改进工作方法的？为什么能够使公司利润迅速回升？

4.1 客户价值的含义

客户价值的重要性很早就引起了学者的关注。早在 20 世纪 60 年代初期，德鲁克就已经提出，营销的真正意义在于发现和满足客户的需求，并持续不断地为客户创造价值和财富；而巴诺斯认为，创造价值是企业的首要职责和目标，因为客户价值带给企业的回报可以确保企业长期的生存能力。尽管创造客户价值对企业来说异常重要，但由于客户价值内涵的复杂性，学者至今未对客户价值的定义达成统一的认识。目前，在使用客户价值的概念时，主要有两个方向：企业为客户创造并提供的价值（客户视角）和客户为企业创造的价值（企业视角）。

不同视角下的两个价值的内涵是截然相反的，因此在理解客户价值的时候，首先必须清楚客户价值的方向定位，即客户价值是对谁的价值。

1. 客户视角的客户价值

客户视角的客户价值指的是企业提供给客户的价值，是客户在消费过程中期望或感知到的产品或服务所给他带来的价值，也称为客户价值。这是传统意义上的客户价值，也是较早进行研究的客户价值，从客户的角度来感知企业所提供产品或服务的价值，这个领域的研究已经比较成熟。最有代表性的就是菲利普·科特勒提出的客户让渡价值（Customer Deliver Value，CDV），他认为，"客户让渡价值"是指客户总价值（Total Customer Value）与客户总成本（Total Customer Cost）之间的差额。

2. 企业视角的客户价值

企业视角的客户价值指的是客户提供给企业的价值，即企业把客户看成是企业的一项重要资产（也可以称为"客户资产"，这种客户资产能够给企业带来的利益称为企业的客户价值），侧重研究客户及客户关系能够给企业带来的价值。如果把企业与客户的关系放在客户与企业关系开始到结束的整个客户生命周期中，那么就可以认为客户价值是在这一过程中客户对企业的直接贡献和间接贡献的总价值，即用客户生命周期价值或客户终生价值（Customer Lifetime Value，CLV）来衡量客户为企业创造的价值。

思考：

1. 为了谋利，手机厂家通常会在手机上预装软件进行引流，但这些软件可能导致信息泄露、占据存储空间等问题，用户体验不好，造成矛盾。问：手机厂家可以如何规避或缓解这类问题？你了解哪些用户体验做得很好的手机品牌？

2. 上述这两种价值的关系是什么？是否矛盾？

4.2 客户让渡价值——客户视角的客户价值

对客户视角的客户价值（客户价值）的内涵，不同的学者具有不同的表述。其中，伍德罗夫（Woodruff）的观点较有代表性，他认为：

（1）客户价值是与提供物的使用紧密联系的。

（2）客户价值是客户对提供物的一种感知效用，这种效用产生于客户的判断，而不是由销售商决定的。

（3）客户的感知价值通常是客户所获得的收益（如价值、效用等）与因获得和享用该产品或服务而付出的代价（如支付的价格或其他机会成本）之间的比较。

本书选择最具有代表性的菲利普·科特勒对客户价值的定义——客户让渡价值。客户让渡价值是指整体客户价值与整体客户成本之间的差额部分，具体结构如图4.1所示。整体客户价值是指客户从给定产品或服务中所期望得到的所有利益，它包括产品价值、服务价值、人员价值和形象价值四个方面的要素。整体客户成本所涵盖的内容不仅仅是货币成本,即为购买产品支付的货币,它还包括可能产生的时间、体力和精神成本。由于客户在购买产品时,总希望把有关成本(包括货币、时间、精神和体力等)降到最低限度,而同时又希望从中获得更多的实际利益,以使自己的需要得到最大限度的满足,因此,客户在选购产品时,往往从价值与成本两个方面进行比较分析,从中选择价值最高、成本最低(即客户让渡价值最大)的产品作为优先选购的对象。

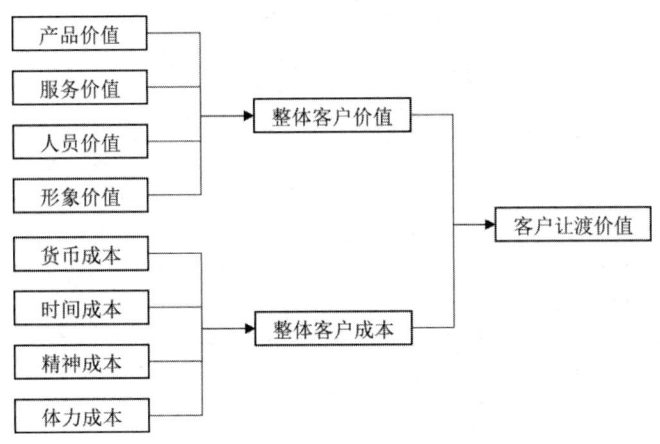

图4.1　客户让渡价值结构图

由此可见,客户让渡价值是一个综合性指标,它综合反映了客户获取价值与支出成本之间的总体比较,它构成了客户理性消费决策的理论基础。处于客户让渡价值劣势的企业如果要争取客户资源,有两个可供选择的途径:一是增加总的价值,它要求提高产品价值、服务价值、人员价值和形象价值;二是降低总的客户成本,它要求减少客户的各种成本,包括降低价格、简化订购和送货程序,或者提供担保和承诺以减少客户的风险。因此,企业只有实现了客户让渡价值的增值,才能建立、维持和增进高质量的客户关系。

企业持续关注客户让渡价值,在实现客户对企业价值最大化的过程中是至关重要的。具体而言,企业关注的是客户为企业所能够带来的利益,而要达到这一目的,企业又必须重视客户让渡价值。通常客户在购买产品或服务以后,就会形成对产品或服务的一系列评价,从而对企业所提供的价值形成一定的感知,当他所感知的价值大于其预先期望的价值时,客户满意度便随之产生,满意的客户不断进行重复购买,且易成为企业的忠诚客户,在较长的一段时期内给企业带来收益和利润。显然,只有企业为客户创造较高的感知价值,才有可能保持较高的客户满意度和忠诚度,从而实现更大的企业客户价值。这就是要求企业在经营过程中不断地为客户提供超越期望的消费感受,即为客户创造高的客户让渡价值。高的客户让渡价值能够在客户头脑中造就与众不同的驱动力,使客户成为忠诚客户、终身客户。总之,实现客户对企业的价值是企业总的目标指导,而客户让渡价值则应该是具体管理过程中为了最终达到总体目标而必须关注的。

案例：客户价值助力大客户销售——奔驰招标

由于国外业务的快速发展，深圳华外技术有限公司采购部决定采购 10 台奔驰 S350，采购部汪主任向三家代理行发了标书，要求一周内必须投标，并且标书上必须标明价格。

1. 上海达星行浦东旗舰店的标书

（1）详细介绍了 S350 的主要技术规格、详细特点、保养常识；

（2）10 台车可以在需要的时候提前三个小时准备好，并协助办理一切相关手续；

（3）可以协助在北京、深圳注册牌照，上海地区的牌照费用也可以通过有关申请得到减免；

（4）一次性采购 10 台车可以提供最有竞争力的价格，请在得到最低报价后联系我们，相信我们会提供不让您失望的价格。

2. "广州蓝星行"的标书

（1）贵公司总部在深圳，我们可以直接为贵公司提供一流的零距离服务；

（2）对 S350 在配备、性能、技术、数据、驾驶体验等方面进行细致入微的介绍；

（3）我们非常愿意上门向您详细介绍我们优秀的售后服务；

（4）只要您提前一天通知，我们就可以为您落实；

（5）我们愿意在您方便的时候面谈购车的价格。

3. "北京柏星行"的标书

（1）柏星行不仅为您提供 S350 豪华用车，还决定为您提供一种特殊的服务，那就是在需要的情况下，协助您为这 10 台 S350 的司机制定符合豪华车标准的驾车训练以及接待重要客户时的基本礼仪；

（2）我们还可以协助招聘这样的司机，不仅有优良的安全驾驶技术，还有良好的英语水平以及周到的豪华礼仪服务；

（3）我们曾经为联想集团、海尔集团提供过类似的服务，客户对我们提供符合豪华车水准的司机这样的专业服务都感到满意：在日后接待重要客户过程中，取得了出乎意料的效果，让来访的外国客户赞叹"司机都说这么好的英语，企业的实力一定了不起"。

（4）我们要强调的是车是德国奔驰提供的高规格、高标准、高质量的车，所以我们特意创新地将国外为劳斯莱斯、宾利车才提供的豪华司机的服务率先应用到大客户、采购 5 台车以上的客户合作中，当然，有关 S350 的其他保养、维护服务，我们提供的也是国内最标准、最规范的；

（5）我们愿诚恳地报一个最有竞争力的价格，10 台的采购量，一台是 106 万元，我们会在签订合同之后 3 天内提供 10 台现车，10 天后可以提供符合奔驰车水准的司机，或者为您招聘的司机提供三类培训：基本沟通用英语、基本贵宾礼仪、基本驾驶安全事项以及车辆维护的基本规则等。

最终，标底揭晓，"北京柏星行"获得了这个 1000 万元的大订单，因为他们不但真正满足了客户需求，还超越了客户需求。

总结：向客户递送超凡的价值无疑可以成功地赢得客户，但必须同时考虑这种价值递送对企业来讲是否有利可图。如果一味地追求"所有客户 100%满意"，企业就要增加太多成本，可能会适得其反。

4.3 客户生命周期价值——企业视角的客户价值

案例：上海移动公司的客户生命周期管理

通信市场经过几年来的快速发展，一些主要城市（如北京、上海）的移动用户普及率已趋于饱和，新增市场空间狭窄。面对这样的经营环境，运营商必须在发展模式、经营模式和管理模式上努力创新。近日，记者采访了上海移动公司总经理郑杰，他热情地介绍了上海移动公司在实现客户生命周期管理方面的经验。

记者：上海移动公司率先引入并付诸实施"客户生命周期管理"这一理念，请您谈谈为什么要这么做？

郑杰：引进客户生命周期管理可以说是贯彻落实科学发展观、推广国际先进管理理念的一次全新的尝试。2004 年年初，中国移动公司提出了"从以企业扩张、投资拉动为主的规模型发展阶段，转向以企业价值最大化为核心发展目标、以市场需求为基本驱动力、以精细管理为主要管理方式、以团队经营为总体经营理念的规模效益型发展阶段"的工作要求。这就要求我们认真思考如何正确地对待竞争，如何很好地处理规模与效益之间的矛盾。针对这些问题，上海移动公司进行了深入思考。首先，我们始终坚持聚焦客户而非竞争对手，以客户需求为出发点，积极主动地推出新业务，实现服务和业务领先。同时，要做到新增与存量兼顾，保证新增客户的质量和存量客户价值贡献的最大化。基于这些考虑，上海移动公司将 2004 年作为"效益年"，大力推进公司实现从规模型发展向规模效益型发展的转变。围绕这一工作主线，公司就年度经营工作进行了周密的规划和部署，通过多项战略、经营和管理举措以求真正做到客户价值、股东价值和企业价值的保护和提升。这些举措之一就是对客户生命周期管理工作的启动和推广。

记者：如何理解客户生命周期管理的内涵？

郑杰：所谓客户生命周期管理，即从客户考虑购买哪一家运营商的服务，到入网后对其收入贡献和成本的管理、离网倾向的预警和挽留，直到客户离网后进行赢回的整个过程。这个过程包括了11个关键的价值创造环节，即客户的购买意向、新增客户的获取、客户每月收入贡献的刺激与提高、客户日常服务成本的管理、交叉销售、话费调整、签约客户的合同续签、客户在品牌间转移的管理、对离网的预警和挽留、对坏账的管理、对已流失的客户进行赢回。这些环节实际上包括了运营商日常经营工作的各个重点。11个环节环环相扣，形成一条营销价值链，也是运营商制定客户策略的入手点。

客户生命周期管理是围绕着这11个关键价值创造环节，利用丰富的客户数据进行深入分析，设计针对单个客户的个性化策略，继而通过运营商与客户间的大量接触点，执行这些策略。

记者：进行客户生命周期管理时，应注意哪些问题？

郑杰：在关注单个价值创造环节的同时，运营商必须注意各环节之间的关系。例如，向客户提供更为优惠的资费可以降低离网率，但资费下降可能会带来话费收入的减少；为降低服务成本而使用语音服务，可能会引起一些对服务要求高的客户的离网，同时会减少交叉销售的机会。因此，运营商必须建立针对11个价值创造环节的一体化的分析和评估方式，从而既找到改善的机会，又预先防范可能出现的副作用。欧美一些领先的运营商正是看到了客户生命周期管理对保证新增客户质量及提高存量客户价值贡献的巨大作用，在两年前就开始实施这项工作。上海移动公司意识到，客户生命周期管理体系正是我们从规模型发展向规模效益型发展、从粗放型管理向精细化管理转型过程中所需要的科学理念。同时，我们也注意将国际领先的理念与中国以及上海的特色相结合，使得理论和实践充分结合。

为了实施客户生命周期管理，我们提出了"两个贯穿"的观点。横向上，我们以科学的方法贯穿各个关键的价值创造环节，形成营销价值链的闭环。纵向上，我们确保业务流程和IT系统的发展与市场策略齐头并进，从而形成执行管理的闭环，确保对市场策略的有效支撑。

通过"两个贯穿"的落实，我们保证了科学分析与业务应用的有机结合，使之成为科学的管理。同时，也避免了一些企业在实施CRM的过程中常出现的误区，如以IT为驱动而不是以业务为驱动，最终成果变为黑箱而无法操作，或是工作仅停留在分析层面上而无法进行实际应用。

记者：上海移动公司是如何建设客户生命周期管理体系的？

郑杰：客户生命周期管理体系的建设并非一蹴而就，而是需要通过坚持不懈的努力。借鉴国际领先运营商的经验，结合2004年移动市场经营工作的重点，我们遵循总体规划、分步实施的原则制定了总体蓝图。2004年，我们将交叉销售、叠加销售这一关键的价值创造环节为突破口，同时带动市场营销策略、业务流程管理和IT系统能力的建设。我们将以各方面能力为基础，加速推进步伐，争取两年内完成整体转型。

> 思考:
> 1. 上海移动公司在推进客户生命周期管理时,采取了什么措施?注意了哪些问题?
> 2. 上海移动公司的客户生命周期管理办法对其他行业有借鉴意义吗?

4.3.1 客户生命周期的不同阶段

在客户关系管理中,客户具有价值和生命周期。客户生命周期是指从一个客户开始对企业进行了解或者企业欲对某一客户进行开发开始,直到客户与企业的业务关系完全终止且与之相关的事宜完全处理完毕的这段时间。客户生命周期描述的是客户关系从一种状态(一个阶段)向另一种状态(另一个阶段)运动的总体特征。客户生命周期分为考察期/潜在获取期/成长期、稳定期/成熟期、退化期/衰退期四个阶段。其中,考察期是客户关系的孕育阶段,发展期是客户关系的快速发展阶段,稳定期是客户关系的成熟和理想阶段,退化期是客户关系水平发生逆转的阶段,详见图4.2。

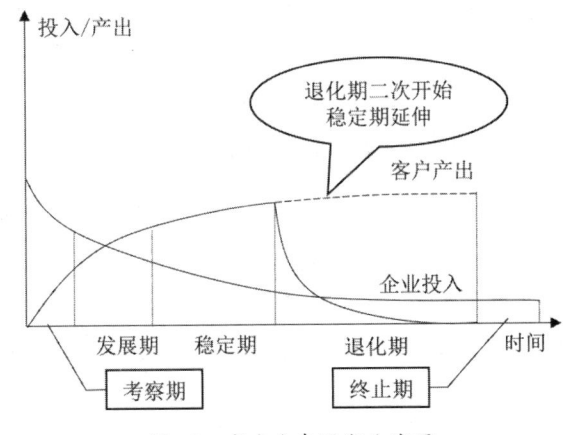

图4.2 客户生命周期曲线图

1. 考察期/潜在获取期

特点:双方互不了解,缺乏信任。

客户与企业的关系:企业只能获得基本的利益,客户对企业的贡献不大。

考察期是关系的探索和试验阶段。在这一阶段,双方考察和测试目标的相容性、对方的诚意、对方的绩效,考虑如果建立长期关系双方潜在的职责、权利和义务。双方相互了解不足、不确定性大是考察期的基本特征,评估对方的潜在价值和降低不确定性是这一阶段的中心目标。在这一阶段,客户会下一些尝试性的订单,企业与客户开始交流并建立联系。客户需要对企业的业务进行了解,企业要对其进行相应的解答,某一特定区域内的所有客户均是潜在客户,企业投入是对所有客户进行调研,以便确定出可开发的目标客户。此时,企业有客户关系投入成本，但客户尚未对企业做出大的贡献。

企业的策略：新客户发展策略，中心任务在于说服客户购买或刺激客户购买。

（1）说服潜在客户。在考察期，企业需要向潜在客户证明其具有足够的实力来满足客户需求。在这个阶段，企业可借助于承诺和推荐这两种基本方法来说服潜在客户与其建立业务关系。企业承诺可以分为直接承诺和间接承诺。其中，企业的直接承诺一般会通过产品或服务的质量保证以及与客户的沟通加以传达；间接承诺主要指企业通过产品或服务以外的东西来说服潜在客户，同时企业还可通过定价策略来传达间接承诺。而企业推荐主要是通过直接或间接途径推荐企业的产品或服务，包括促销、软文推广、企业的忠诚客户推荐潜在客户等。

（2）刺激潜在客户。在考察期，除说服潜在客户外，企业还要刺激潜在客户尽快使用企业产品或服务。刺激措施旨在直接刺激潜在客户与企业达成某项交易，并刺激其重复购买和交叉购买企业的产品或服务。这类措施有价格折扣、产品组合销售、购物积分等。若客户重复购买其产品或服务，可获得一定价格折扣。

考察期的企业和客户会寻求双方的目标交集，评价对方的意向、对方的绩效，考虑如果建立长期关系双方潜在的职责、权利和义务。这个阶段的营销目标是：发掘可能建立关系的潜在客户。

2. 发展期/成长期

特点：双方信任加深，关系日趋成熟，承受风险的意愿增加，交易量不断增加。

客户与企业的关系：客户开始为企业做贡献，企业从客户交易获得的收入大于投入，开始赢利。

发展期是关系的快速发展阶段。双方关系能进入这一阶段，表明在考察期双方相互满意，并建立了一定的相互信任和交互依赖。在这一阶段，双方从关系中获得的回报日趋增多，交互依赖的范围和深度也日益增加，逐渐认识到对方有能力提供令自己满意的价值（或利益）和履行其在关系中担负的职责，因此愿意承诺一种长期关系。在这一阶段，随着双方了解和信任的不断加深，关系日趋成熟，双方的风险承受意愿增加，由此双方交易不断增加。当企业对目标客户开发成功后，客户已经与企业发生业务往来且业务逐步扩大，此时进入发展期。企业的投入和考察期相比要小得多，主要是发展投入，目的是进一步融洽与客户的关系，提高客户的满意度、忠诚度，进一步扩大交易量。此时，客户已经为企业做出贡献，企业从客户交易获得的收入已经大于投入，开始赢利。

企业的策略：客户关系提升策略（提高客户价值，提供增值服务等）。

（1）产品或服务的个性化。主要涉及营销组合中的产品策略，主要通过客户整合加以实施。客户整合是指企业通过产品生产过程的外部化，让客户加入产品的研发、规划和生产过程。实现客户整合的首要条件是企业在产品规划、生产结构和员工配备方面具备一定的灵活性。客户整合主要适用于技术复杂、性能特异、个性化程度较高的产品，或针对企业具有战略意义的关键客户进行。

（2）提供增值服务。企业的增值服务又分为有偿服务和无偿服务：无偿的增值服务是企业为客户提供的额外利益；对于有偿增值服务的提供，企业必须得到客户的认同。

（3）交叉销售。交叉销售的目标是提高企业的销售收入。交叉销售可通过单纯交叉销售和提高客户购买频率来实现：单纯交叉销售措施包括扩大客户对企业相关产品或服务需求的措施；提高客户购买频率是扩大客户重复购买的需求，以增加销售收入。

所以，这一阶段的营销目标是：通过提升客户价值，加强与客户的纽带关系，将"试用"客户转换为稳定的忠诚客户。

3. 稳定期/成熟期

特点：客户忠诚度提高，出现交叉购买和推荐行为。

客户与企业的关系：客户愿意支付较高的价格，带给企业的利润较大，而且由于客户忠诚度的增加，企业将获得良好的间接收益。

稳定期是关系发展的最高阶段。在这一阶段，双方或含蓄或明确地对保持长期关系做了保证。这一阶段有如下明显特征：

（1）双方对对方提供的价值高度满意；

（2）为能长期维持稳定的关系，双方都做了大量有形和无形投入；

（3）大量的交易。

因此，在这一时期，双方的交互依赖水平达到整个关系发展过程中的最高点，双方关系处于一种相对稳定状态。此时，企业的投入较少，客户为企业做出的贡献较大，企业与客户的交易量处于较高时期。

企业的策略：客户关系保持策略；个性化营销；构筑退出壁垒（经济、技术、契约）；提高客户关系管理效益。

下面重点对构筑退出壁垒、提高客户关系管理效益两方面进行介绍。

（1）构筑退出壁垒。企业可通过经济、技术和契约三个方面设置客户退出壁垒，将客户在较长时期内锁定，以维系客户关系，确保企业在该客户身上实现较高的利润。其中，经济壁垒主要指客户关系的终止会给客户带来经济上的损失，这种损失在经济上称为转移成本，它可以以各种形式出现，主要有直接成本、沉没成本和机会成本；技术壁垒可以使客户在使用产品或服务时，对企业产生一定的依赖性；契约壁垒是一种法律手段，企业设法与客户签订购销契约，契约规定客户有义务在一定时间内购买企业的产品或服务。

设置退出壁垒的方法可以根据企业产品或服务本身的特点进行。一般来说，虽然为客户提供个性化或专用性较强的产品或服务时所面临的风险较大，但是这些个性化产品或服务很难与其他供应商提供的产品或服务进行比较，并且从个性化的角度而言，很难从其他企业找到相应的替代产品或服务。因此，企业就比较容易对购买这些产品或服务的客户设置退出壁垒，而企业对标准化程度较高的产品或服务设置客户退出壁垒的难度就比较大。

（2）提高客户关系管理效益。从提高客户关系管理效益的角度来看，企业应从成本和收益两方面进行调配。

同设置客户退出壁垒一样，提高客户关系管理效益时也要考虑产品或服务的特点和可采取的措施，包括标准化、增加销量和提高客户的价格接受程度等，主要适用于异质产品或服务。其中，标准化可以从营销组合的各方面着手，通过对特定的客户实施标准化的营销策略，可以大大地降低营销成本；在销售方面，增加与某特定客户的交易数量，可以有效降低单位交易成本，从而提高客户关系管理的效益；随着客户关系发展的不断深入和双方关系密切程度的提高，客户会降低对产品或服务价格的敏感性，这时企业可以充分利用客户对价格接受程度提高的机会，在适当范围内调整产品或服务的价格，获取更大的经济利益。

4. 退化期/衰退期

特点：交易量迅速或逐渐下降，而客户自身的总业务量未降；一方或双方开始考虑结束关系或寻找新的交易伙伴；开始交流结束关系的意图等。

客户与企业的关系：客户对企业提供的价值不满意，交易量回落，客户利润快速下降。

退化期是关系发展过程中关系水平逆转的阶段。关系的退化并不总是发生在稳定期后的第四阶段，实际上，在任何一个阶段关系都可能退化。当客户与企业的业务交易量逐渐下降或急剧下降，而客户自身的总业务量并未下降时，说明客户生命周期已进入退化期。此时，企业有两种选择：一种是加大对客户的投入，重新恢复与客户的关系，进行客户关系的二次开发；另一种是不再做过多的投入，渐渐放弃这些客户。企业的两种不同做法自然会有不同的投入产出效益。

企业的策略：客户关系恢复策略、客户关系终止策略、客户流失预警。

在退化期，对于企业而言最重要的工作是确认和分析客户流失的原因。分析客户流失原因是恢复客户关系管理的起点。一般来说，客户流失的原因大致可分为三方面：一是企业原因，企业提供的产品或服务无法令客户满意或认可，如汽车有安全隐患；二是竞争原因，企业的竞争对手开出更优惠的条件吸引了客户；三是客户原因，客户自身原因导致企业无法为其继续服务。

思考：客户关系衰退的原因有哪些？

总体来说，在客户生命周期的不同阶段，客户对企业收益的贡献是不同的。根据客户生命周期理论，客户关系水平随着时间的推移，从考察期到发展期、稳定期，依次增高，稳定期是理想阶段，而且客户关系的发展具有不可跳跃性。同时，客户利润随着生命周期的发展不断提高，考察期最小，发展期次之，稳定期最大。客户关系稳定期的长度可以充分反映出一个企业的赢利能力。因此，面对激烈的市场竞争，企业应借助建立客户联盟，针对客户生命周期的不同特点提供相应的个性化服务，进行不同的战略投入，使企业获得更多的客户价值，从而增强企业竞争力。具体的客户生命周期管理如图 4.3 所示，考察期实施新客户发展策略，发展期实施客户关系提升策略，稳定期实施客户关系保持策略，退化期实施客户关系恢复策略和客户关系终止策略。

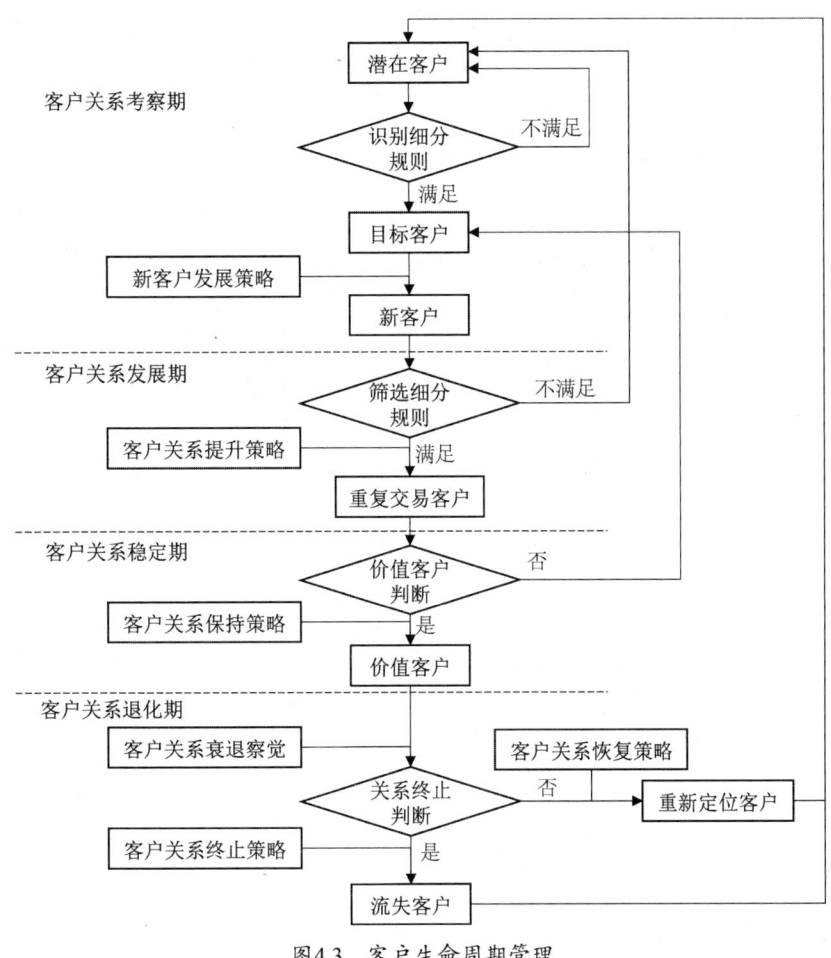

图4.3 客户生命周期管理

案例：美的变频空调

美的变频空调在 2010 年率先推出"无条件十年保修"服务承诺，为变频空调附上了一份"终身保险"，切实保障消费者的权益，并且推动行业树立新的服务标准。

美的这一创举引发了各类媒体的广泛关注和持续报道。2010 年 5 月 7 日《南国早报》报道：4 月 30 日至 5 月 3 日，广西美的一级节能空调销售量创历史新高，同比增长 160%，变频空调占整体空调销售比例达到45%。各家电卖场销售排行榜显示，美的空调的销售量和销售额全面领跑，多款机型占据畅销机型排行榜前三名。

2011年美的变频空调再度承诺：自2011年1月1日起，凡在国内购买美的变频空调的消费者，均可享受"一年免费包换"服务，而"无条件十年保修"服务继续有效。美的变频空调成为全行业首家推出"一年包换+十年保修"服务标准的企业，引领行业服务水平迈上新台阶。

思考：美的空调的这一措施属于哪种企业策略？

4.3.2 客户生命周期的基本模式

图4.2描述的是一个具有完整四个阶段的理想的客户关系生命周期模式,考察期相对较短,发展期和稳定期持续时间较长。但是，客户关系并不总能按照所期望的这种轨迹发展，客户关系生命周期模式存在多种类型，不同的类型带给企业不同的利润,代表着不同的客户关系质量。如前所述，客户关系的退化可以发生在考察期、发展期和稳定期这三个时期的任一时点，由于在稳定期前期退出和后期退出的生命周期模式有显著差异，故将从稳定期退出的模式分成两种，这样可将客户关系生命周期模式划分成四种类型。图 4.4 给出了交易额曲线表示的四种客户关系生命周期模式：模式Ⅰ（早期流产型）、模式Ⅱ（中途夭折型）、模式Ⅲ（提前退出型）、模式Ⅳ（长久保持型），分别表示客户关系在考察期、发展期、稳定期前期、稳定期后期四个阶段退出。

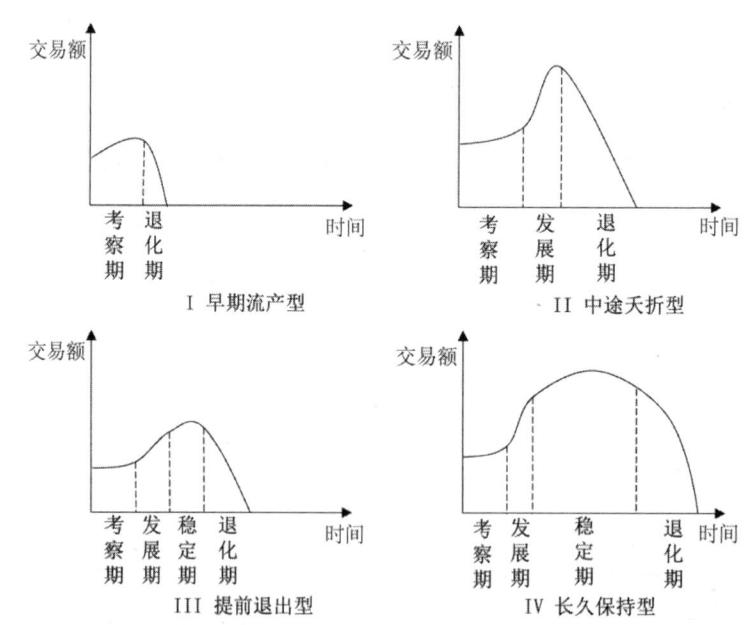

图4.4　客户生命周期基本模式的四种类型

下面分析这四种客户关系生命周期模式的成因。

1. 模式 I（早期流产型）

模式 I 反映客户关系没能越过考察期就流产了。原因主要有两个方面：一是企业提供的价值达不到客户的预期，客户认为企业没有能力提供令其满意的价值。也许客户只是对有限次数购买中的一次购买不满意，但这时客户对企业的基本信任尚未建立起来，也没有转移成本，客户关系非常脆弱，一旦不满意，客户很可能直接退出关系。二是企业认为客户没有多大的价值，不愿与其建立长期关系。模式 I 代表的是一种非常多见的客户关系形态。

2. 模式 II（中途夭折型）

模式 II 反映客户关系越过了考察期，但没能进入标志着关系成熟的稳定期而在发展期中途夭折。客户关系能进入发展期，表明双方对此前关系的价值是满意的，曾经建立了一定的相互信任。中途夭折最可能的原因是企业不能满足客户不断提升的价值预期。生命周期不同阶段客户保持机理的研究表明，客户关系价值是客户保持的决定因素，而客户对价值的预期又是不断提升的，企业提供的价值必须不断满足客户的预期，并达到或超过最好可替代企业的水平，客户关系才可能进入稳定期。客户关系中途夭折说明企业虽然在前期能提供比较好的价值，如较高的产品质量、适中的价格、较及时的交货服务、较好的售后服务和技术支持等，但由于不了解客户的真正需求或受自身核心竞争能力的限制，无法给客户提供个性化增值。个性化增值是客户关系发展到一定程度时客户的必然要求，企业如果不能满足客户的这种要求，将始终无法成为客户心目中最好的供应商，客户就会积极寻找更合适的供应商，一旦发现更好的可替代供应商，客户便会从现有关系中退出，转向新的供应商。

3. 模式 III（提前退出型）

模式 III 反映客户关系进入了稳定期但没能继续保持而在稳定期前期退出。造成客户关系不能继续保持的可能原因主要有两个方面：一是企业持续增值创新能力不够。客户关系要长久保持在高水平的稳定期，企业必须始终提供比竞争对手更高的客户价值。个性化增值是提高客户价值的有效途径，它建立在与客户充分沟通、对客户需求深刻理解和客户自身高度参与的基础上，具有高度的不可模仿性。增值创新能力实际就是企业个性化增值的能力。企业由于受自身核心竞争能力的限制，或者不能及时捕捉客户需求的变化，或者没有能力持续满足不断变化的个性化客户需求，从而引起客户的不满，失去客户信任，导致客户关系退化并最终退出。二是客户认为双方从关系中获得的收益不对等。当客户关系发展到很高水平时，客户对价值的评价不再局限于自身从关系中获得的价值，同时也会评价企业从关系中所获得的价值，如果发现自身获得的价值明显低于企业所获得的价值，客户将认为双方的关系是不公平的。对等双赢是关系可持续发展的基础，因此，一旦客户认识到关系不公平，客户关系就会动摇，甚至破裂。

4. 模式 IV（长久保持型）

模式 IV 反映客户关系进入稳定期并在稳定期长久保持。客户关系能长久保持在稳定期，主要有三个方面的原因：一是企业提供的客户价值始终比竞争对手高，客户一直认为现有企业是其最有价值的供应商。二是双方关系是对等双赢的，客户认为关系是公平的。三是客户有很高的经济和心理转移成本。转移成本是一种累积成本,客户关系发展到高水平的稳定期时,客户面临着多种很高的转移成本,如专有投资、风险成本、学习和被学习成本等。因此,即使企业提供的价值一时达不到客户的预期,客户也不会轻易退出,此时,转移成本成为阻止客户退出关系的关键因素。当客户关系出现问题时,转移成本的这种作用为企业提供了良好的客户关系修复机会。模式 IV 是企业期望实现的一种理想客户关系生命周期模式,这种客户关系能给企业带来更多的利润。

客户是企业最重要的资产,谁拥有了高质量的客户,谁就掌握了市场竞争的主动权。所以,客户群的质量决定了企业的竞争能力。而客户群的生命周期结构和全体客户关系生命周期模式类型的构成决定了客户群的质量。在一个企业的客户群中,如果大部分有价值的客户的生命周期模式属于长久保持型,那么该企业在市场竞争中必然处于优势地位;反之,企业就难以保持长久的竞争优势。客户关系生命周期模式为企业诊断客户群的质量提供了一个很好的分析工具,使企业可以更有针对性地制定 CRM 的行动方案。

补充阅读:X 电信客户关系全生命周期的服务营销策略

X 电信通过建立客户关系管理(CRM)系统,在对客户各方面的信息进行详尽、客观、动态、全程的掌握分析之后,准确地区分客户关系所处的生命周期阶段,从而采取相应的服务营销策略。

1. 客户关系考察期的服务营销策略

在以识别和吸引新客户为目标的这一阶段,X 电信通过市场调查、感知客户需求产生的刺激和动机所在,帮助客户分析问题、提供解决方案的建议,通过引导和影响那些对客户决策产生影响的因素,以及为客户提供广泛的信息来影响客户的最终评价和最终购买。值得指出的是,对于不同类型的客户,信息采集的方法是不同的:对于商业客户与公众客户,以客户群为研究对象;对于大客户(重点客户、集团客户),需要花成本进行相关的调查研究,以发现个性化的需求信息,了解客户的消费习惯和消费趋势。客户为了测试企业的工作绩效或履约能力,会尝试性地下一些订单。只要企业有形产品的性价比高于同行业的平均水平,客户一般会感到满意。客户满意来自主观价值与期望价值的吻合。满意是购买后客户感知价值评估过程的开始,也是客户与 X 电信之间关系的开始,而针对这一时期客户的潜在期望,X 电信可以实现频繁市场营销,即通过数量折扣、功能折扣等方式进行,目的是让客户主动第二次直至重复使用 X 电信的服务。频繁市场营销可使客户每重复购买一次就得到更大的优惠。在客户重复购买的情况下,客户才可逐步积累对 X 电信的认识和评价,从而吸引客户。

另外,企业通过调研分析,初次确定重点客户,向其提供特殊待遇来进行销售诱导。例如,吸引客户成为客户俱乐部的会员等,使重点客户感受到 X 电信的关爱,享受到 X 电信提供的客户意料之外的有价值的附加产品。当客户的主观感知水平大于期望价值水平时,客户就会不断地购买,这有助于客户关系向发展期发展。

2. 客户关系发展期的服务营销策略

在这一阶段，客户群体稳定性较差，客户的波动性较大，关系发展仍有可能背离同向趋势，因为此时客户关系还没有固化沉淀，竞争对手也会采取各种各样的促销组合与X电信抢夺客户。

因此，在客户关系发展期的营销策略，主要体现在满足客户的基本需求，推出好的"产品"，提高服务（售前、售中、售后服务）价值，以及形成X电信的品牌形象，并为客户提供好的服务支持。具体策略表现在如下几个方面：

（1）基础产品和服务：为所有的客户提供高质量的基础通信服务是对电信运营商的最低要求，对于不同价值的客户设定不同等级的服务质量，考虑优先级。

（2）品牌形象树立：由于服务质量日益无差异化，当前运营商间的竞争更多地体现为品牌之间的较量，对新客户更需要灌输和传达业务品牌所代表的理念。

（3）业务创新与引导：当前运营商之间的竞争方式，除价格战外，主要体现在业务创新能力的较量上，因此业务创新是实现价值创造的关键和最有效的手段。对于X电信来说，可以开拓一款以宽带为重点的数据和互联网新业务，也可以开发基于互联网的内容和应用业务，如网络游戏、电子商务、远程会议、网络电视、远程教育、内容管理服务等。

（4）个性化服务与及时响应：对高价值客户提供的个性化服务应尽量向通信服务领域以外的方面拓展。比如，可以增加特约商户的数量和行业种类，为客户提供出行的接机、登机和食宿安排等服务，航空、酒店、娱乐、餐饮等更多的社会资源也应该成为个性服务的内容，这样，客户才能感受到真正的"与众不同"。

3. 客户关系稳定期的服务营销策略

在此阶段，客户对X电信的产品和服务已经非常了解和熟悉，它们是客户生活中不可或缺的部分，因而客户对X电信有种潜在的归属感：希望能成为X电信的一部分，自我价值得到承认。要满足客户的这种心理，要采取客户组织化策略。一方面，将客户视作企业的一部分，让其参与活动、提建议等；另一方面，对于企业类客户，也可以参与到客户的业务活动中，通过双向联系使关系更为紧密，还可以利用本身的优势为客户提供帮助，比如向客户投资、解决渠道问题等。另外，还可以针对忠诚度，设计一些忠诚度奖励方案。

4. 客户关系退化期的服务营销策略

客户关系的退化期是客户关系水平的逆转时期，客户的交易量下降，而其自身的业务总量并没有下降。客户关系进入退化期的原因很多，要恢复与客户之间的关系、重新建立客户忠诚，首先必须对客户流失的原因进行分析：是客户偏好转移？还是竞争对手吸引、替代品诱惑？抑或是X电信本身过失？对于偏好转移或X电信放弃的客户，很难或不值得恢复建立客户忠诚。因竞争对手吸引或X电信本身过失导致流失的客户才是X电信进行关系投入、重建客户忠诚的对象。对待这类客户，首先要调查客户流失的内在原因，同流失客户进行个别沟通或对话，明确客户关系进入退化期的真正原因。也就是说，要了解在此阶段客户的基本需求和潜在需求，从而有针对性地采取措施。例如，对于因竞争对手吸引而流失的客户，可向其提供恢复关系的优惠条件，以保证其基本需求和潜在需求的满足。对于在客户关系退化期重建客户忠诚的过程，企业应衡量投入与收益的比值。

> X 电信在客户全生命周期的各个阶段，坚持以客户的需求为中心，不仅满足客户的现实需求，而且掌握他们的潜在需求。在细分市场和客户的基础上，针对客户群的需求，制定差异化的服务标准；针对客户关系所处的不同阶段，采取相应的服务营销策略。对大客户，在提供综合应用解决方案上下功夫；对商业客户，在采用组合套餐式综合服务上下功夫；对公众客户，在推行标准化服务上下功夫。

4.3.3 客户生命周期价值

4.3.3.1 客户生命周期价值的概念

客户在其生命周期中购买产品或服务而产生的利润综合称为客户生命周期价值，也称为客户终生价值（Customer Lifetime Value，CLV），它是一个客户在与企业保持关系整个期间所产生的现金流折现后的累计总和。这里面的意义在于，假如企业能正视客户所能积累的利润，即使一次的交易金额不多，但只要长时间重复购买，也能创造可观的利润。可以把客户生命周期价值理解为：在从客户与企业建立关系开始到结束的整个客户生命周期的循环中，客户对企业的直接贡献和间接贡献的全部价值总和。简言之，客户生命周期价值就是客户在其整个生命周期中为企业所带来的收益总和。客户生命周期价值的主要来源有：（1）客户重复购买以及由于客户提高钱包份额为企业所带来的利润；（2）交叉购买带来的利润，客户在长时间内倾向于使用一个企业的更多种产品或服务；（3）推荐行为产生的收益，企业的忠诚客户会把一些潜在客户推荐给企业，给企业传递好的"口碑"；（4）客户向上购买产生的收益，即客户购买已购买产品或服务的升级品或升级服务等。

客户生命周期价值最早应用在直接营销领域，原因是客户生命周期价值的预测需要完整的历史交易数据来追踪和理解客户行为，而直接营销领域是最早拥有比较完整的客户数据库的一个领域。目前，客户生命周期价值正越来越多地被应用到一般营销领域，因为随着IT技术的迅速发展，许多企业开始拥有包括交易数据在内的越来越完整的客户数据，过去不可能实现的对客户行为的追踪和理解现在变得可能和容易。

4.3.3.2 客户生命周期价值的计算

如果不考虑货币的时间价值，客户生命周期价值就等于在客户生命周期内各个时期从该客户处所获得收益的简单加总。但实际上，在计算每一个客户的生命周期价值时，应该将该客户在生命周期内的不同年度为企业带来的净利润进行折现后再进行加总。

按照前面介绍的客户生命周期价值的含义，可以给出一个客户生命周期价值的简单计算公式，见式（3-1）。在式（3-1）中，CLV 表示客户生命周期价值的净现值；R 表示第 i 年该客户为企业贡献的净现金流量；r 表示贴现率；n 表示客户生命周期的长度（年数）。

$$\mathrm{CLV} = \sum_1^n R_i \frac{1-\frac{1}{(1+r)^n}}{r} \tag{3-1}$$

从式（3-1）中可以看出，影响客户生命周期价值的变量主要有 n、r 和 R，也就是说，客户生命周期价值的大小主要受客户生命周期的长度、贴现率以及客户每年为企业贡献的净现金流量的影响。

1. 客户生命周期长度

客户生命周期长度是指企业与客户维持关系的时间。根据常识可以想到，客户生命周期较长的客户通常具有比较牢固的关系基础和稳固的关系联结，因而客户生命周期价值就高；与之相对的是，客户生命周期长度的缩短也会减少客户生命周期价值。

2. 贴现率

从式（3-1）中可以看出，客户生命周期价值与贴现率成反比。贴现率越高，客户生命周期价值越小；贴现率越低，客户生命周期价值越大。

3. 客户为企业贡献的净现金流量

在客户生命周期内，客户每年给企业贡献的净现金流量的计算比较复杂，但可以从下面四个方面来思考：

（1）客户购买价值。客户购买价值是指由于客户直接购买而为企业提供的价值贡献的总和。客户购买价值受客户消费能力、客户钱包份额、单位边际利润的影响。客户购买价值直接体现为客户的当前价值。

（2）口碑推荐价值。客户推荐价值的大小与客户自身的影响力相关。客户影响力越大，在信息传达过程中的"可信度"越强，信息接收者学习与采取行动的倾向性越强。

（3）知识信息价值。这包含两方面的内容，即信息价值和知识价值。客户为企业提供的基本信息的价值不仅为企业节省了信息收集费用，而且为企业制定营销策略提供了较为真实准确的一手资料。客户知识来源于客户信息，是绝大多数企业市场开拓和创新所需的最重要的知识，它最有可能为企业带来直接的经济回报。

（4）合作附件价值。合作附件价值是企业在获得客户品牌信赖与忠诚的基础上，通过联合销售、提供市场准入、专卖等方式与其他市场合作获取的直接或间接收益。合作附件价值受产品关联度、品牌联想度、客户忠诚度、客户购买力以及交易双方讨价还价能力等因素的影响。

因此，可以得到分析客户生命周期价值的步骤如下：

（1）收集客户资料和数据。企业需要收集的基本数据包括个人基本情况（年龄、婚姻、性别、收入、职业等），家庭住址（区号、房屋类型、拥有者等），生活方式（爱好、产品使用情况等），态度（对风险、产品、服务的态度，将来购买或推荐的可能），所在地区概况（经济、气候、风俗、历史等），客户行为方式（购买渠道、维护更新、交易方式等），需求（未来产品、服务需求等），关系（家庭、朋友等）。这些数据及其随着时间推移的变化都将直接影响客户生命周期价值的测算。

（2）定义和计算客户生命周期价值。客户生命周期价值受客户生命周期的长度、客户可能给企业贡献的净现金流量和贴现率的影响。具体计算时可以重点考虑以下 8 个因素：客户已经为企业创造的及未来可能创造的现金流量；建立并维持客户关系已经发生的及未来可能的成本；客户购买企业产品、服务及维持购买关系的时间长度；客户购买产品、服务的频率及购买偏好；客户的影响力及向其他人推荐的可能性；客户信息和客户知识的利用价值；与其他方进行客户资源合作所获取的直接或间接收益；选择适当的贴现率。

计算这些变量的数值是比较困难的，可以直接基于交易成本或资金投入进行计算，或者根据过去类似客户的行为模式，利用成熟的统计技术预测客户将来的利润。例如，国外一些汽车行业这样计算客户生命周期价值：把每位上门客户一生所可能购买的汽车数乘上汽车的平均售价，再加上客户可能需要的零件和维修服务，得出客户生命周期价值。

（3）利润分析与客户细分。通过数据计算和分析，企业可以看出如何在客户生命周期价值中赢得最大的利润，进而可以根据这些数据将客户细分。通过细分清楚了解客户类型之后，找到最有价值的客户，并有针对性地实施客户保持策略，提高客户特别是最有价值客户的满意度和忠诚度。

（4）制定相应的营销策略。衡量客户生命周期价值的目的不仅在于识别客户和确定目标市场，而且要制定出相应的营销策略，提升销售，尽可能地将客户的潜力开发出来。

客户生命周期价值的复杂性和变化性，使得采用何种方法进行准确的度量和计算成了企业面临的最大挑战之一。比较流行和具有代表性的客户生命周期价值预测方法为 Dwyer 分析法和客户事件预测法。

1. 客户生命周期价值的计算——Dwyer 分析法

Dwyer 分析法是美国人 Dwyer（杜瓦尔）先生在 1989 年率先提出的一种客户生命周期价值计算模型。它首先依据客户的属性（如收入、年龄、性别、职业、地理区域等），采用一定的分组策略进行分组，然后针对一组客户分别统计其在各年的销售额、成本费用，得到企业从这组客户获得的利润。由于利润是各年的累计，基于资金的时间价值，再考虑贴现率，计算出这组客户每年的净现值及累计净现值，得到这组客户的生命周期价值。Dwyer 分析法考虑了客户数、客户保持率、客户平均每月交易次数、客户平均每次交易金额；成本及费用则分为可变成本、营销费用和客户获得费用，为营销决策提供更好的数据支持。

该方法将客户分为两大类：永久流失型客户和暂时流失型客户。永久流失型客户要么把其业务全部给予供应商，要么完全流失，给予另一供应商。原因或者是其业务无法分割，只能给予一个供应商；或者是其业务转移成本很高，一旦将业务给予某供应商则很难转向其他供应商。这种客户一旦流失，便很难再回来。暂时流失型客户指的是这样一类客户，他们将其业务同时给予多个供应商,每个供应商得到的只是其总业务量的一部分(一份)。这类客户的业务转移成本低,可以容易地在多个供应商之间转移业务份额,有时可能将某供应商的份额削减到零,但对该供应商来说不一定意味着已经失去了该客户,该客户也许只是暂时中断购买,沉寂若干时间后,有可能突然恢复购买,甚至给予更多的业务份额。

Dwyer 分析法的缺陷是,它只能预测一组客户的生命周期价值或每个客户的平均生命周期价值,无法具体评估某个客户对于企业的生命周期价值。

2. 客户生命周期价值的计算——客户事件预测法

这种方法主要是针对每一个客户预测一系列事件发生的时间,并向每个事件分摊收益和成本,从而为每个客户建立一个详细的利润和费用预测表。

客户事件预测法为每一个客户建立一个盈亏账号,客户事件档案越详细,与事件相关的收益和成本分摊就越精确,预测的准确度就越高。但是,客户未来事件预测的精准度并不能完全保证,主要有两个原因:其一,预测依据的基础数据不确定性很大,客户以后的变数、企业预计的资源投入、客户保持策略以及环境等都具有很多不确定性;其二,预测的过程不确定性很大,整个预测过程是一个启发式的推理过程,涉及大量的判断,需要预测人员具有丰富的经验,所以预测过程和预测结果因人而异。

补充阅读:Dwyer 分析法实例

一、销售额

设想通过市场营销,第 1 年我们获得了一批客户,产生了交易,其中有一组客户数为 20 000 个,其销售数据如表 4.1 所示。

表 4.1 销售数据

	第 1 年	第 2 年	第 3 年	第 4 年
客户数	20 000	13 000	9 100	6 825
客户保持率	65%	70%	75%	80%
每个客户平均每月交易次数	0.50	0.60	0.70	0.80
每个客户平均每次交易金额	¥650.00	¥700.00	¥750.00	¥800.00
年销售额	¥78 000 000.00	¥65 520 000.00	¥57 330 000.00	¥52 416 000.00

到了第 2 年,这一组客户保留下来没有流失的比例(客户保持率)是 65%,第 2 年继续采购的客户数为 20 000×65%=13 000。随着时间的推移,由于客户流失,这一组客户的数量逐渐减少,但是保持率从 65% 到 80% 逐年提高。换句话说,持续交易时间越长的客户越忠诚。

第 1 年,平均每个客户每个月交易的次数是 0.5 次,平均每次交易金额是 650 元,因此第 1 年的销售额是 650×0.5×12×20 000=78 000 000 元。随着时间的推移,保留下来的老客户平均每个月的交易次数逐步从 0.5 次上升到 0.8 次,而且每次采购的金额也逐步从 650 元提高到 800 元,但是由于这一组客户的数量不断减少,年销售额逐步从 78 000 000 元下降到了 52 416 000 元。

二、成本及费用

销售不可避免地伴随着成本和费用。假设我们把产品的采购成本、一对一的销售和服务费用归入"可变成本",那么第 1 年的可变成本是销售额的 75%〔78 000 000×75%=58 500 000(元)〕,然后逐年递减到 62%。递减的原因主要是交易双方建立了默契,一对一的销售和服务费用会有所下降。营销费用,在这里是指广告、公共关系、促销活动等方面的开销。假设每年平均用于每个客户的营销费用都是 120 元,那么第 1 年的营销费用是 120×20 000=2 400 000(元),第 2 年的营销费用是 120×13 000=1 560 000(元),以此类推。对这一组客户而言,只有第 1 年存在客户获得费用,平均每获得一个新客户需要花费 450 元,第 1 年的客户获得费用是 450×20 000=9 000 000(元),其余年份则没有客户获得费用。这个平均金额比较高的原因可能是向 450 000 个客户发出邀请之后才获得了这 20 000 个客户,这 20 000 个成交客户要分摊 450 000 个潜在客户的邀请成本。我们把各个年度的可变成本、营销费用、客户获得费用分别相加后,就得到了各个年度的成本及费用总额,如表 4.2 所示。随着这一组客户数量的减少,成本及费用总额也呈现出逐年递减的趋势。

表 4.2　销售额、成本及费用

	第 1 年	第 2 年	第 3 年	第 4 年
客户数	20 000	13 000	9 100	6 825
客户保持率	65%	70%	75%	80%
每个客户平均每月交易次数	0.50	0.60	0.70	0.80
每个客户平均每次交易金额	¥650.00	¥700.00	¥750.00	¥800.00
年销售额	¥78 000 000.00	¥65 520 000.00	¥57 330 000.00	¥52 416 000.00
年可变成本占年销售额的比例	75%	65%	63%	62%
年可变成本	¥58 500 000.00	¥42 588 000.00	¥36 117 900.00	¥32 497 920.00
年营销费用	¥2 400 000.00	¥1 560 000.00	¥1 092 000.00	¥819 000.00
年客户获得费用	¥9 000 000.00			
年成本及费用总额	¥69 900 000.00	¥44 148 000.00	¥37 209 900.00	¥33 316 920.00

三、利润

如表 4.3 所示,将各年度的销售额分别减去成本及费用,就得到了各年度的利润。我们发现:这一组客户贡献的利润从第 1 年的 8 100 000 元到第 2 年的 21 372 000 元,有显著上升;利润在第 2 年达到顶点后,逐年缓慢下降,下降的幅度比较小。

表 4.3　销售额 -（成本+费用）= 利润

	第 1 年	第 2 年	第 3 年	第 4 年
客户数	20 000	13 000	9 100	6 825
客户保持率	65%	70%	75%	80%
每个客户平均每月交易次数	0.50	0.60	0.70	0.80
每个客户平均每次交易金额	¥650.00	¥700.00	¥750.00	¥800.00
年销售额	¥78 000 000.00	¥65 520 000.00	¥57 330 000.00	¥52 416 000.00
年可变成本占销售额的比例	75%	65%	63%	62%
年可变成本	¥58 500 000.00	¥42 588 000.00	¥36 117 900.00	¥32 497 920.00
年营销费用	¥2 400 000.00	¥1 560 000.00	¥1 092 000.00	¥819 000.00
年客户获得费用	¥9 000 000.00			
年成本及费用总额	¥69 900 000.00	¥44 148 000.00	¥37 209 900.00	¥33 316 920.00
年利润	¥8 100 000.00	¥21 372 000.00	¥20 120 100.00	¥19 099 080.00

四、客户生命周期价值

在考虑未来价值的时候，有必要考虑一个金融领域常用的概念——"贴现率"。它是"利率"的反面。例如有人承诺给您 100 元，但是要在 1 年后兑现；如果您急等着用钱，需要现在就拿到这 100 元，那么您就要倒贴 14 元的现金，只能拿到 100-14=86（元）。1+（14/100）=1.14，就是每年的贴现率。假如要提前 2 年兑现的话，2 年的贴现率就是 1.14×1.14≈1.30。同理，3 年的贴现率是 1.48。贴现率可参考当前的银行利率进行适当调整。

每年度的利润除以贴现率，得到未来那个年度在当前（第 1 年度）的"当期净价值"（Net Present Value）。例如，第 2 年的当期净价值为 21 372 000/1.14=18 747 368.42（元），如表 4.4 所示。第 2 年的"当期净价值" 18 747 368.42 元加上第 1 年的当期净价值 8 100 000 元，得到第 2 年的累计当期净价值 26 847 368.42 元。我们发现，随着时间的推移，这一组客户的累计当期净价值在不断提高。它在 CRM 中的含义是：如果企业能按照上述方法较好地与这一组客户维系长期的关系，那么这一组客户将给企业带来长期的、丰厚的回报。以第 4 年的累计当期净价值 55 229 152.20 元除以第 1 年获得的客户数 20 000，得到 2 761.46 元。也就是说，在当前（第 1 年），这 20 000 个客户平均每个客户对企业意味着 2 761.46 元的客户生命周期价值。如果客户的生命周期继续延长，这个价值还将继续增长。所以，不要只为第 1 年区区 405 元的客户生命周期价值耿耿于怀。事实上很多时候，刚刚招募到的新客户在第 1 年的生命周期价值是负值！这再一次让我们感叹，获得一个新客户，尤其是从竞争对手那里抢夺来一个新客户，是多么昂贵！

表 4.4 客户生命周期价值

	第1年	第2年	第3年	第4年
客户数	20 000	13 000	9 100	6 825
客户保持率	65%	70%	75%	80%
每个客户平均每月交易次数	0.50	0.60	0.70	0.80
每个客户平均每次交易金额	¥650.00	¥700.00	¥750.00	¥800.00
年销售额	¥78 000 000.00	¥65 520 000.00	¥57 330 000.00	¥52 416 000.00
年可变成本占销售额的比例	75%	65%	63%	62%
年可变成本	¥58 500 000.00	¥42 588 000.00	¥36 117 900.00	¥32 497 920.00
年营销费用	¥2 400 000.00	¥1 560 000.00	¥1 092 000.00	¥819 000.00
年客户获得费用	¥9 000 000.00			
年成本及费用总额	¥69 900 000.00	¥44 148 000.00	¥37 209 900.00	¥33 316 920.00
年利润	¥8 100 000.00	¥21 372 000.00	¥20 120 100.00	¥19 099 080.00
贴现率	1.00	1.14	1.30	1.48
当期净价值	¥8 100 000.00	¥18 747 368.42	¥15 477 000.00	¥12 904 783.78
累计当期净价值	¥8 100 000.00	¥26 847 368.42	¥42 324 368.42	¥55 229 152.20
生命周期价值	¥405.00	¥1 342.37	¥2 116.22	¥2 761.46

Dwyer 绝非唯一的客户生命周期价值计算方法。它通常要结合市场细分方法才能更好地发挥作用。事实上，它主要针对一组客户，而不是针对单个客户进行生命周期价值计算，除非企业的某一组客户里面只有一个客户。

4.4 客户细分

为什么要对客户进行分类管理呢？一般而言，客户价值管理应该包括客户价值信息的获取与整理、客户价值的分析与评价、区别对待不同价值的客户、客户价值的创造与让渡四个环节。客户价值管理的第一个重要环节是客户价值信息的获取与整理，它是分析客户价值的基础。客户价值管理的第二个重要环节为客户价值的分析与评价。分析与评价客户价值的目的就是通过对客户属性的分析进行客户价值定位，具体来说就是通过分析客户的当前价值、潜在价值等来确定客户能够给企业带来的利益，在此基础上对客户进行细分，为企业客户价值的创造和让渡打下基础。客户价值分析在客户价值管理中占有非常重要的地位。长期的理论研究已经发现，并不是所有的客户对于企业的价值都是等同的，企业80%的利润是由20%的客户创造的。企业无法将精力平均放在每一个客户身上，这样的资源分配方式将严重违背企业利益最大化的原则，对客户进行细分势在必行。从现有的或潜在的客户群体中，挑选出为企业带来巨大效益的核心客户，就是企业进行客户价值分析的重要功能。

一方面,客户有大小,贡献有差异:大客户提供的价值可能比小客户高 10 倍甚至 100 倍,不论贡献大小都享受同样待遇会使大客户不满;另一方面,企业资源是有限的,如果小客户也享受大客户的待遇,就会造成企业资源的浪费。所以,必须对客户进行管理,把有限的资源用在大客户上,否则其可能会流失。

案例:副食企业的销售管理浪费症

如图 4.5 所示,有 60%的销售人员服务 C 级客户——小客户(营业额仅占 10%),实在是浪费,而且大大削减了企业的竞争力!企业应努力把有限的资源放在最有价值的客户身上!

客户类型	占总营业额的比例	占总客户数的比例	业务支持(占总业务员的比例)
A级	70%	10%	15%
B级	20%	20%	25%
C级	10%	70%	60%

图4.5 违背二八法则的例子

帕累托定律(二八定律)的反向操作就是:为 20%的客户花费 80%的精力!如果企业能够发现其最有价值的客户,并且集中优势资源,高质量地提供满足他们特定需求的产品或服务,那么企业将得到长期、稳定、高额的回报。

思考:你认为对企业来说什么是合理的分配方式?

总结如下:

(1)客户细分的概念。客户细分,又称市场细分,是指企业通过市场调研,依据客户的需求和欲望、购买行为和购买习惯、客户生命周期和客户价值等方面的差异,把某一产品的市场整体划分为若干个客户群,以提供有针对性的产品服务和营销模式的市场分类过程。每一个客户群就是一个细分市场,每一个细分市场都是由具有类似需求倾向或者客户生命周期、客户价值相近的客户构成的群体。

(2)客户细分的目的。准确的客户分类是企业有效地实施客户关系管理的基础,客户细分的目的在于更精确地回答谁是我们的客户,客户到底有哪些实际需要,应该去吸引哪些客户,应该重点保持哪些客户,应该如何迎合重点客户的需求等重要问题,进而使 CRM 真正成为业务获得成功、增加产品销量的助推器。

(3)客户细分的方法。基于客户价值理论,进行客户细分的方法有很多,基本上可以分为四大类:基于客户统计学特征的客户细分、基于客户价值相关指标的客户细分、基于客户生命周期的客户细分以及基于客户行为的客户细分。基于客户统计学特征(年龄、性别、收入、职业、地区等)的客户细分方法已为大家所熟悉,该方法虽然简单易行,但缺乏有效性,是一种以产品为导向的客户细分，难以反映客户需求、客户价值和客户关系阶段的特点，难以指导企业吸引客户、保持客户，难以适应客户关系管理的需要。在 CRM 环境下，客户细分更应重视客户的行为和客户价值，因此本书重点介绍后三类客户细分方法，即基于客户价值相关指标的客户细分、基于客户生命周期的客户细分和基于客户行为的客户细分。

4.4.1 基于客户价值相关指标的客户细分——ABC 分类法

客户对企业的价值是不尽相同的，很多企业 80%的利润只来自 20%的客户，或者说，其中 80%的客户让企业赚不到多少钱，有的甚至让企业赔钱。因此，企业要能够找出对自己最有价值的客户资源，发现关键客户，以便有的放矢地开展营销，有针对性地实施客户关系管理。根据这种分类方式，可以将客户分为三类或四类。ABC 分类法如图 4.6 所示。ABC 分类法根据企业利润构成区分客户，运用帕累托曲线表示企业利润的构成情况，客户被直观地分成 A、B、C 三类，它们对于企业的价值不同。A 类客户只占客户数量的 20%，却能给企业带来八成的利润；而占客户数量 10%的 C 类客户却无法给企业带来利润；中间 70%的 B 类客户只能给企业带来 20%的利润。根据这种方式对客户进行分类，企业客户管理的要点无疑是优先发展 A 类客户，保持或缩减 B 类客户，抛弃 C 类客户。

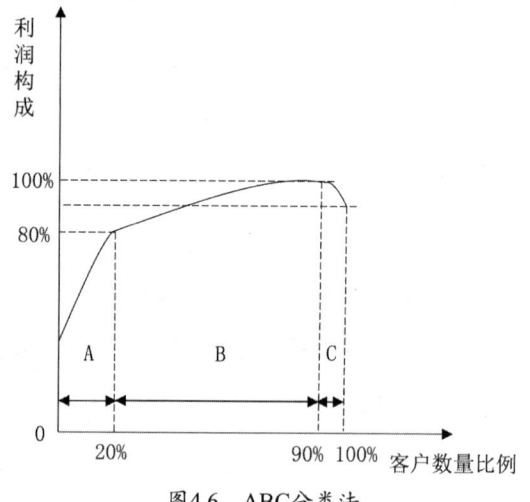

图4.6　ABC分类法

上述的分类比例仅作为参考，不同的行业数值不同。比如，在银行业中，A 类客户的数量可能只占客户总量的 1%，但为企业创造的利润可能超过 50%；而有些行业（如宾馆）的 A 类客户数量远大于 5%，为企业创造的利润也可能小于 50%。

根据这种分类方式也可以把客户分成四类，形成一个"金字塔"，如图 4.7 所示，包括 VIP 客户、主要客户、普通客户和小客户。

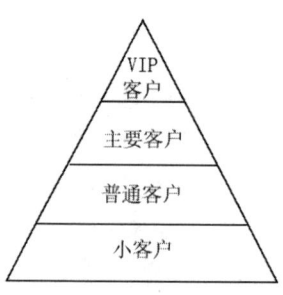

图4.7　客户金字塔分类法

1. VIP 客户

这类客户数量不多,但购买金额在企业的销售额中占有的比例很大,对企业贡献最大,位于金字塔的顶层,一般情况下占企业客户总量的 1%左右。

2. 主要客户

指的是除 VIP 客户外,购买金额所占的比例较大,能够为企业提供较高利润的客户。这种类型的客户约占企业客户总量的 4%。

3. 普通客户

这些客户的购买金额所占的比例一般能够为企业提供一定的利润,占企业客户总量的 15%左右。

4. 小客户

这类客户数量众多,但是为企业提供的利润却不多,企业甚至不赢利或亏损,位于金字塔的底层。

案例:戴尔公司的客户关系管理

戴尔公司成立于 1984 年,是全球成长最快的个人计算机公司。戴尔公司还是电子商务的早期应用者,目前每天在线销售额已达上千万美元。戴尔公司最成功的地方在于它的"直线订购模式",即按照客户要求制造计算机,并向客户直接发货。通过网上直销渠道,戴尔公司可以直接与客户建立关系,为客户提供个性化的服务,并充分掌握所有客户的资料。

在线销售方式的核心是灵活地对待客户,形成所谓的"客户三角"。它将客户分为所有客户层、注册客户层、签约客户层和白金客户层四个层次。戴尔公司实行基于客户重要性的在线信息政策,客户收到的信息因级别而异,越重要的客户收到的信息越全面,得到的服务也越广泛,价格往往也更优惠。

戴尔公司的所有客户层得到的信息比较充分,包括产品细节、计算机配置、报价清单、一般技术支持、用户论坛,以及其他与公司有关的信息。从注册客户开始,戴尔公司提供附加的个性化信息。注册客户可以要求对有关信息进行跟踪,如当新的特定信息出现时,就自动发出一封电子邮件;或根据客户需求定制在线新闻稿件。签约客户的采购历史都得以保存,他们可以查询这些历史资料,了解累计的销售额,建立习惯链接,享有定制化的服务和特殊折扣。白金客户得到的服务最具个性化,戴尔公司翻译了 18 种语言,在 36 个国家设立了客户网站,白金客户可以在线与产品设计者一起讨论,保证新产品能够充分满足客户的需求。

思考:还有什么例子吗?(例如,QQ 钻石会员分类。)

4.4.2 基于客户生命周期的客户细分

客户生命周期是客户关系生命周期的简称,指客户关系水平随时间变化的发展轨迹。客户生命周期的长短对客户价值具有直接的影响,客户生命周期越长,客户价值越高。由于客户和企业的关系是随时间不断发展变化的,处于不同关系阶段的客户有不同的特征和需求,因此,客户生命周期管理是客户关系管理的重要内容,依据客户生命周期进行客户细分也就成为一种重要的细分方法。

CLV(Customer Lifetime Value,客户生命周期价值)分析法基于 4.3 节中的客户生命周期"四阶段模型"(将客户关系的发展划分为考察期、发展期、稳定期、退化期四个阶段)形成的。这里需要特别说明的是,CLV 分析法能够考虑完整的客户生命周期,包含客户获取和客户流失,也就是说,它计算的不只是眼前客户已经产生的价值,还预测了未来价值。

我们知道,并不是所有客户都具备相同的价值,如果企业能够专注于那些可以带来最大未来利益的客户,就可以实现更好的运营。所以,企业必须识别出这些客户,而 CLV 就是对客户未来利润的有效预测。实际运用中,CLV 指价值衡量,这种价值衡量取决于利润贡献,所以客户对企业的价值贡献通常被替换为客户对企业的利润,即 CLP(Customer Lifetime Profits,客户全生命周期利润)。

据此,陈明亮提出了基于 CLP 的客户细分方法(简称 CLP 分析法)。构成 CLP 的客户当前价值和客户增值潜力是客户价值细分的两个具体维度,每个维度分成高、低两档,由此可将整个客户群分成四组,细分的结果用一个矩阵表示,称为客户价值矩阵(Customer Value Matrix),如图 4.8 所示。其中,客户当前价值是假定客户现行的购买模式保持不变时,客户未来可望为企业创造的利润总和的现值;客户增值潜力是假定通过采用合适的客户发展策略,使客户的购买行为模式向着有利于增大企业利润的方向发展时,客户未来可望增加企业利润的总和的现值。客户增值潜力取决于增量购买、交叉购买和推荐新客户。

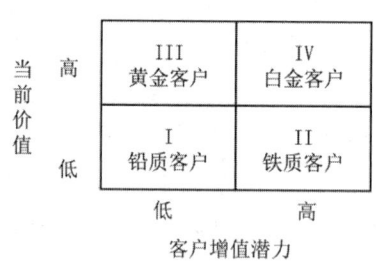

图4.8 客户价值矩阵

对于处于客户价值矩阵中不同象限位置的客户,企业需要根据其各自特点来制定相应的资源配置策略与客户保持策略。针对以上的客户价值分类,陈明亮总结了这四类客户的资源配置和客户保持策略,如表 4.5 所示。

表 4.5　四类客户的资源配置和客户保持策略

客户类型	客户对企业的价值	资源配置策略	客户保持策略
Ⅰ（铅质客户）	低当前价值，低增值潜力	不投入	关系解除
Ⅱ（铁质客户）	低当前价值，高增值潜力	适当投入	关系再造
Ⅲ（黄金客户）	高当前价值，低增值潜力	重点投入	全力维持高水平客户关系
Ⅳ（白金客户）	高当前价值，高增值潜力	重点之重投入	不遗余力保持、增强客户关系

上述四类客户中，Ⅳ类客户（白金客户）对企业最有价值，为企业创造的利润最多，是最具有吸引力的一类客户。此类客户是企业利润的基础，企业需要将主要资源投入到保持和发展该类客户的关系上来，针对每个客户设计和实施一对一的客户保持策略，为他们持续提供超越其预期的价值，不遗余力地努力保持住他们。Ⅲ类客户（黄金客户）是有高当前价值和低增值潜力的一类客户。这类客户对企业也十分重要，他们已经几乎将所有的业务都交给了企业，企业应该投入足够的资源，尽力保持与他们的关系。Ⅱ类客户（铁质客户）是低当前价值，但具有高增值潜力的客户，比如一个业务总量很大，但本企业只能获得其一小部分业务的客户。对这类客户，企业应该投入适当的资源来重塑双方关系，增进客户对企业的信任。Ⅰ类客户（铅质客户）是最没有吸引力的客户，是企业的微利或无利客户，对于这类客户，企业可以不投入资源。

客户生命周期理论是客户关系管理的重要工具，关注客户所处的阶段是客户关系管理的重要内容之一，依据客户生命周期的客户细分方法能够使企业针对客户所处阶段进行有针对性的营销，促使客户向稳定期发展，或者延长稳定期。不过，该方法也存在不足，它难以识别处于相同生命周期阶段客户的差异。同是发展期的客户，客户价值也存在差异，如果平均用力，将难以避开不良客户。因此，还需结合有关客户属性评估客户价值。

4.4.3　基于客户行为的客户细分

客户忠诚度专家弗雷德里克·雷奇汉（Frederick Reichheld）认为，要了解客户是否会在企业购买更多的产品或服务，真正重要的是看客户的行为，如购买频率、购买金额等，而不是客户的满意度。依据客户行为属性进行客户细分为很多企业所采用，特别是依据购买金额进行客户细分非常普遍，如电信公司依据客户的话费把客户分为白金客户、黄金客户、青铜客户、铁质客户等。在依据客户行为特征进行客户细分的方法中，较广泛被使用的是 RFM 模型和客户行为矩阵模型。

4.4.3.1　RFM 模型

RFM 模型是衡量客户价值和客户创利能力的重要工具和手段。在众多客户关系管理（CRM）的分析模型中，RFM 模型应用最广。该模型主要通过一个客户的、最近一次消费（Recency）、消费频率（Frequency）和消费金额（Monetary）这三项指标来描述该客户的价值状况。有时也用购买数量（Amount Purchased）来代替消费金额，因此 RFM 模型又被称为 RFA 模型。

1. 最近一次消费（R）

最近一次消费是指客户上一次什么时候来店里、根据哪本邮购目录购买东西（例如，什么时候买的车，或最近一次在超市买早餐是什么时候）。理论上，上一次消费时间较近的客户应该是比较好的客户，对提供的产品或服务也最有可能会有反应。营销人员若想业绩有所成长，只能靠抢占竞争对手的市场占有率，而如果要密切地注意客户的购买行为，那么最近一次消费就是营销人员第一个要利用的工具。统计显示，如果能让客户购买，他们就会持续购买。这也是0～6个月的客户收到营销人员的沟通信息多于31～36个月的客户的原因。

最近一次消费的过程是持续变动的。在客户距上一次购买时间满一个月之后，在数据库里就成为消费时间为两个月的客户。反之，同一天，如果消费时间为三个月的客户进行了一次购买，那么他就成为消费时间为一天的客户，就有可能在很短的时间内收到新的折扣信息。

最近一次消费的功能不仅在于提供促销信息，营销人员的消费报告可以显示企业的发展状况。优秀的营销人员会定期查看消费分析，以掌握趋势。如果月报告显示最近一次消费时间很近的客户人数（如最近一次消费时间为一个月）增加，则表示该企业是一个稳健成长的企业；反之，如果最近一次消费时间为一个月的客户越来越少，则是该企业迈向不健康发展之路的征兆。

最近一次消费是维系客户的一个重要指标。最近购买你的产品、服务或光顾你商店的客户，是最有可能再向你购买产品、服务的客户。要吸引一个几个月前上门的客户购买，比吸引一个一年多以前来过的客户要容易得多。营销人员如果接受这种强有力的营销哲学——与客户建立长期的关系而不仅是卖东西，则会让客户持续保持往来，并赢得他们的忠诚度。

另外，对于具体的行业或产品来说，最近一次消费的划分标准也不同，比如，日用品可能是最近一天，家用电器耐用品则可能是最近一年、两年。可见，最近一次消费时间与消费频率结合起来，才能真实反映客户的购买行为。

2. 消费频率（F）

消费频率是客户在限定的期间内所购买的次数。可以说，最常购买的客户，也是满意度最高客户，他们的忠诚度往往也最高。增加客户购买的次数意味着从竞争对手处抢占市场占有率，从别人的手中赚取营业额。

根据这个指标，我们把客户分成五等分，这个五等分分析相当于一个"忠诚度的阶梯"（Loyalty Ladder），其诀窍在于让客户一直顺着阶梯往上爬，把销售想象成是将两次购买者往上推成三次购买者，把一次购买者变成两次购买者。*Relationship Marketing*（《关系营销》，马丁·克里斯托弗、亚德伦·培恩、戴维·巴伦廷著）提出了一个反映客户忠诚度的关系营销阶梯，如图4.9所示，从该图中可以看出，依据客户所处生命周期的不同阶段把客户分为潜在客户、现实客户、长期客户、支持者和鼓吹者，企业的客户策略就是要把潜在客户逐步变成企业及其产品或服务的热忱拥护者。客户在阶梯的不同层次，其需求必然不同，按照该阶梯，企业能够有针对性地为不同梯级的客户提供不同的产品或服务，促使客户成为忠诚客户。要说明的是，该方法虽然被称为忠诚度阶梯分类法，但实质上它表明了客户关系水平随时间变化的发展轨迹，表示客户关系从一个阶段向另一个阶段发展，即从潜在客户转变为现实客户，最后成为企业的鼓吹者。客户生命周期越长，客户的忠诚度越高。

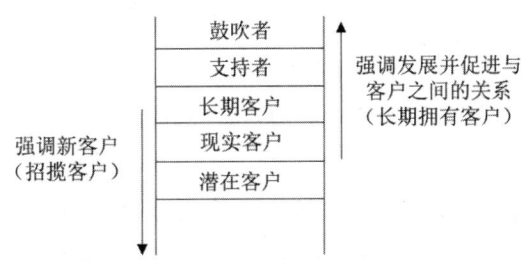

图4.9　反映客户忠诚度的关系营销阶梯

3. 消费金额（M）

消费金额是所有数据库报告的支柱，也可以验证"帕累托法则"（Pareto's Law）——企业80%的收入来自20%的客户。

如果你的预算不多，而且只能提供服务信息给2000或3000个客户，你会将信息邮寄给贡献40%收入的客户，还是那些贡献不到1%收入的客户？数据库营销有时候就是这么简单。这样的营销所节省下来的成本会很可观。

RFM基本原理：根据 R 值越小越好的标准，即间隔时间越短越有可能再次购买，按短到长平均分成5个等级R5～R1；根据 F 值越多越好的标准，即单位时间内消费次数越多越有可能再次购买，也分为5个等级F5～F1；根据现实业务场景的需求，同时根据 M 值越大越好的标准，即总额越大越有可能再次购买，继续分为5个等级M5～M1。对 R、F、M 赋予不同的权值 W_r、W_f、W_m，最终每个客户的得分为：$W=W_r \times R + W_f \times F + W_m \times M$；结合这三个指标，我们就可以将维度再细分出5份，这样就能够细分出5×5×5=125类客户，对其进行数据分析，然后制定我们的精准营销策略。另外，细分的125类客户显然已超出普通人脑的计算范畴，更别说针对125类客户量身定制营销策略了。因此，实际运用中，我们只需要把每个维度分成两个等级即可，这样在三个维度上我们依然能够得到8组客户，具体划分根据案例不同而改进。RFM模型详见图4.10。

因此，可以得到以下几类客户，编号依次代表 R、F、M，1表示高、0表示低。

- 重要价值客户（111）：最近消费时间较近、消费频率和消费金额都很高，说明他是VIP客户；
- 重要发展客户（101）：最近消费时间较近、消费金额高，但消费频率不高，忠诚度不高，说明他是很有潜力的客户，必须重点发展；
- 重要保持客户（011）：最近消费时间较远，但消费频率和金额都很高，说明他是一段时间没来的忠诚客户，需要主动和他保持联系；
- 重要挽留客户（001）：最近消费时间较远、消费频率不高，但消费金额高的客户，可能是将要流失或者已经流失的客户，应当采取挽留措施；
- 一般价值客户（110）：最近消费时间较近、消费频率高，但消费金额低，需要进一步挖掘、提高单价，可以提供优惠吸引他；
- 一般发展客户（100）：最近消费时间较近，但消费频率和消费金额都不高，说明有可能是新客户，有推广价值；
- 一般保持客户（010）：最近消费时间较远、消费金额低，但消费频率较高，这类客户贡献不大，可提供积分制、各种优惠和打折服务，改变宣传方向和策略与其重新联系；
- 一般挽留客户（000）：最近消费时间较远，且消费频率和消费金额都不高，可减少营销和服务预算，或直接放弃。

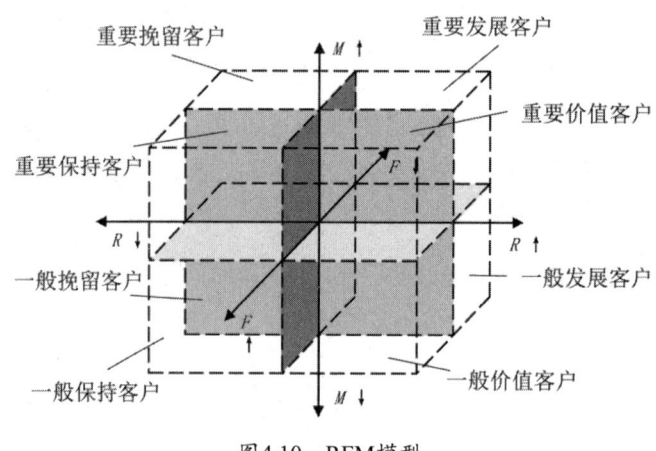

图4.10 RFM模型

综上所述，RFM模型是一种有效的客户细分方法，在企业开展促销活动后，重新计算每个客户的 R、F、M 值，对比促销前后的 R、F、M 值，可以看出不同客户群对促销活动的反应，识别更有利可图的客户群，为企业开展更有效的营销提供可靠依据。RFM模型的一个缺点是分析过程烦琐，细分后的客户群过多，难以针对每个细分客户群采用不同的营销策略；另一个缺点是消费频率与消费金额这两个变量存在多重共线，如一个客户每多一次消费，其消费金额也相应增加。

案例：某航空公司的RFM模型例子（见表4.6）

最近一次消费、消费频率、消费金额是测算消费者价值最重要也是最容易的方法，充分表现了这三个指标对营销活动的指导意义。而其中，最近一次消费是最有力的预测指标。

表 4.6 某航空公司的 RFM 模型例子

	1分	2分	3分	4分	5分
最近一次消费	12个月之前	6个月之前	3个月之前	1个月之前	不超过1个月
消费频率	在过去24个月之中购买次数少于2次	在过去24个月之中购买次数为2~5次	在过去24个月之中购买次数为6~10次	在过去24个月之中购买次数为11~23次	在过去24个月之中购买次数多于24次
消费金额	平均消费金额少于500元	平均消费金额为501~1000元	平均消费金额为1001~3000元	平均消费金额为3001~5000元	平均消费金额为5000元以上

补充阅读：某银行预警 RFM 数据

1. 关注级预警（黄色警报）

（1）停止交易时间：$R \leq 10$（天）；

（3）最后一次交易前一个月交易频率 F 下降 $\leq 30\%$；

（3）交易货币价值 M 下降 $\leq 30\%$。

2. 重点关注级预警（橙色警报）

（1）停止交易时间：11（天）$\leq R \leq 30$（天）；

（3）最后一次交易前一个月交易频率 F：$30\% <$ 交易频率 F 下降 $\leq 50\%$；

（3）交易货币价值 M：$30\% <$ 交易货币价值 M 下降 $\leq 50\%$。

3. 危机级预警（红色警报）

（1）停止交易时间：31（天）$\leq R \leq 60$（天）；

（2）最后一次交易前一个月交易频率 F 下降 $> 50\%$；

（3）交易货币价值 M 下降 $> 50\%$。

4.4.3.2 客户行为矩阵模型

客户行为矩阵模型是对传统 RFM 模型的修正，它用平均购买额代替消费金额，用购买次数与平均购买额构造客户行为矩阵，简化细分的结果，如图 4.11 所示。

对于最好的客户，企业要尽力留住他们，他们是企业利润的基础；乐于消费型客户、经常性客户是企业发展壮大的保证，企业应该想办法提高乐于消费型客户的购买次数，通过交叉销售和增量购买提高经常性客户的平均购买额；对于不确定型客户，企业需要慎重识别他们的差别，找出有价值的客户，使其向另外三类客户转化，而对于无价值客户则不必投入资源进行维护。

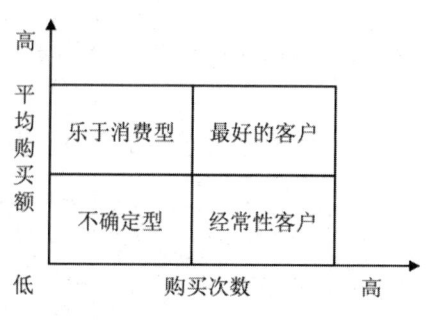

图4.11 客户行为矩阵模型

结合以上两种基于客户行为的客户细分方法,依据客户行为进行客户细分能够从客户行为上反映不同类客户购买频率、购买量、最近购买日期的不同,但是难以反映客户在认知维度上的认知状态,如客户的满意度、忠诚度等,因此企业还得结合客户的认知状态全面评估客户。

思考:比较上述这些主要的客户细分方法。

综合上述的客户细分方法(具体比较如表 4.7 所示),客户细分可以让企业从比较高的层次上来查看整个客户数据库中的数据,使得企业可以用不同的方法对待处于不同细分客户群中的客户。客户细分的最后一个层次是"细分到个人",也就是"一对一营销",这样企业可以为每个客户提供非常有目的性和个性化的服务,这个时候客户细分达到最优,但这意味着你有10000 个客户,就有 10000 个客户群,那么你在区分赢利客户和非赢利客户上将费尽周折,实际上,能成功管理和沟通 10 个以上客户细分群的企业已经很少。所以说,客户细分方法一般是次优的,只能满足企业某些方面的需求,因此企业应该根据需要结合使用多种细分方法。无论哪种细分方法,均需要大量的客户数据,如人口特征数据、历史购买数据、行为数据等。随着信息技术的发展,收集客户数据变得越来越容易、成本也比较低。可以预见,随着客户数据库的丰富、数据处理技术特别是数据挖掘技术的发展,最大限度利用客户数据,结合多种客户属性从多个维度进行客户细分将是客户关系管理的重要内容,企业可以从多个维度识别客户,采用相应客户策略,从而吸引客户、保持客户、建立客户忠诚。

表 4.7 ABC、RFM、CLV 分析法(模型)的比较

	特点	缺陷	应用的难易程度	操作成本	判断客户价值的准确性
ABC 分类法	强调客户贡献度	忽视客户未来的贡献,难以估算个人客户以及偏远的小型组织客户的价值	中等	中	中等
RFM 模型	强调客户行为	忽视企业投入的资本和成本	容易	低	低
CLV/CLP 分析法	关注客户当前和未来的价值	依赖主观判断	难	高	高

在完成客户价值的分析评价后,接着就进入客户价值管理的最后一个环节——客户价值的创造与让渡。通常,企业为客户创造的产品或服务价值分为三个层次:基本价值、客户期望价值和超越期望价值,而超越期望价值对企业来说更为重要。

(1)基本价值。基本价值源于企业向客户提供的核心产品或服务,包括有关核心产品或服务的有明确定义的特性,是客户价值构成的基本部分。无论企业的基本价值来自有形的核心产品还是无形的核心服务,良好的客户服务水平都是客户忠诚于企业的重要因素。

(2)客户期望价值。期望价值是指客户在特定情况下,希望在企业提供的产品或服务的帮助下实现期望的、超越于产品或服务本身的目的与目标。企业必须在深入了解客户现有与潜在需求的基础上,确定如何满足客户的期望价值,如此可以避免企业在客户并不重视的产品或服务要素上的无效投资行为。

(3)超越期望价值。超越期望意味着企业需要仔细分析客户的需求及其认知体系,通过额外的努力来使客户获得意外的惊喜,给客户内心留下非凡的体验,只有这样的深刻体验才可能触动客户,带来客户忠诚,这是影响企业长期发展的重要因素。另外,判断客户是否会忠诚于企业的另一个有效的可行标准是:从客户的角度来看,企业是否能提供高于其竞争对手的价值。企业在判断自身为客户提供的价值高低时,可以分别从客户与竞争对手两个角度来进行。总而言之,企业只有不断地从客户角度出发,不断地满足其现有的和潜在的需求,才能从根本上真正地赢得客户。

补充阅读:万科的客户价值管理

在房地产业有这样一个现象:每逢万科楼盘开盘,老业主都会前来捧场,并且老业主的推荐成交率一直很高,部分楼盘甚至能达到 50%。据悉,万科在京、沪、津、深、沈等地的销售,有 30%~50%的客户是已经入住的业主介绍的。万客会调查显示,万科地产现有业主中,万科会员重复购买率达 65.3%,56.9%业主会员表示将再次购买,48.5%业主会员表示将向亲朋推荐万科。这在业主重复购买率一直较低的房产业,不能不说是一个奇迹。

1. 第五专业

在设计、工程、营销、物管的基础上,万科提出了"房地产第五专业"理念,即从原来的项目导向转为客户价值导向。为更好实现客户诉求,万科主动引进信息技术,建立客户中心网站和 CRM 等信息系统,从多个视角、工作环节和渠道系统地收集客户意见和建议,及时进行研究和响应。

2. 关注客户体验

万科注重现场包装和展示,以产品为道具,以服务为舞台,努力为客户营造审美愉悦的空间和人文环境,使客户在现场观看楼盘时总能被浓郁、具有艺术品位、温馨的居家氛围和某些细节打动。

3. 独有的 6+2 服务法

万科从客户角度出发，将其服务分为 6 步：第 1 步，温馨牵手。强调信息透明、阳光购楼，要求所有项目在销售过程中既要宣传有利于客户的部分，也要宣传不利部分。第 2 步，喜结连理。强调在合同条款中尽量多地告诉业主签约注意事项，并告知与万科沟通的渠道和方法，降低其无助感。第 3 步，亲密接触。从签约结束到拿到住房，定时与业主联系，告知相关情况。第 4 步，乔迁。在业主入住时举行入住仪式。第 5 步，嘘寒问暖。业主入住后建立客户经理制，跟踪到底，通过沟通及时发现、研究和解决问题。第 6 步，承担责任，问题发生时，特别是损害客户利益时，万科不会推卸责任。随后，通过一路同行、四年之约 2 项措施更好地为客户服务。

本章小结

1. 目前在使用客户价值的概念时，主要有两个方向：企业为客户创造并提供的价值（客户视角）和客户为企业创造的价值（企业视角）。

   客户视角的客户价值指的是企业提供给客户的价值，是客户在消费过程中期望或感知到的产品或服务所给他带来的价值，也称为客户价值。

   企业视角的客户价值指的是客户提供给企业的价值，即企业把客户看成是企业的一项重要资产（也可以称为"客户资产"，这种客户资产能够给企业带来的利益，称为企业的客户价值），侧重研究客户及客户关系能够给企业带来的价值。

2. 客户让渡价值是指整体客户价值与整体客户成本之间的差额部分。整体客户价值是指客户从给定产品或服务中所期望得到的所有利益，它包括产品价值、服务价值、人员价值和形象价值四个方面的要素。整体客户成本所涵盖的内容不仅仅是货币成本，即为购买产品或服务支付的货币，它还包括可能产生的时间、体力和精神成本。

3. 客户生命周期描述的是客户关系从一种状态（一个阶段）向另一种状态（另一个阶段）运动的总体特征。客户生命周期分为考察期/潜在获取期、发展期/成长期、稳定期/成熟期、退化期/衰退期四个阶段。其中，考察期是客户关系的孕育阶段，发展期是客户关系的快速发展阶段，稳定期是客户关系的成熟和理想阶段，退化期是客户关系水平发生逆转的阶段。

4. 客户生命周期管理是一种全新的营销理念，主要研究客户在生命周期的不同阶段（即考察期、发展期、稳定期、退化期四个阶段）的特征，然后有针对性地实行动态管理。考察期实施新客户发展策略，发展期实施客户关系提升策略，稳定期实施客户关系保持策略，退化期实施客户关系恢复策略和客户关系终止策略。

5. 客户在其生命周期中购买产品或服务而产生的利润综合称为客户生命周期价值（Customer Lifetime Value，CLV），它是一个客户在与企业保持关系整个期间所产生的现金流折现后的累计总和。
6. 基于客户价值理论，对客户细分的方法主要有 ABC 分类法、CLV/CLP 分析法和 RFM 模型等。

思考题

1. 客户价值的含义是什么？可以从哪两个角度来理解？请阐述其关系。
2. 客户让渡价值的含义是什么？
3. 客户生命周期可以分为几个阶段？各个阶段的特点是什么？
4. 概述客户生命周期价值的含义和计算方法。
5. 概述客户细分的几种方法。
6. 结合企业实际，选择一种分析方法，谈谈如何基于客户生命周期价值对客户进行细分？
7. 如何看待长尾理论和二八定律？
8. 客户是上帝吗？如果对，对在哪里？如果错，错在哪里？
9. 实践练习：下表中给出了各个客户类型的购买情况和反映情况，假如你是企业经理，针对不同类型的客户，应该给出什么样的解决方案？

客户代表类型	购买情况	反映情况
1. 以一家鸡肉罐头厂为代表的购买大户	每年从企业订购大量鸡肉，销售额占到 50%	产品基本符合要求，希望加工鸡肉再精细一些，另外希望给予一定的价格优惠
2. 以一家饭店为代表的餐饮业	每年从企业订购产品占到销售额的 30%	要求产品进一步加强保鲜，对肉味提出了许多具体的要求
3. 一些散户	购买不固定，打折时买得多，占销售额的 15%	要求价格低，对鸡的来源提出了非常明确的要求
4. 少数挑剔的客户	偶尔购买，占销售额的 5%	对产品极不满意，指责鸡肉不合他们的口味，要求鸡肉加工出来以后，肥瘦分布均匀，花费在烹调上的时间要短

第 5 章
客户满意理论

学习目标

- 掌握客户满意的概念和意义
- 了解客户满意度的影响因素和衡量指标
- 掌握客户满意度的监测方法
- 了解客户投诉的原因和处理方式

开篇案例：海尔的服务理念

"海尔"是一个服务的品牌。海尔的产品质量好吗？不能说特别好。价格怎么样？很贵。海尔空调的价格和进口空调的价格持平，海尔冰箱的价格和进口冰箱的价格也是持平的。海尔冰箱比其他牌子的国产冰箱贵一千多元钱，没有价格优势。很多营销人员说："为什么我们的东西卖不好？因为太贵了，人家那么便宜，所以我们卖不好。"这是一个营销中的错误观念。海尔的产品价格没有任何竞争优势，质量在国内不算最好，甚至在做客户调查的时候，很多客户都说春兰空调的质量比海尔空调好。可是春兰空调的价格比海尔空调低将近两千元，而且春兰是中国一家很大的空调企业，销售额很不错。那么海尔还剩什么？质量没有什么优势，功能也差不多。海尔的产品销量高是因为它的服务好。如有问题，打个电话就来维修，服务态度特别好，这就是服务品牌。海尔通过客户服务创造一种品牌，而这种品牌居然带动了高价产品的销售，弥补了在市场中的劣势，体现出服务竞争的优势。

海尔的服务体系包括：

（1）售前服务——真实地介绍产品特性和功能，通过耐心的讲解和演示，为客户答疑解惑，如海尔产品质量好在哪里、功能全在何处、如何安全操作、用户享有哪些权利等，尽量使客户心中有数，以方便客户在购买中进行比较和选择。

（2）售中服务——在有条件的地方实行"无搬动服务"，向购买海尔产品的客户提供送货上门、安装到位、现场调试、月内回访等服务。

（3）售后服务——通过各种数字化手段与客户保持紧密联系，出现问题及时解决，以百分之百的热情弥补工作中可能存在的万分之一的失误。

思考：
1. 还有哪些类似海尔的企业？
2. 你觉得影响客户满意的因素有哪些？
3. 你认为要提高客户的满意度，企业应从哪些方面努力呢？

5.1 客户满意的概念和意义

5.1.1 客户满意的概念

1965 年，美国学者卡多佐首次将客户满意（Customer Satisfaction）的观点引入营销领域后，学术界掀起了研究客户满意的热潮，客户满意成为颇受西方企业推崇的经营哲学。

理查德·奥利弗认为："客户满意是客户的实际反应，它是判断产品或服务本身或特性的尺度，或者说，它反映了客户的一次消费经历的愉快水平。"

亨利·阿赛尔认为："客户满意取决于商品的实际效果与客户预期的对比，当商品的实际效果达到客户的预期时，客户满意，否则就会导致客户不满意。"

菲利普·科特勒认为："满意是指一个人对一种产品的可感知的效果与他的期望值进行比较后，所形成的愉悦或失望的感觉状态。"所谓客户期望，指的是客户在购买、消费产品或服务之前对产品或服务的价值、品质、服务、价格等方面的主观认识或预期。

总的来说，客户满意是一种心理活动，是客户的需求被满足后形成的愉悦感或状态；而客户满意度就是客户满意程度的度量，由客户对产品或服务的期望值与客户对购买的产品或服务所感知的实际体验两个因素决定。

客户满意的基础理论是心理学上的差距理论，客户满意度是客户感知价值与客户期望价值之间的差异函数。当客户感知价值小于客户期望价值时，客户就会表现为不满意；当客户感知价值接近客户期望价值时，客户就会表现为基本满意；当客户感知价值高于客户期望价值时，客户就会表现为高度满意。

用数学公式可以表示为：

$$客户满意度 = \frac{客户感知价值}{客户期望价值} \qquad (6\text{-}1)$$

当客户满意度值小于1时,表示客户对产品或服务的可以感知到的结果低于自己的期望值,即没有达到客户的期望,这时客户就会产生不满意。该值越小,表示客户越不满意。

当客户满意度值等于1或接近1时,表示客户对产品或服务的可以感知到的结果与其事先的期望值是相匹配的,这时客户就会表现出满意。

当客户满意度值大于1时,表示客户对一种产品或服务的可以感知到的结果超过了其事先的期望值,这时客户就会兴奋、惊奇和高兴,感觉的状态就是高度满意或非常满意。

许多企业不断追求高度满意,因为那些一般满意的客户一旦发现有更好的产品或服务,便会更换供应商,那些十分满意的客户一般不打算更换供应商,因为高度满意创造了一种对品牌情绪上的共鸣,而不仅仅是一种理性偏好,正是这种共鸣创造了客户的高度忠诚。然而,客户如何形成他们的期望呢?期望形成于客户过去的购买经验以及朋友和伙伴的种种言论中。如果销售者将客户期望值提得太高,客户很可能会失望;如果销售者将客户期望值定得太低,就无法吸引足够的购买者(尽管那些购买的人可能会比较满意)。

案例

王经理当天晚上要参加一个重要的宴会,因为公务繁忙,在公司里一直干到了5点多钟,这时离宴会开始只剩下一个多小时了。王经理看到脚上的皮鞋有点旧了,想回家换一双已经来不及了,好在公司地处繁华的市中心,购物十分方便,于是王经理急急忙忙赶向一家品牌皮鞋专卖店。刚走到店门口,服务小姐就笑脸相迎:"欢迎光临本店。"王经理顿时对这家店产生了好感。这是一家意大利皮鞋专卖店,服务的对象以公司的白领以及中层收入者为主。店里宽敞明亮,每双皮鞋的摆放都是精心设计的。店里放着几张舒适的长沙发,供客户试鞋及休息,还准备了时尚杂志供客户翻阅。店里放着轻柔的音乐,王经理立刻感到全身放松。

可是说到买鞋,由于平时的衣帽鞋袜都是由太太一手操办的,王经理看看这个,看看那个,一时间犯了愁。一位店员看出了苗头,走上前来问道:"先生,您想买什么样的鞋?给谁穿?"王经理答道:"我想买一双款式比较新颖的、42码、我穿的鞋。你能给我推荐一下吗?""好的,请跟我来。"于是店员推荐了4双鞋让王经理试穿。挑到最后,有两双摆在他的面前:一双款式好,可是穿起来不是很舒服;另一双穿起来比较舒适,可是款式又有点旧。这可怎么办呢?王经理暗想:虽然都不是很满意,但是鞋子舒不舒服只有自己知道,还是挑双舒适的。反正时间不多了,先将就着吧。再说这位店员不厌其烦地给我换了穿、穿了换,不买实在不好意思。于是王经理对这位店员说:"我就要这双。"店员说:"先生,您不是不喜欢这种款式吗?"王经理说:"不是很满意,还行吧。"令人奇怪的是,店员说道:"对不起,先生,我们不能把这双皮鞋卖给您。我们店的宗旨是为客户提供满意的鞋。您不满意的鞋,我们是不会出售给

> 您的。"在询问了王经理的情况后,店员将王经理脚上的鞋打光上油,并对王经理说:"请您对我们店的鞋提出意见和建议,我们争取改进;我们会从公司总部调来适合您的鞋。"王经理提出了建议并留下了电话号码。宴会后的第二天,王经理就接到了该店的电话,邀请他去看看新货。在那里,王经理终于买到了一双称心如意的皮鞋。从那以后,只要买鞋,王经理就会想到那家不卖给客户不满意皮鞋的专卖店。

5.1.2 客户满意的意义

客户满意对于企业的发展来说具有如下重要意义。

1. 客户满意是企业取得长期成功的必要条件

美国消费者事务局(U.S. Office of Consumer Affairs)提供的调查数据表明:①平均每个满意的客户会把他满意的购买经历告诉至少 12 个人,在这 12 个人里面,在没有其他因素干扰的情况下,有超过 10 个人表示一定会光临。②平均每个不满意的客户会把他不满意的购买经历告诉 20 个人以上,而且这些人都表示不愿接受这种恶劣的服务。美国汽车业的调查表明:一个满意的客户会引发 8 笔潜在的生意,其中至少有一笔成交;一个不满意的客户会影响 25 个人的购买意愿。随着以 Web 2.0 为代表的新一代互联网技术的迅猛发展,基于互联网的社会化媒体给予了用户极大的参与空间,人们利用博客、微博、论坛等平台分享信息、意见和各类观点,其传播效率较传统媒体呈几何级数增高。一个满意或不满意客户的"声音"借助于社会化媒体可能被几百甚至上万的人"听到",其间无疑蕴含有大量的商机,同时也存在爆发未知风险的无限可能。而且,品牌越强势,其传播的广度和强度就会越大,受网络口碑的影响也会越大。因此,互联网时代下,企业必须重视客户满意,可以说,客户满意是企业持续发展的基础,是企业取得长期成功的必要条件。

2. 客户满意是企业获取竞争优势的重要手段

客户及其需求是企业生存和发展的基础,能否比竞争对手更好地满足客户需求,是企业成功的关键。随着互联网时代的到来和市场竞争的加剧,客户可以查询到大量的产品信息,同时比以往有着更多的选择。在这样的背景下,客户有着更加充裕的选择空间,谁能更好地、更有效地满足客户需求,让客户满意,谁就能获得竞争优势,从而战胜竞争对手、赢得市场。福特说过:"最有效、最能满足客户需求的企业,才是最后的生存者。"如果企业不能满足客户需求,而竞争对手能够使他们满足,那么客户很可能会选择离开,转而投奔那些能让他们满意的企业。因此,只有能够让客户满意的企业才能在激烈的竞争中获得长期的、起决定作用的优势。

3. 客户满意是实现客户忠诚的基础

客户忠诚通常被定义为重复购买同一品牌的产品或服务,不为其他品牌所动摇,这对企业来说是非常理想的。从客户的角度来讲,曾经带给客户满意经历的企业意味着可能会继续使客户满意,或降低消费的风险和不确定性。因此,如果企业第一次能够让客户满意,就很可能再次得到客户的垂青。但如果没有令客户满意,则很难形成忠诚的客户——只有让客户满意,他们才可能成为忠诚的客户,也只有持续让客户满意,客户忠诚度才能进一步得到提高。

客户满意是实现客户忠诚的基础,是保持老客户的最好方法。卡多佐首次将客户满意的观点引入营销领域时,就提出客户满意会带动再购买行为。菲利普·科特勒也认为,保持客户的关键是使客户满意。

5.2 客户满意度的影响因素

根据菲利普·科特勒给出的定义,客户满意度是客户期望和客户感知效果比较的结果。客户期望属于客户心理范畴,感知效果则既取决于企业提供的产品或服务,又取决于客户的感知水平,还取决于当时双方的关系。因此,客户满意度的影响因素可以从客户期望与企业表现两个角度衡量。

1. 客户期望

客户期望是客户在购买、消费产品或服务之前对产品或服务的价值、品质、服务、价格等方面的主观认识或预期。客户获得这些信息的渠道包括客户过去购买的经历、周边人们的言论、企业发布的广告以及企业对产品或服务的承诺等。

(1)客户以往的消费经历。客户在购买某种产品或服务之前往往会结合他以往的消费经历,对即将要购买的产品或服务产生一个心理期望值。例如,客户过去吃一份快餐要10元,那么他下次再去吃快餐可以接受的价格就在10元左右。如果同样的快餐,价格高出10元很多,就会导致客户不满;如果价格比10元优惠,则会给客户带来愉悦感。

(2)他人的介绍。根据从众心理理论,当人们缺乏进行适当行为的知识,必须从其他途径来获得行为引导时,会以他人作为参照。因此,我们在网上购物时会关注产品或服务的购买数量和已购买者的评论,如果买家很多,并且评论大多为正面评论,就会对该商家的产品或服务产生较高的期望;反正,若购买量小或有一定数量的负面评论,就会对该商家产生不好的印象,降低购买欲望。

(3)企业的宣传。企业的宣传主要包括广告,外包装说明,员工的介绍、讲解等。客户会根据企业的宣传在心中对企业的产品或服务产生一个期望值。例如,药品广告宣称服用三天见效,那么药品的服用者就期望三天见效;如果广告宣称服用三周见效,那么药品的服用者就期望三周见效。肆意夸大自己的产品或服务会让客户产生过高的期望值,适当的宣传则会使客户期望趋于理性。

2. 企业表现

企业表现主要分为五个方面:

(1)产品因素。产品因素包含四个层次的内容:①产品的比较优势。如果与竞争对手的同类产品在功能、质量、价格等方面相比有明显的优势或较强的个性，则容易获得客户满意。②产品的消费属性。客户对高价值的耐用消费品要求很高，一旦客户满意，客户忠诚度将会很高。客户对价格低廉、一次性使用的产品要求较低。③产品的服务属性。由于服务标准极具个性化，因此当产品中包含的服务成分较多时，获取客户满意的难度较大；对于不含服务的纯产品，则只要达到了一定的标准，客户就容易满意。④产品的外观因素。例如，如果产品的包装、款式等设计得方便客户使用并能体现其地位，就会令客户满意。

（2）服务体系。包括外围的和支持性的服务，这些服务有助于核心产品的提供，如运输和记账系统、定价政策、实用性和便利性、服务时间、信息沟通、储存系统、维修和技术支持、求助热线等。

（3）沟通能力。企业与客户的良好沟通是提高客户满意度的重要因素。企业与客户的沟通包括售前咨询、售中交流和售后沟通三个阶段。反映企业沟通能力的指标有：员工的服务态度、服务技能、服务速度、沟通渠道的通畅性等。

（4）情感因素。客户对企业的情感是通过企业与客户的不断沟通建立起来的。企业在处理客户抱怨时的真诚态度、在服务细节上给客户带去的温暖感受等都能强化客户对企业的信赖。没有客户对企业的情感，就没有真正的客户关系。

（5）品牌形象。企业是产品或服务的提供者，其规模、效益、形象、品牌和公众舆论等内部或外部表现的东西都会影响客户的判断。如果企业给客户呈现一个很恶劣的形象，很难想象客户会考虑选择其产品或服务。

案例

日本一家企业想扩建厂房，看中了一块近郊土地，意欲购买，同时也有其他几家商社看中了这块地。但这块地的主人是一位老太太，说什么也不愿意卖。一个下雪天，老太太进城购物，顺便来到这家企业，想告诉企业的负责人死了这份心。老太太脚下的木屐沾满雪水，肮脏不堪。正当老人欲进又退的时候，一位年轻的企业服务人员出现在老人面前："欢迎光临！"服务人员看到老人的窘态，马上回屋想为她找一双拖鞋，不巧拖鞋没有了，服务人员立刻把自己的拖鞋脱下来，整齐地放在老人脚下，让老人穿上。等老人换好拖鞋，服务人员才问："老太太，请问我能为你做些什么？"老太太表示要找企业的负责人木村先生，于是服务人员小心翼翼地把老太太扶上楼。

就在老太太踏进木村先生办公室的一刹那，她决定把土地卖给这家企业。后来，这位老太太对木村先生说："我也去过其他几家想买地的商社，但他们的接待人员没有一个像你这里的这位服务人员对我这么好，她的善良和体贴，很让我感动，也让我改变了主意。"

思考：老太太的满意度受什么因素影响？

5.3 客户满意度的衡量指标

客户满意度是衡量客户满意程度的量化指标,由该指标可以直接了解企业及其产品或服务在客户心目中的满意程度。客户满意度的衡量指标可以分为单个客户满意度衡量指标和总体客户满意度衡量指标两类。

1. 单一客户满意度的衡量指标

(1) 重复购买的次数。客户重复购买某企业或某品牌的产品或服务的次数,是衡量客户满意度的主要指标。如果客户不再购买该企业或该品牌的产品或服务而改购其他企业或品牌的产品或服务,无疑表明客户对该企业或该品牌的产品或服务是不满意的。在一定时期内,客户对产品或服务的重复购买次数越多,说明客户的满意度越高;反之,则越低。

(2) 挑选购买产品的时间。客户在购买产品时,挑选的时间越短,表明客户对该企业或产品的满意度越高;反之,则可能越低。

(3) 对待竞争产品的态度。客户对竞争者表现出越来越多的偏好,则表明客户对该企业的满意度下降。

(4) 对产品或服务价格的敏感度。客户对某企业或某品牌的产品或服务的价格敏感度或承受能力,可以反映出客户对某企业或某品牌的满意度。当某企业或某品牌的产品或服务的价格上调时,客户如果表现出很强的承受能力,则表明客户对该企业或该品牌非常满意;相反,如果出现客户的转移与叛离,则表明客户对该企业或该品牌的满意度并不高。

(5) 对产品质量事故的敏感程度。客户对产品或品牌的满意度越高,对出现的质量事故就可能越宽容;反之,则越不宽容。

(6) 购买额。购买额是指客户购买某企业或某品牌的产品或服务的总金额。一般而言,客户对某企业或某品牌的购买额越大,表明客户对该企业或该品牌的满意度越高;反之,则表明客户的满意度越低。

(7) 客户生命周期。这一指标衡量了客户与企业进行业务往来的时间长度。大多数情况下,客户生命周期越长,意味着客户的满意度越高,忠诚度也越高。

2. 总体客户满意度的衡量指标

(1) 客户保持率。客户保持率是一定时期内的客户总数中留下来的客户所占的比例,它反映了企业使客户持续满意的能力以及企业在市场中的竞争能力。当客户满意度调查反映企业的客户满意得分上升,而客户保持率却下降时,表明虽然企业的服务水平并未下降,但竞争对手却以高于企业的速度提高了服务水平,从而抢走了企业的客户,企业应当以更快的速度提升服务水平,减少这种损失。

(2) 客户流失率。客户流失率与客户保持率相对。一般而言,客户流失率越高,表明客户满意度越低;客户流失率越低,表明客户满意度越高。

（3）客户回头率。客户回头率又称为重复消费率或重复购买率，是指企业的客户中再次购买的客户数量占总客户数量的比例。客户回头率越高，说明客户的总体满意度越高。

（4）投诉率。客户投诉是不满意的具体表现，投诉率是指客户在购买或者消费了某企业或某品牌的产品或服务之后所产生的投诉的比例，客户投诉率越高，表明客户越不满意。但是，这里的投诉不仅指客户直接表现出来的显性投诉，还包括存在于客户心底未予倾诉的隐形投诉。研究表明，客户每 4 次购买中会有 1 次不满意，而只有 5%的不满意客户会投诉，另外 95%的不投诉客户只会默默地转向其他企业。所以，不能单纯以显性投诉来衡量客户的满意度，企业要全面了解投诉率还必须主动、直接征询客户，这样才能发现可能存在的隐形投诉。

（5）美誉度。美誉度是客户对企业的认可和赞赏程度。对企业持积极肯定态度的客户，一般对企业提供的产品或服务满意。客户美誉度，或直接来源于过去的交易事项，或由其他满意者口耳相传而建立。以美誉度为测试指标，可以知道企业在客户心目中的被认可程度。

（6）市场占有率。企业的销售量或销售额在市场同类产品中所占的比例越高，说明市场对企业产品的满意度和认可度越高。

除上述指标外，平均重复购买次数、平均购买时间等也可以用来衡量总体客户满意度。

客户满意度反映的是一种暂时的、不稳定的心理状态，为此，企业应该经常进行客户满意度测试。比如，可以经常在现有客户中随机抽取样本，向客户询问对企业的产品或服务是否满意。如果满意，达到了什么程度？对哪些方面感到满意，对哪些方面感到不满意？对改进产品或服务有什么建议？这些测试结果将为企业提升满意度提供参考。

5.4 客户满意度的监测方法

企业收集客户意见、了解客户满意度的方法主要有四种：客户投诉与建议处理、客户满意度调查、神秘客户调查和客户流失分析。

5.4.1 客户投诉与建议处理

以客户为中心的企业应当为客户投诉和提出建议提供方便。例如，宝洁公司、通用电气公司、惠普公司等都开设了"客户热线"，为客户提要求、提建议、发牢骚敞开了大门。再如，许多饭店和旅馆都备有不同的表格，请客人诉说他们的爱好和不满。医院在走道上设置建议箱，为住院病人提供意见卡。这些信息为企业带来了大量的创意，使企业能更快地采取行动，解决问题。例如，3M 公司声称它的产品改进主意有 2/3 来自客户的意见。更重要的是，客户投诉与建议处理系统能及时处理客户不满，弥补企业的失误引起的问题，提高客户满意度。互联网时代，论坛、博客、微博等社交类网络工具大量涌现，每一个客户都有了话语权，企业要紧跟形势，建立多种渠道及时发现和处理客户的意见和建议，与客户真诚沟通，使客户投诉与建议处理系统成为企业消除客户不满情绪、提高客户满意度、收集客户信息、提炼创意的重要渠道。

5.4.2 客户满意度调查

正如前面所述,多数客户在产生不满时会默默地转投其他企业,因此,仅仅依靠客户投诉与建议处理,企业是无法全面了解客户满意度的。一项在新加坡商场中所做的调查表明,当客户对劣质服务不满意时,会有以下反应:70%的人将到别处购买,39%的人认为投诉太麻烦,24%的人会告诉其他人不要到提供劣质服务的商店购物,17%的人将对劣质服务写信投诉,9%的人会因为劣质服务责备销售人员。上述结果说明,并不是所有不满意的客户都会去投诉,因此,企业不能用投诉率来衡量客户满意度,应该开展周期性调查,获得有关客户满意度的直接衡量指标。

通过客户满意度调查,可实现以下目标:

(1)了解企业目前与过去经营管理水平的变化,分析本企业与竞争对手之间的差距。

(2)了解客户的想法,发现客户的潜在需求和期望。

(3)明确为实现客户满意企业在今后应该做什么,是否应该转变经营战略或经营方向,从而适应市场变化。

(4)增强企业的市场竞争力和赢利能力。

企业可以在现有客户中抽取样本,向其发送问卷或打电话询问,以了解客户对产品、服务或企业的看法和态度等。调查问卷或测试量表一般从以下两方面进行设计:一是首先列出所有可能影响客户满意度的因素,然后按照重要程度由最重要到最不重要排列,最后选出企业最关心的几个因素,让受访者帮助判断这些因素的重要程度;二是让受访者就选出来的那些重要因素的满意度做出评价。测评的本质是一个定量分析的过程,即用数字去反映客户对测评对象的态度,一般采用"李克特五级量表",该量表由一组陈述组成,每个陈述有"非常不同意""不同意""不一定""同意""非常同意"5种选项,分别记为1,2,3,4,5分。具体到客户满意度调查,就是要求客户就企业某一方面的表现进行评价,分别设计"非常不满意""较不满意""一般""较满意""非常满意"5种选项,分别记为1,2,3,4,5分,如表5.1所示。

表 5.1 客户对某产品质量满意度的测评表

测评指数	非常不满意	较不满意	一般	较满意	非常满意
产品外观	1	2	3	4	5
质量稳定性	1	2	3	4	5
使用性能	1	2	3	4	5
安全性	1	2	3	4	5

5.4.3 神秘客户调查法

神秘客户调查法最早由肯德基、诺基亚、摩托罗拉、飞利浦等一批跨国企业为管理分部而采用。这些企业专门雇用、培训一批人,让他们伪装客户,秘密潜入店内进行检查、评分。这些伪装的客户还会故意找些麻烦以考察企业的销售人员能否将事情处理好。有的企业不仅雇用伪装的客户,而且管理者本人也会时不时地离开办公室进行"微服私访",到企业和竞争者那里进行购物活动,亲自体验被当作客户的经历。这些"神秘客户"来无影、去无踪,而且没有时间规律,使连锁店的经理、雇员时时感受到某种压力,丝毫不敢懈怠,从而提高了员工的责任心和服务质量。对于管理者来说,还有一种不同寻常的方法是:以客户的身份向自己的企业打电话提出各种问题并进行抱怨,看看员工如何处理这些问题和抱怨。

神秘客户调查法这种暗访方式之所以能被企业的管理者所采用,原因就是"神秘客户"在购买产品或服务时,观察到的是服务人员无意识的表现。从心理和行为学角度来说,人在无意识时的表现是最真实的。"神秘客户"是从客户的角度看待问题的,"神秘客户"在消费的同时,也和其他客户一样,对产品或服务进行评价,与其他客户有同样的感受。根据服务质量的特性,神秘客户调查法弥补了内部管理过程中的一些不足。一个好的"神秘客户"制度有如竖在企业客户身上的镜子,使企业的管理者不至于"不识庐山真面目,只缘身在此山中",能不断地从客户的反馈中提升自身的服务素质。

5.4.4 客户流失分析

客户流失通常有以下几个方面的原因。

(1)人员流动导致客户流失。这是客户流失的重要原因之一,特别是企业的高层营销管理人员的离职变动,很容易导致客户的流失。营销人员的离职率多年居高不下,在他们流失的背后,往往伴随着客户的大量流失。

(2)竞争对手夺走客户。客户,尤其是优质客户,是企业争夺的对象。任何产品或服务都有软肋,若被竞争对手抓住机会,就有可能丧失客户资源。

(3)市场波动导致客户流失。任何企业在发展过程中都会出现一些问题,比如高层不和、资金紧张、意外事故、危机事件等,都会导致市场出现波动,这时候,有些嗅觉灵敏的客户就可能出现倒戈。

(4)服务细节的疏忽导致客户不满。例如,由于企业服务不到位,大客户感觉没有受到足够的重视,从而放弃合作。

(5)诚信问题使客户失去安全感。企业向客户随意承诺,结果无法兑现,或者返利、奖励等不能及时兑付给客户,令客户担心企业的诚信而选择离开。

(6)苛刻的市场政策令大客户不堪重负。"店大欺客"是营销中的普遍现象,一些大品牌对供应商、经销商等大客户提出苛刻的条件,导致大客户不堪重负而离去。

(7) 价格无法达成一致。客户认为企业提供的产品或服务的价格偏高,也是导致客户流失的重要原因之一。

(8) 产品无法满足客户的需求。企业如果不能把握客户的需求,坚持创新,持续为客户创造价值,就会被市场抛弃。

(9) 客户自身的原因。由于客户经营不善破产、客户调整发展战略等导致与企业的关联业务缩减甚至被砍,客户偏好发生转移等。

上述原因中,企业自身的产品质量、价格、服务等问题是导致客户不满的主要原因,对客户流失的影响程度也最高。企业应通过客户流失分析找到某时间段内客户流失的具体原因,然后针对性地提出对策,改善客户流失问题。

5.5 客户投诉

"客户投诉"是客户因为对企业产品或服务不满意而提出的对其相关内容和程序的说明。当客户得到的产品或服务的价值高于期望的产品或服务的价值时,客户的状态是高度满意或非常满意;当客户得到的产品或服务的价值低于期望的产品或服务的价值时,客户就会不满意,便有可能投诉。

5.5.1 不满意客户的投诉行为分析

大多数对企业产品或服务不满意的客户,其行为有如下几种。

(1) 不投诉。有两种情况:一是选择去别的地方购买产品或服务,并告诉其他人他所遇到的麻烦;二是继续购买企业的产品或服务,但此类客户要么是对企业的不满在可接受的范围,要么是企业设置了退出壁垒,因而不得不被锁定在这样的关系中。

(2) 投诉。有如下两种情况:一种是问题没有得到解决或对解决投诉的方式不满意,部分客户流失,部分客户保留;另一种是对企业解决投诉的方式感到满意,少数客户流失,但大多数客户保留,并对企业保持忠诚。

Mckinsey 公司的统计数据显示,不满意客户不投诉者、投诉者再次购买产品的比例如表 5.2 所示。

表 5.2 不满意客户不投诉者、投诉者再次购买产品的比例

类别	问题主次	购买产品的比例
不投诉者	主要问题	9%
	次要问题	37%
投诉但没有得到解决者	主要问题	19%
	次要问题	46%

续表

类别	问题主次	购买产品的比例
投诉获得解决者	主要问题	54%
	次要问题	70%
投诉获得迅速解决者	主要问题	82%
	次要问题	95%

从表 6.2 可知，那些碰到主要问题不投诉的客户再次购买的比例是 9%，而投诉了但没得到解决的客户再次购买的比例是 19%；那些投诉了且主要问题得到解决的客户再次购买的比例是 54%，那些投诉了且主要问题马上得到解决的客户再次购买的比例为 82%，即只要客户有个投诉的地方，再次购买的比例就会成倍增加（9%到 19%），一旦企业理会客户的投诉并快速解决主要问题，那么再次购买的比例同样增加得很快（54%到 82%）。

TARP（Technical Assistance Research Program，技术支持研究计划）对客户不满进行的调查研究结果显示：30%遇到问题的客户会向产品或服务的直接供应者投诉，2%~5%的客户会向企业总部投诉，一位满意的客户会向四五个人讲述他的经历，一位不满意的客户会向 8~10 人讲述他遇到的问题，70%~90%的投诉者在对投诉解决方式满意的前提下会与企业继续开展业务，20%~50%的投诉客户在不满意投诉解决方式的前提下会与企业继续开展业务，只有 10%~30%遇到问题而不投诉或者不要求协助的客户会再购买企业的产品或服务。

综上所述，虽然客户投诉是司空见惯的事情，但并不是不满意的客户皆会投诉。而且，由于行业的不同，客户投诉的情况也不同。继 TARP 的调研之后，服务影响调查集团进行了进一步研究，研究显示，不同行业的客户不投诉的比例存在很大差异，如表 5.3 所示。

表 5.3 不同行业的客户不投诉的比例

类别	不投诉的比例
财务服务	39%
修理服务	26%
电信	45%
旅游和休闲	55%
化工产品	18%
人身保险	43%

如果将对企业不满意的客户比作一座冰山的话，投诉的客户则仅是冰山一角，不满意的客户这个冰山的体积和形状隐藏在表面上看起来平静的海面之下，不满意客户的情况只有在企业这艘大船撞上冰山后才会显露出来；如果在企业之船与冰山碰撞之后才想到补救，则犹如试图修复一艘将沉的轮船，通常为时已晚。

5.5.2 客户投诉对企业的意义

客户投诉是客户对企业产品或服务不满的表达方式。它为企业创造了各种各样的机会,既是企业发现问题和失误的机会,也是企业连续改进的机会,还是企业留住不满意客户的最后机会。

(1) 客户投诉是因为企业的产品或服务有瑕疵、有不足,对客户造成了损失或伤害。所以,客户投诉可以使企业及时发现产品或服务的问题,及时采取措施修正或改进,从而提高产品或服务的质量,提高客户的满意度。

(2) 客户投诉可能反映了企业产品或服务未能满足的客户需求,企业可以从中发现新的商业机会,企业的产品创新往往来源于客户投诉。

(3) 客户投诉可使企业避免流失客户、再次获得客户。有数据表明,绝大多数对投诉处理结果感到满意的客户有再次购买的意图。

因此,客户投诉是企业有价值且免费的信息来源,是企业了解客户未被满足的需求的渠道,是企业创新的来源,是使企业再次获得客户的机会。有研究显示,与流失客户做生意的概率是陌生人的两倍。另有研究表明,40%的客户对服务的感知受企业对不可预见问题的反应的影响。由此可见,管理客户投诉对企业的重要意义。

雪佛莱公司研究发现,在遇到问题的客户中,真正愿意投诉的大约只有 40%,但其中却有 80%的客户表示,如果公司以一种专业的、有效的、关心的方式处理他们的问题,他们将再次购买雪佛莱的产品,即公司并不需要彻底解决客户的投诉,就能实现较高的客户再度购买率。这些客户投诉的根本目的就是希望公司倾听他们的抱怨并提供可能的帮助。在遇到问题而不投诉的 60%的客户中,只有 10%的客户再次购买公司的产品。也就是说,100 位遇到麻烦的客户中有 60 位客户不投诉,其中有 6 位会再次购买公司的产品,而 54 位会选择竞争者的产品;在 40 位投诉的客户中,有 32 位愿意再次购买公司的产品。该公司由此得出结论:需要鼓励所有遇到问题的客户主动投诉。

5.5.3 不满意客户投诉和不投诉的原因分析

1. 不满意客户投诉的原因分析

不满意客户投诉的原因多种多样,大多是遇到了如下问题:产品问题,如产品的质量、性能、可靠性、耐用性、易用性等不佳;服务问题,如人员的服务态度、服务技能、服务水准、服务可靠性、服务及时性不佳;还有虚假广告宣传、假冒伪劣产品、产品性价比低、售后服务不到位、不信守对客户的承诺等。这些都会使客户蒙受物质损失或受到心理上的伤害。

2. 不满意客户不投诉的原因分析

为什么很多客户对产品或服务不满,但遭受损失后却不投诉?其原因颇多,归纳起来有以下几类:

(1) 投诉成本高。投诉要花费客户很多时间成本、精力成本、货币成本，甚至心理成本。

(2) 没有适当的投诉渠道。企业没有向客户明晰企业的义务和客户的权益，致使问题发生后客户不知道损失该由谁承担，应该通过何种渠道向谁反映问题。

(3) 投诉无用。客户认为企业不会理会他们的投诉，企业并不会在乎他们的感受，也不会做出任何改进。

(4) 心理上的担忧。客户害怕由于投诉遭到报复，使接下来的服务更糟糕，如病人对某些医护人员的恶劣态度不敢投诉，就是因为害怕投诉换来更加恶劣的服务。

(5) 其他原因，如文化因素。有时，客户不投诉是一种文化或背景的反映。日本的一项研究表明：有21%的不满意客户对投诉感到尴尬。又如在欧洲，客户对餐馆进行投诉被认为是不礼貌的事情。另外，客户的个性差异也会导致不投诉。不同类型的客户对待不满意的态度不尽相同，理智型的客户会不吵不闹，权衡投诉的得失，若值得投诉才会据理力争，寸步不让；急躁型的客户会大吵大闹，不计后果；忧郁型的客户可能会无声离去，但不会再回来。

Yankelovich Monitor 1993年的研究表明，有54%的人赞同这样的话："当你对一种产品或服务不满意时，向一家大企业投诉通常是浪费时间。"有关调查结果也表明了不投诉者的普遍心态，即：投诉是徒劳的，企业不会理睬，更不会公正处理；投诉可能遭报复；客户对其权利和企业责任不了解；投诉会浪费时间、精力和金钱，为此而保持沉默，并以从此不再购买该企业的产品或服务来处理情绪。

5.5.4 客户投诉的心理分析

客户投诉有着较为复杂的心理过程，且因人因事因情景而异，但其投诉的心理却具有一些共性：客户投诉的目的或是寻求情绪上的宣泄，或是寻求经济上的补偿，或是讨一种说法，或是希望企业改进，或是以上各种目的的组合。

(1) 求尊重。客户投诉可能是自尊心受到伤害，很难平复情绪，投诉的目的或目的之一就是要求当事人或管理人员当面认错并赔礼道歉，以维护其尊严。

(2) 求宣泄。当需求没有得到满足或受到不公正对待而产生挫折感时，客户心生怒气、怨气，故投诉以发泄心中的不满与愤怒，从而获得情感上的补偿和慰藉。

(3) 求补偿。一般而言，客户因受损失而投诉，除对物质损失要求补偿外，更多的是对精神损失要求补偿，以求得心理平衡。

客户投诉一则表明他对企业还没有绝望，他还想尝试一次，企业还有机会与他做生意；二则表明不仅仅是投诉客户对该企业的产品或服务不满，他还代表其他客户的意见，因为并不是所有对企业不满的客户都会进行投诉；三则表明该企业存在许多经营管理问题，尤其是企业的产品或服务存在问题，企业必须马上改进。

案例：英特尔——抱怨带来新生

1994 年，一位数学教授在使用英特尔芯片时发现，研究一些复杂的数学运算时机器会出现除法错误，他向外界透露这个问题并反映到英特尔。英特尔解释：这是由于芯片设计上有一个小错误，因此计算 90 亿次除法运算会出现一次错误。

接下来，好事的 CNN 制作了一个短片详细报道此事，随后美国各大媒体开始大规模报道。一个月以后，IBM 宣布停止装有英特尔奔腾芯片的计算机出厂。

那时，英特尔创立已经 26 年，一直以"每 18 个月推出新芯片"的速度为傲并成为企业楷模，但是转瞬间就处于一片指责和怀疑之中。

一向洋洋自得的英特尔不得不承认：自己面对的，不再是一个处理器的浮点缺陷，而是整个业界对英特尔的信心。

英特尔立即改变应对措施，不再解释错误，而是果断做出决定：免费为所有用户更换有问题的芯片。在花掉 5 亿美元之后，这场风波平息下来了。危机过后，英特尔对自己提出了两个问题：第一，是什么原因使一个小小的浮点错误导致了 5 亿美元的损失？第二，处理器的浮点错误是一个孤立的事件，还是发展道路上遭遇的转折信号？

后来证明，正是这次事件改变了英特尔跟用户间的关系，使英特尔成为一个受客户欢迎的品牌，并使其不再受制于生产商。

本章小结

1. 客户满意是一种心理活动，是客户的需求被满足后形成的愉悦感或状态；而客户满意度就是客户满意程度的度量，由客户对产品或服务的期望值与客户对购买的产品或服务所感知的实际体验两个因素决定。当客户感知没有达到期望时，客户就会感到不满、失望；当感知与期望一致时，客户就会满意；当感知超出期望时，客户就会感到物超所值。
2. 客户满意度的影响因素可以从客户期望与企业表现两个角度衡量。
3. 客户满意度的衡量指标可以分为单个客户满意度衡量指标和总体客户满意度衡量指标两类。单个客户满意度衡量指标有重复购买的次数、挑选购买产品的时间、对待竞争产品的态度、对产品价格的敏感度、对产品质量事故的敏感程度、购买额、客户生命周期等；总体客户满意度衡量指标有客户保持率、客户流失率、客户回头率、投诉率、美誉度、市场占有率等。
4. 企业收集客户意见、了解客户满意度的方法主要有四种：客户投诉与建议处理、客户满意度调查、神秘客户调查和客户流失分析。

5. 当客户得到的产品或服务的价值低于期望的产品或服务的价值时,客户就会不满意。这些不满意的客户存在,便有可能导致投诉。

思考题

1. 什么是客户满意和客户满意度?
2. 结合一个具体的企业谈谈可用于衡量客户满意度的指标有哪些。
3. 结合某一具体的电子商务网站谈谈影响该网站客户满意度的因素有哪些。
4. 如果客户对你抱怨,你如何处理?

第 6 章
客户忠诚理论

学习目标

- 掌握客户忠诚的定义
- 了解客户忠诚度的分类和评价指标
- 了解影响客户忠诚的因素
- 掌握提升客户忠诚度的途径
- 理解客户满意度与客户忠诚度之间的关系

开篇案例：浅析新冠疫情期间的客户忠诚度管理

近几年，新冠疫情（以下简称"疫情"）打乱了人们生活的节奏，对企业和个体经营造成了巨大的冲击，严重影响了全球经济发展。突如其来的疫情造成了两种极端的线下经营状况，某些产品严重供应不足，而另一些产品却供应远远大于需求。对于管理者来说，疫情更是增加了他们的管理压力，原定的计划与项目只能推迟或取消，这导致企业和个体经营者损失了大量的资金，而面对疫情的蔓延，复工复产具备极大的不确定性。正因如此，疫情期间的企业和个体经营管理不能停止，在保障自身安全的前提下，做好疫情期间的客户忠诚度管理，不仅对疫情期间的经济状况具有缓冲作用，也推动着疫情结束以后经济的高速稳定发展。

客户忠诚度可以理解为客户愿意回购该企业产品的次数，也可以理解为客户把该企业的产品作为其选择该类产品时首选的程度。客户忠诚度管理即企业管理者通过采取某些措施来优化客户的消费体验，增强客户对企业的好感和信赖，强化客户对购买该企业产品的意愿，提升企业绩效，实现企业与客户的双赢。

幸运的是，客户忠诚度管理策略是多样化的。对于组织结构简单、只是个体经营的门店来说，疫情期间不能出门，不得不停止营业，销售状况也急剧下降，但即使这样，也可以进行客户忠诚度管理。疫情期间，有人收到了某些个体门店的微信和短信，他们首先表达亲切的问候，其次表明如果有任何产品需求都可以联系他们，并保证无接触送货上门。虽然这只是一个简单又便宜的客户忠诚度管理策略，但却是有效的。首先，这些个体门店对客户的问候体现了他们把客户放在很重要的位置，作为客户来说，被商家重视就是得到了商家的尊重，在一定程度上会加深对该商家的好感；其次，他们告诉客户，客户有任何需求他们都会尽量满足，这一点体现了商家对客户的负责，对自己定位的准确，因为商家只有满足客户的需求才会保留和吸引更多的客户。在客户对商家的好感加深之后，又得到了商家对于产品供应的保障，当客户对该类产品有需求时，该商家极有可能会成为客户的首选。

对于组织结构复杂的大企业来说，它们拥有更多的资金，可以在短期销售下降的情况下维持企业的正常运营。对它们来说，为社会做更多的贡献，让更多的人了解它们、认识它们，进而提升它们的信誉，其实也是一种客户忠诚度管理策略。知名企业波司登一直是深受人们喜爱的羽绒服生产商。疫情期间，该企业积极主动联系一线抗疫医护人员，为他们捐赠总价值超3亿元的羽绒服。这一行为不仅体现了该企业勇于承担社会责任的意识，更是一项将社会责任付诸实际行动的温暖举措。由于疫情暴发突然，形势严峻，很多人因不知道怎么帮助不幸感染的人而感到无助，该企业抓住了大众心理，捐赠羽绒服不仅切切实实地为一线抗疫医护人员做好了保障工作，而且帮助大众实现了想要尽自己一份心力的心理需求。这大大增加了人们对波司登的好感，使其在同行业里的声誉更好。这样的客户忠诚度管理不仅强化了客户购买该企业产品的意愿，同时也提升了该企业在同行业里的核心竞争力。对于集线上、线下经营于一体的企业来说，疫情也是一堂生动的企业管理课：突发事件面前，及时调整客户忠诚度管理策略是非常重要的。根据《知识经济》的报道，"唯你宝贝"在疫情期间不仅"守住了市场，还迎来了500%的销售增长"。这归功于该企业的客户忠诚度管理。"唯你宝贝"本是集线上、线下为一体的品牌，所以即使疫情期间各门店无法开门，也可以直接将经营模式从线下转到线上，这为其疫情期间的销售带来了缓冲。线上的各种社交渠道可以直接便捷地与客户沟通、关心客户状况、了解客户需求。除此之外，该企业将客户需求放在首位，为满足客户需求积极改变策略。这样一来，"唯你宝贝"不仅坚持了"以客户高品质需求为导向"的品牌精神，更收获了众多宝妈的信赖。俗话说，企业有了客户就有了发展。"唯你宝贝"在疫情期间依旧可以取得好的销售业绩，客户忠诚度管理功不可没。

客户忠诚度管理的核心就是建立和维持企业与客户之间的长期友好关系。想要实现这样的双赢关系，企业需要做出很大努力。

1. 监控和回应客户需求变化

无论对于个体经营者还是对于企业来说，争取潜在客户、留住老客户都至关重要，而这强调了监控和回应客户需求变化的重要性。以客户为中心，增强与客户之间的沟通和联系是监控和回应客户需求变化的基础。企业需要适当频繁地与客户保持联系，了解客户近期需求，总结客户需求的变化,提升企业的洞察能力(洞察客户还没有被满足的需求),并为满足客户需求想出策略、做出回应。客户的满意程度越高,客户对该企业的忠诚度就越高。

2. 不断完善自身,提升品牌形象

企业还需要保证自身产品质量,高质量、高效率地输出原有产品,并且根据社会和客户需求不断创新,创造出满足客户期望值、提升客户满意度的产品。企业满足客户期望值的程度越高,该企业在客户心中的地位就越稳固,从而实现客户忠诚。与此同时,企业作为社会中的一分子,要勇于承担自己的社会责任。在突发灾难面前,企业将大局利益放在前面,为社会做力所能及的贡献,会在客户心中树立良好的品牌形象,进而提升客户忠诚度。

3. 与客户共情,提升客户对企业的信任程度

企业与客户之间的关系不仅仅是利益关系,企业需要站在客户的角度,感受和理解客户的内心,让客户感受到企业的尊重、重视和用心。企业是否能在客户内心树立起良好的企业形象,企业是否能成为客户的首选,取决于企业与客户共情,让客户对企业产生信任心理的程度。客户越是信任企业,对于企业的忠诚度就越高。

4. 重视员工管理,组建跨职能团队

企业要注重员工的管理,多提供员工间交流的机会,鼓励员工发表自己的想法,培养员工间的默契与协作能力。特殊情况下,企业可以组建跨职能团队,将来自不同职能领域的员工组建成一个团队,通过员工之间的交流、默契和合作,以及各职能领域的专业技术手段,共同为管理客户忠诚度提出快速、有效的措施。

在当今竞争如此激烈的商业环境中,企业和个体经营者想要获得更多的市场份额,在快速发展的社会中生存下去,成功的客户忠诚度管理是关键。一方面,客户忠诚度管理可加深企业和个体经营者与客户的双向了解,使其能更大限度地满足客户的真实需求,对于维持彼此之间的长期友好关系具有积极意义;另一方面,疫情使得管理者更加重视和关注客户忠诚度管理,形成了以消费者为导向的经营理念,这会对未来的经济发展起到强有力的推动作用。

忠诚的客户是企业可以信赖的客户,他们是企业产品或服务的长期、持续、重复的购买者,只有提升客户对企业的忠诚度,企业才能实现持续的利润回报。

思考:举例分析客户忠诚度管理的内容和意义。

客户忠诚对于企业生存和发展的经济意义是非常重要的:获得新客户需要付出成本,特别是在供过于求的市场态势下,这种成本将会越来越昂贵,但新客户对于企业的贡献却是非常微薄的,在有些行业,新客户在短期内甚至是无法向企业提供利润的。相比之下,老客户(忠诚客户)对于企业的贡献却是非常大的。国外学者对许多服务行业进行了研究,他们发现,当客户忠诚度上升5%时,利润上升的幅度将达到25%~85%!同时,企业为老客户提供服务的成本是逐年下降的。更为重要的是,忠诚的客户会成为"传道者",努力向其他人推荐企业的服务,

并愿意为其所接受的服务支付较高价格。可以说，忠诚的客户是企业竞争力重要的决定因素，更是企业长期利润最重要的源泉。因此，维持客户忠诚是 CRM 的核心任务。

6.1 客户忠诚的内涵

6.1.1 客户忠诚的定义

根据美国学者雷奇汉（Frederick F. Reichheld）的研究，客户忠诚对企业的经济收益有重大的影响。他发现，服务型企业能够从忠诚的客户那里获得更高的利润。因此，雷奇汉指出，培育客户忠诚度应当是服务型企业经营管理的重要目标。综合现有研究，对客户忠诚的定义基本可以划分为行为忠诚论、态度忠诚论和综合论：

1. 行为忠诚论从客户对某产品或服务的表现来加以研究，认为客户忠诚是指客户通过信息沟通及产品或服务的直接使用体验，识别、接受并信任某企业的承诺，转化为最终购买和重复购买的行为，并且能抗拒竞争者提供的价格优惠，持续地购买该企业的产品或服务，甚至为该企业进行义务宣传。
2. 态度忠诚论从客户的情感、意识以及行为倾向等角度来论述，认为客户忠诚就是客户在长期消费过程中对某一产品、品牌及企业的专一程度。
3. 综合论认为客户忠诚是态度忠诚和行为忠诚的统一，是客户对品牌、产品、服务以及企业的内在积极态度、情感、偏爱和外在重复购买行为的统一，客户对某品牌的产品或服务有一定的依赖性，在感情上有一定的偏爱，重复购买同一品牌的产品或服务，甚至主动向亲友推荐，为企业做宣传，并且不易受竞争产品或服务的诱惑。

因此，我们可以把客户忠诚界定为"客户在较长一段时间内对企业产品或服务保持的选择偏好与重复性购买"，它是客户满意的直接体现。客户满意度与态度相关联，企业开展满意度研究是为了改善客户关系，客户满意度高只能说明这种产品或服务可能具有市场潜力。但满意度只是客户的一种感觉状态，并不一定会转化为最终的购买行为。而客户忠诚度体现出来的则是购买行为，并且是有目的性的、经过思考而决定的购买行为。

忠诚的客户具有如下特征：当客户想购买一种曾经购买过的产品或服务时，会主动去寻找原来向其提供过这一产品或服务的企业，甚至在因为某种原因没有找到所忠诚的品牌时，还会主动抵制其他品牌的诱惑，甚至暂时搁置需求，直到所忠诚的产品或服务再度出现。

6.1.2 客户忠诚的分类

不同的企业所具有的客户忠诚差别很大，不同行业的客户忠诚也各不相同。那些能为客户提供高水平服务的企业往往拥有较高的客户忠诚。客户忠诚可以划分为以下几种不同的类型。

1. 垄断忠诚

这种客户忠诚源于产品或服务的垄断。一些企业在行业中处于垄断地位，在这种情况下，无论满意与否，客户别无选择，只能够长期使用这些企业的产品或服务。一个典型的例子就是城市居民用的自来水，一旦家里安装上了自来水管道，你就必须使用自来水公司提供的服务，即使对其服务很不满意，也不可能放弃使用。类似的例子还有电力公司等。

2. 亲缘忠诚

企业自身的员工甚至包括员工的亲属会义无反顾地使用该企业的产品或服务，这是一种很牢固的客户忠诚，但是很多情况下，这些客户对其产品或服务并非感到满意，甚至还会产生抱怨。他们选择该产品或服务，仅仅是因为他们属于这个企业，或他们的亲属属于这个企业。客户的这种忠诚被称为亲缘忠诚。

3. 利益忠诚

客户的这种忠诚来源于企业给予他们的额外利益，比如价格刺激、促销政策等。有些客户属于价格敏感型，较低的价格对于他们有很大的诱惑力，因此在同类产品或服务中，他们对于价格低的产品或服务保持着一种忠诚。另外，一些企业，尤其是一些新进入市场的企业在推广产品或服务时会突出一些优惠政策，这些政策对很多客户有着巨大的诱惑，因此在此期间这些客户往往对这种产品或服务保持着一种忠诚。但这类客户的忠诚是极其不稳定的：一种倾向是客户通过初期使用慢慢对这一产品或服务真正产生兴趣，或对该企业真正感到满意，这种忠诚就变得更加稳定和持久；另一种倾向则是一旦产品或服务价格上涨或企业优惠政策取消，这些客户就会离开该企业，忠诚消失。

4. 惰性忠诚

有些客户出于方便的考虑或由于惰性，会长期保持一种忠诚，这种情形在服务行业中尤为突出。比如，很多人会长期而固定在某家超市购物，原因仅仅是因为这家超市离家近；一些采购人员会选择固定的供货商，原因是他们已经熟悉该供货商的订货程序；诸如此类的例子很多。我们将这种由于方便或惰性而形成的忠诚称为惰性忠诚。

5. 信赖忠诚

当客户对企业的产品或服务感到满意，并逐步建立一种信赖关系后，他们往往便会形成一种忠诚。这种忠诚不同于前面的几种，它是高可靠度、高持久性的。这种类型的忠诚客户可以看成是企业的追随者和义务推销员，他们不仅仅是个人对企业的产品或服务情有独钟，还会主动将他们感受到的满意告诉自己的亲朋好友，并向人们推荐使用该企业的产品或服务。这类客户才是企业最为宝贵的资源，这种客户忠诚也正是企业最为渴求的。事实上，CRM 所要研究并帮助企业最终获得的，正是这种客户忠诚。

6. 潜在忠诚

潜在忠诚是指客户虽然拥有但是还没有表现出来的忠诚。通常的情况是，客户可能很希望继续购买某企业的产品或享受某企业的服务，但是该企业的一些特殊规定或额外的客观因素限制了客户的这种需求。因此，对这类客户，企业可以通过了解他们的特殊需求，对提供的产品或服务进行适当的调整，将这种潜在忠诚转变为其他类型的忠诚，尤其是信赖忠诚。

以上各类忠诚的客户依赖性和持久性是不同的，可以用图6.1表示。

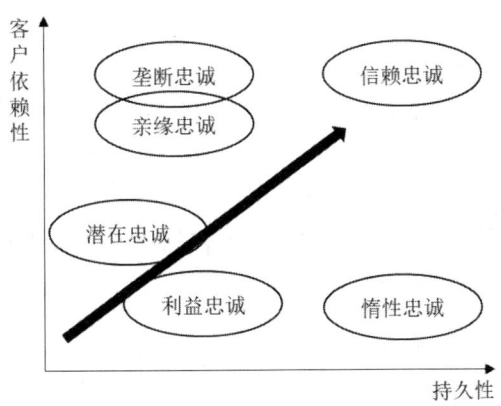

图6.1　各类忠诚的客户依赖性和持久性

可以看到，在各类忠诚之中，信赖忠诚的客户依赖性和持久性是最高的，因而这是企业所最终追求的目标，也是客户关系管理的最终目标。在这里，可以简单地认为，客户忠诚在狭义上就是信赖忠诚，它实际上是这样的一种结果：企业为客户提供便利，由此使客户能在信赖的基础上保持和增加对其产品或服务的购买行为；当客户没有诱因也能成为企业的拥护者时，客户忠诚就产生了。正是因为这样，当企业察觉到客户的各种忠诚之后，应当想办法努力使其向信赖忠诚的方向发展。

6.2　客户忠诚的意义

客户忠诚的意义如下。

1. 有利于企业核心竞争力的形成

在现代营销活动中，营销观念是企业战略形成的基础。客户忠诚营销理论倡导以客户为中心，提示企业的营销活动必须围绕这个中心进行，关注客户对企业的评价，追求客户的高满意度和忠诚度，这也是市场营销观念的完善和发展。客户忠诚营销理论要求企业将客户作为企业的一项重要资源，对客户进行系统化管理，借助于客户关系管理软件的应用，获取客户的相关信息，并将之作为企业战略决策的基础。实践证明，倡导客户忠诚所形成的核心竞争力将会在企业的经营活动中得以体现。例如，上海三菱电梯有限公司从1998年开始引入客户满意理念，2000年年末将其提升为客户忠诚：首先，在公司内部展开内部营销，使内部客户满意，这是因为要让外部客户满意，就先要让内部客户满意；其次，从电梯这个特殊产品出发，以客户满意的合同为主线，从产品设计、制造、安装到维修，持续跟踪、落实客户的各项需求；再次，从客户需求开始，实施质量功能展开（QFD），并将其列入公司目标，通过定期的客户满意度和忠诚度调查,将客户需求转化为产品质量特性,从而创造客户持续的忠诚。通过以下措施,上海三菱电梯有限公司的产量、销售额、市场占有率、利润等多项经济指标连续多年在同行业中名列榜首。

2. 对企业业务流程和组织结构产生重大的影响

客户忠诚营销的实施工作是企业的一项系统性工程,它要求企业建立以忠诚度为基础的业务体系,合理分配和利用资源,进行以客户为核心的客户关系管理,在企业的销售自动化、市场营销自动化、客户服务三大领域中实现客户关系管理,它会对企业现有的业务流程产生重大的影响。同时,客户忠诚营销的实施也是对企业现有组织结构的挑战,它要求企业内部形成一个自上而下的便于客户关系管理工作开展的畅通的信息传播体系,改变以往那种相互分割的状况,使组织能对客户的信息做出迅速的反应。

3. 有利于提高企业员工的凝聚力

在客户忠诚营销理论中,客户的含义是广泛的。它不仅指企业的外部客户,也指企业的内部员工。客户忠诚一方面是追求外部客户对企业的忠诚度,另一方面是追求员工对企业的忠诚度。从某种意义上说,员工的忠诚度具有重大作用,企业的产品或服务是通过员工的行为传递给客户的,一位对企业有着较高忠诚度的员工,无疑会努力用自身的良好行为为企业的客户提供满意的服务,从而感染客户,赢得客户对企业的忠诚。因此,在企业中倡导客户忠诚的观念,对员工实施关怀,给员工提供展现个人能力和发展的空间,会极大地提高员工的工作激情,形成巨大的凝聚力。

4. 有利于推动社会的诚信建设

以客户满意为起点,以客户忠诚为经营活动的目标,可以促使企业不断追求更高的目标,为社会创造更多的令公众满意的物质财富。同时,以客户为中心的理念的贯彻,可以带动企业建立起诚实守信的经营机制,增强全体员工的服务意识和道德意识,从而杜绝各种制假售假、欺瞒诈骗的违法行为,为促进社会风气的好转发挥积极的作用。

6.3 客户忠诚的评价指标

客户忠诚度是客户忠诚的量化指标,体现客户对企业产品或服务态度的倾向性或行为重复性的程度,应当建立客户忠诚的评价指标体系,从而对客户忠诚度进行综合度量。

1. 重复购买的次数

一段时间内,客户对同一产品或服务的购买次数越多,说明客户对该产品或服务的忠诚度可能越高,反之则可能越低。由于产品的用途、性能、结构或服务的品质等因素都会影响客户对该产品或服务的重复购买次数和重复购买率,因此,在确定该指标的合理界限时,必须考虑不同产品或服务对其产生的影响。该指标还适用于同一品牌的多种产品或服务,即如果客户重复购买同一品牌的不同产品或服务,也表明忠诚度较高。

2. 交叉销售的数量

交叉销售是指向一位客户销售多种相关产品或服务。这个客户必须是企业能够追踪并了解的客户，相关因素可能是多样化的，例如，与销售场地、品牌、服务供应商等相关。交叉销售是建立在双赢原则的基础之上的，对企业和客户都有好处，客户因得到更加符合需要的产品或服务而获益，企业因销售增长而获益。

3. 销售升级的比例

与交叉销售不同，销售升级是指客户购买某一特定产品或服务的升级品、附加品，或者其他用以加强其原有功能与用途的产品或服务，也包括购买企业利润水平高的产品或服务。这里的特定产品或服务必须具有可延展性，追加的销售标准与原产品或服务相关甚至相同，有补充、加强或者升级的作用。在升级品的购买中，老客户占的比例越大，说明客户的忠诚度越高。

4. 客户保持率

客户保持率是指一定时期内企业客户的保持程度。一般而言，客户保持率较高的企业，客户忠诚度也较高，反之则较低。

5. 挑选产品或服务的时间

挑选是购买产品或服务过程中的一个必要环节。客户对不同产品或服务的挑选时间是不同的。因此，从购买时挑选时间的长短上，也可以鉴别其对某一企业产品或服务的忠诚度。一般来说，客户挑选时间越短，说明其对该企业产品或服务的忠诚度越高，反之则越低。

6. 对待其他品牌的态度

客户的感知具有较强的相对性，客户对企业态度的转变大多是通过与其竞争产品或服务的比较产生的。所以，根据客户对竞争产品或服务的态度，也能够判断客户对该企业的忠诚度。如果客户对竞争产品或服务有好感、有兴趣，购买选择时很有可能取而代之；如果客户对竞争产品或服务没有好感、兴趣不大，则说明其对该企业的忠诚度较高。

7. 对价格的敏感性

研究发现，客户对喜爱和信赖的企业产品或服务价格变动的承受能力一般较强，即敏感度较低；相反则较弱，即敏感度较高。所以，据此可以衡量客户对某一企业的忠诚度。

8. 对质量事故的宽容度

客户若对某企业产品或服务的忠诚度高，则会以相对宽容和同情的态度对待该产品或服务出现的质量事故，可能不会因此而拒绝该产品或服务；相反，则很有可能从此不再购买。

9. 客户生命周期的长度

这是客户与企业进行业务往来的时间长度的衡量指标。在多数企业中，能长期保留在企业中的客户满意度高，忠诚度也高；否则，他们早就离开这家企业了。

10. 口碑传播的效果

真正忠诚的客户十分乐意向他人推荐和介绍自己使用某产品或服务的经验和所带来的方便、享受，希望与亲朋好友共同分享。因此，在一定范围内，客户忠诚度与客户向其他客户推荐和介绍的力度存在正相关关系，可以用因老客户口碑宣传的影响带来的新客户占整个新客户的比例来衡量客户忠诚度。

6.4 培育客户忠诚的方法

通过前面几节的介绍，我们已经充分认识到了客户忠诚对于企业的重要性，也对客户忠诚的概念有了一个清晰的认识，那么对于企业来说，下一步就是培育客户忠诚度。

6.4.1 影响客户忠诚的因素分析

1. 客户满意

理论和企业实践证明，客户满意与客户忠诚之间存在着正相关关系，即无论行业竞争情况如何，客户忠诚度都会随着客户满意度的提高而提高。因此可以说，客户满意是推动客户忠诚的最重要的因素之一。当然，客户忠诚与客户满意之间并不总是呈现很强的正相关性。不少企业的客户满意度很高，但客户忠诚度却很低。国外的研究资料显示，在声称自己满意或非常满意的客户中，有65%~85%的客户会选择"跳槽"；在美国汽车业中，有85%~95%的客户声称自己满意或非常满意，却只有30%~40%的人会再次购买同一品牌的汽车。

（1）客户满意与客户忠诚的区别

客户满意是客户在历次购买活动中逐渐积累起来的连续的心理状态，是一种经过长期沉淀而形成的情感。客户满意是客户的一种心理反应，而不是一种行为，所以难以量化和衡量。客户满意在很大程度上影响客户忠诚，但由于存在时间、地域、购买力和习惯等限制，满意的客户不一定就能转化为长期的客户。而客户忠诚是客户的长期偏好和选择，客户忠诚所创造的价值包括了一般客户可能带来价值的所有方面，而且较一般客户价值易于估算和控制，构成了企业的核心竞争力，对企业的生存和发展具有重要的战略意义。表6.1从比较的对象、表现形式、可观察程度和受竞争对手影响程度四个方面对客户满意与客户忠诚进行了比较。

表 6.1 客户满意和客户忠诚比较

	客户满意	客户忠诚
比较的对象	过去期望与现实的感知效果	现实期望与预期利益
表现形式	心理感受	行为选择
可观察程度	内隐的	外显的
受竞争对手影响程度	影响小	影响大

（2）客户满意对客户忠诚的影响

琼和萨瑟（Jones & Sasser）在 1995 年研究了不同市场竞争状况下客户满意度与客户忠诚度之间的关系，如图 6.2 所示。曲线 1 所在的右下方区域代表着竞争行业，曲线 2 所在的左上方区域代表着垄断行业，曲线 1 和曲线 2 分别表示在竞争行业和垄断行业中客户满意度与客户忠诚度之间的关系。

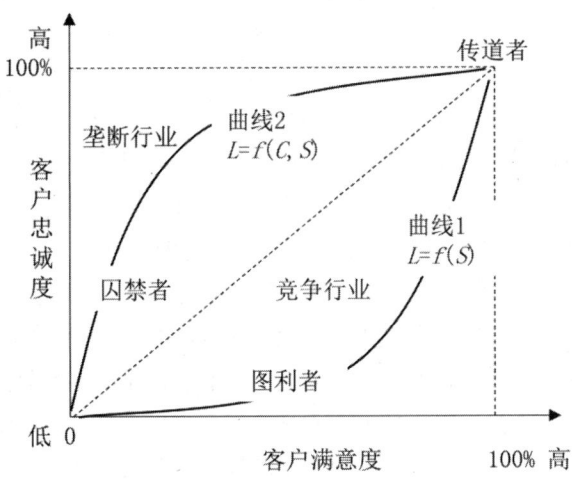

图 6.2 客户满意度与客户忠诚度的关系

在图 6.2 中，L（Loyalty）指客户忠诚度，S（Satisfaction）指客户满意度，C（Competitive Factors）指影响竞争状况的因素。影响竞争状况的因素指的是企业无法控制的、影响客户感知服务质量和客户忠诚的约束因素。这种约束包括法律、技术、地理或成本约束等。以法律约束因素为例，在中国电信分家之前，中国电信具有独家经营的垄断特权，因此，在中国电信与客户之间形成了法律约束关系。虽然客户对电信服务投诉较多，意见也很大，但客户唯一的选择就是忠诚地接受中国电信所提供的电信服务，而不管其服务质量如何。技术约束因素对强化服务提供者与客户的关系也起着非常重要的作用。技术约束因素可以增加客户退出的成本，从而形成退出障碍。例如，患者在治疗过程中转院或企业在广告协议未完成时更换广告公司，都将面临高昂的转移成本。

在竞争行业中，影响竞争状况的因素较少，客户满意度直接影响客户忠诚度，客户忠诚度是客户满意度的函数，即 $L=f(S)$。当客户处于一般程度的满意状态（曲线 1 的左端）时，客户忠诚度不高，不一定会进行重复购买，也没有向家人、朋友或他人推荐所接受服务的愿望，这一区域被称为"质量不敏感区"。这一区域的客户充其量只是"图利者"，目的仅仅是谋求低价格，因此，很容易被竞争对手的促销或者低价策略所吸引。只有当客户满意度非常高（曲线 1 的右端）时，客户忠诚现象才比较明显。他们不仅自己会忠实地重复购买同一企业的产品或服务，还会向其他人推荐该企业的产品或服务，从而产生良好的口碑效应，成为企业的"义务推销员"，也可以形象地称其为"传道者"。但需要注意的是，此时，只要客户满意度稍稍下降一点，客户忠诚度就可能会急剧下降。因此，企业要加强与这类客户的关系，不断采取措施挽留住这些"传道者"。在竞争行业里，由于产品差异化程度低、替代品多、客户的转移成本低等原因，挽留忠诚的客户非常困难。因此，要培育客户忠诚度，防止客户"叛逃"，企业必须尽力使客户完全满意。

在垄断行业中，影响竞争状况的因素较多，客户满意度和影响竞争状况的因素共同影响客户忠诚度，即 $L=f(C,S)$。此时，客户忠诚度受客户满意度的影响较小，影响竞争状况的因素起决定作用，即使客户满意度不高或者不满意，但因为业务的特殊性满足了客户的特殊需求，例如有了手机，离开办公室照样可以与外界通话联系，所以尽管客户对移动电话业务有许多不满，但往往也会出于无奈而继续使用移动电话业务，从而表现出一种行为忠诚，这种客户就是所谓的"囚禁者"。他们表现出的忠诚是一种"虚假忠诚"。可以看到，由于垄断行业的独特性，别的产品无法替代或者暂时无法替代，在客户满意度不高的情况下客户忠诚度并不低，而且满意度的略微提高便能带来忠诚度的显著提升。最典型的例子是在全球范围内使用微软公司的Windows 操作系统及其他产品的客户。有个客户形容自己是"每月 100 美元的比尔·盖茨俱乐部会员"，因为他每个月不得不至少花费 100 美元对其购买的各种微软产品进行一次升级，以便"不落伍"。在中国，移动通信业也存在着类似的情况，由于客户只能选择中国移动、中国联通和中国电信，因此不论客户对服务怎样不满，都会表现出高度的忠诚。但客户一旦有更好的选择，便可能会很快"跳槽"。因此，处于垄断行业的企业应该居安思危，努力提高客户满意度，培养忠诚的客户。否则，一旦有新的竞争者进入市场，客户就有可能大量流失，企业就会陷入困境。

上面的分析表明，客户满意度和客户忠诚度之间的关系受到行业竞争状况的影响，两者并不总是呈现较强的正相关关系。而且，情感因素会降低满意度与忠诚度之间的相关性。但有一点是毋庸置疑的，那就是无论在竞争行业还是在垄断行业，客户的高度满意都是形成客户忠诚的必要条件。

2. 感知质量

对质量的定义比较具有代表性的是美国学者加文（Garvin）的"八要素模型"，它分别从绩效、特性、可靠性、一致性、持久性、服务性、美观性和客户感知质量八个方面来衡量质量。实际上，质量包括产品或服务整体组合的客观质量和主观质量，与此相关的、可能影响客户消费心理的因素既包括产品本身的质量，又包括与产品相关的售后服务、运送服务、服务环境等。许多研究表明，质量与客户忠诚度有较强的正相关关系，尽管质量不是挽留客户的唯一因素，但肯定是提升客户忠诚度的重要因素。提高产品质量就是要根据客户的需要来设计，不仅要满足客户的基本期望，而且要满足客户的潜在期望，并在生产过程中严加控制，以保证生产出来的产品符合设计要求。同时，还要为客户提供优质、高效的服务，以保证客户的质量认知。

在服务业，由于服务具有生产和消费的同时性、涉及大量人际接触、缺乏质量衡量标准等特性，服务质量的界定相对比较复杂。芬兰学者格朗鲁斯（Gronroos）根据心理学的相关理论，提出了用客户感知质量定义服务质量。他认为，服务质量本质上是一种感知，是客户对服务的期望质量和所感知的服务质量比较的结果。普拉苏拉曼（Parasuraman）、泽丝曼尔（Zeithaml）和贝瑞（Berry）于 1988 年共同开发了服务质量评价模型，进一步提出服务质量主要包括：服务的可靠性——准确可靠地执行服务承诺的能力；响应性——帮助客户并提供便捷服务的自发性；安全性——员工的知识和谦恭态度及其能使客户信任的能力；移情性——给予客户关心和个性化服务；有形性——有形的工具、设备、人员及书面材料。

服务质量与重复购买和推荐意愿也存在着正相关关系。研究发现，服务质量与愿意支付更高的价格和在价格上涨情况下继续保持忠诚之间有正相关关系，并且在不同的产业之间服务质量与行为倾向的关系存在差异，如在保健业、影剧院、快餐业、超市和游乐园中，感知服务质量与客户忠诚度之间存在正相关关系。在不同行业之间，服务质量对客户忠诚度的影响是不同的。在转移成本较低的行业，客户忠诚度低于转移成本较高的行业。

3. 客户感知价值

有无数证据表明，客户感知价值是驱动客户忠诚的关键因素。客户感知价值对客户的购买意图具有显著影响，支配着客户的购买决策。

由于企业和客户之间的关系终究是一种追求各自利益与满足的价值交换关系，因此，客户忠诚的是企业提供的优异价值，而不是特定的某家企业。在购买过程中，每一个客户都会根据自己认为重要的价值因素，如产品的质量、价格、服务、企业形象及对客户的尊重等因素进行评估，然后从价值高的产品中选择购买对象。因此，要使客户忠诚，就必须为客户提供满足他们需要的价值，从而使感知价值对客户的再购买意愿产生重要影响。优异的客户感知价值是培育客户忠诚的基础。企业要通过增加感知利益所得或减少感知利益所失来提升客户的感知价值和培养忠诚客户。

6.4.2　客户忠诚的价值驱动模式

许多学者提出，价值才是提升客户忠诚的关键因素。国外的很多研究表明，客户忠诚是由价值而不是满意驱动的，客户满意只是产品进入客户下次购买的备选集合而已，但不能保证客户重购。客户价值论认为，每一个客户都会评价产品的价值结构，客户在购买产品时根据客户自认为重要的价值因素（如产品的品质、价格、服务，企业的形象，对客户的尊重等）进行评估，然后从价值高的产品中选择购买对象，因此，要使客户忠诚，必须为客户提供满足他们需要的价值，即客户价值是客户忠诚的最终驱动因素，是客户忠诚的内在原因。因为客户要在有限的产品知识、有限的搜索成本下追求客户让渡价值最大化，所以企业只有提供超越客户期望的价值，也就是说，不仅满足客户的基本期望，也满足客户的潜在期望，客户才会感到愉悦，客户才会忠诚。客户满意理论与客户价值理论实际上是一致的，只是前者指客户购买后评价的感觉，而后者指客户购买前的评价。当然，除了质量、价格外，客户价值还应包括客户服务、忠诚营销计划、品牌价值等驱动因素。因此，我们构造出一种客户忠诚的价值驱动模型来对其进行解释，如图 6.3 所示。

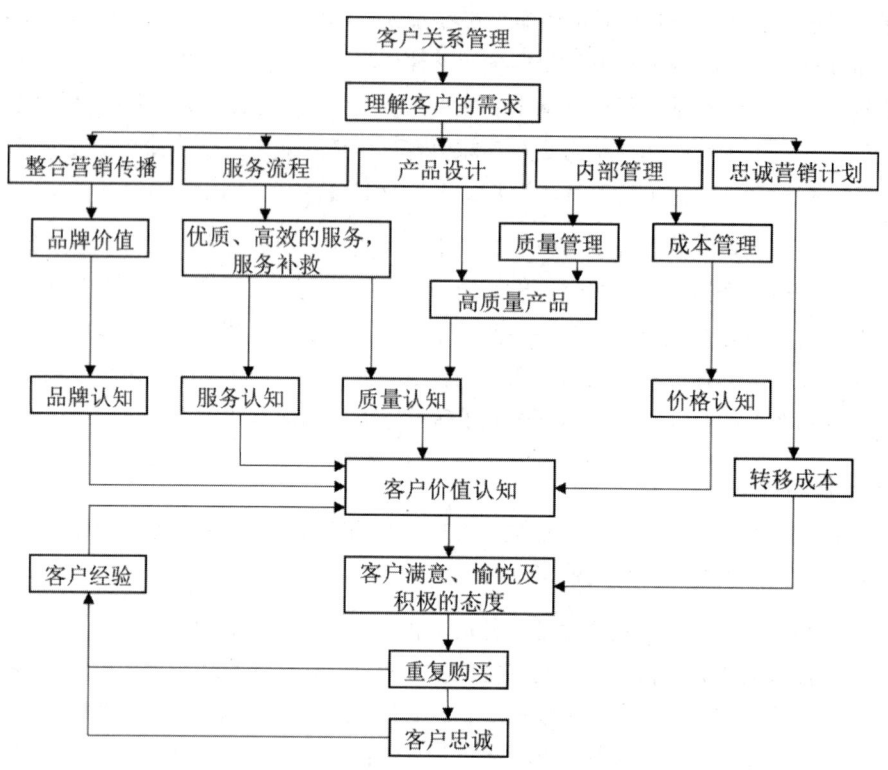

图6.3 客户忠诚的价值驱动模型

从客户忠诚的价值驱动模型来看,质量认知、服务认知、价格认知、品牌认知、忠诚营销计划等因素都是影响客户价值的主要因素。质量认知是客户对产品表现的认知,许多研究表明,质量与客户忠诚有着正相关关系,尽管质量不是保留客户的唯一因素,但肯定是提升客户忠诚的重要因素。提高产品质量要根据客户的需求来设计,不仅要满足客户的基本期望,而且要满足客户的潜在期望,并在生产过程中严加控制,以保证生产出来的产品符合设计要求。同时还要为客户提供优质、高效的服务,以保证客户的质量认知。价格不仅仅指购买成本,还包括使用成本,因此企业不仅要降低生产成本,而且要提高服务效率,降低服务成本。随着市场竞争的不断加剧,产品同质化日益严重,企业与企业之间的产品差异和成本差异越来越小,因此服务和品牌就成了提高客户价值的重要手段。企业要合理设计客户服务流程,保证服务质量和服务效率,充分提升客户价值。品牌对客户而言是有价值的,特别是那些包装消费品以及代表身份的时尚产品,一个知名度高、美誉度好的品牌是客户价值的主要来源。整合营销传播是传播品牌价值、提高客户对品牌认知的有效工具。构筑转移成本是企业为提升客户忠诚常用的营销策略,忠诚营销计划可以提高客户的转移成本,有效地促进客户重复购买。所有这些客户忠诚的价值驱动因素都是在正确理解客户需求的基础上才能实现的,因此客户关系管理(CRM)是客户忠诚管理的重要策略思想和方法。

6.4.3 客户忠诚的评价方法

客户忠诚只是一个定性指标，为了进行量化，就出现了客户忠诚度的概念。客户忠诚度也可称为客户黏度，是指客户对某一特定产品或服务产生了好感，形成了"依附性"偏好，进而重复购买的一种趋向，具体表现在产品或服务使用频率、客户推荐数量、推荐客户价值和"抵御"企业竞争对手的吸引等。客户忠诚度往往可以根据企业的实际情况进行量化的评估。

对客户忠诚度的评价可以从两个方面入手：一是客观可量化的指标，这里我们采用客户对企业的消费额占其消费总额的比例；另一个是客户的主观忠诚度指标。具体可采用如下步骤：

1. 明确影响因素和评价指标

明确哪些因素真正对客户的忠诚度有影响，可以作为必要的评价指标。这一步至关重要，对评价结果有重要的影响。

2. 对因素进行分类

可以量化的因素，如购买量、购物时间等，归为客观因素；那些主观性很强的因素，如客户对价格、服务、产品质量等的要求，则归为主观因素。这两者的权重加起来为100%。

3. 计算忠诚度的客观值

计算方法：

$$S_i = \frac{S'_i}{S_{i0}} \tag{6-1}$$

$$I = \frac{\sum S_i}{N} \tag{6-2}$$

式中，S'_i——第 i 种评价指标客户分配给本企业的权重；

S_{i0}——第 i 种评价指标客户消费的总权重；

S_i——第 i 种评价指标所占的比重；

N——评价指标的数目；

I——忠诚度的客观值。

4. 计算忠诚度的主观值

这一步主要通过调查问卷来进行，主要运用主成分分析法对主观值进行分析（假设从以下角度考虑客户忠诚度的主观影响因素）：

- 价格——客户对产品的价格要求；
- 质量——客户对产品的质量要求；
- 服务——客户对产品的服务要求。

而每种角度下又有许多具体属性，评价体系如图6.4所示。

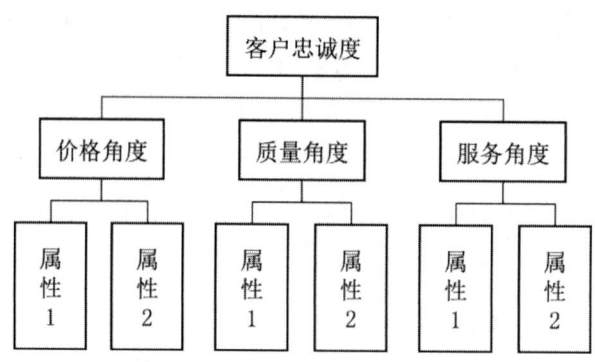

图6.4 客户忠诚度的测评体系

我们可以利用统计软件进行主成分分析，得出属性层次上的各因素对客户忠诚度的权重大小 C，然后由各因素的标准化值和对应权重进行加权平均，得出客户忠诚度。各因素的标准化值由下面的公式确定：

$$DC_i = \frac{x_i}{x_{\max}} \times 100 \tag{6-3}$$

其中，X_i 为属性中因素 C_i 各种情况的实际值，$X_{\max}$ 为因素 C_i 各种情况的实际值中的最大值，DC_i 为因素 C_i 的标准化值。

这样，客户忠诚度的主观值就由下列公式确认：

$$M = \sum_{i=1}^{n} DC_i \times C_i \tag{6-4}$$

从而可以确定：

$$客户忠诚度的评价值 = xM + (1-x)I \tag{6-5}$$

其中，x 为主观因素所占比重，I 为忠诚度的客观值，M 为忠诚度的主观值。

6.4.4 客户满意陷阱与客户忠诚

我们从前面的分析中已经发现，客户满意度和客户忠诚度对于一个企业多么重要！虽然客户满意是促成客户忠诚的重要因素，但是客户对企业表示满意和对之保持忠诚没有必然的联系。因此，在赢得客户满意之后，企业最重要的就是将这种满意转化为客户忠诚。

1. 客户满意陷阱的含义

客户满意是实现客户忠诚的有效途径，从理论上讲，只有满意的客户才会忠诚于企业，但客户满意不等于客户忠诚。即使客户对你很满意，也仍然可能离开你。宣称满意或很满意的客户大量流失的现象在各个行业均屡见不鲜。美国 BAIN 公司的一项调查显示，宣称满意或很满意的客户中有 65%～85%转向购买其他企业的产品或服务。在汽车行业，这一比例甚至高达 85%～95%。在当今的市场环境中，激烈的竞争使得每一位客户都有了广泛的选择空间，仅仅实现客户满意根本无法维系客户的忠诚，即客户满意≠重复购买行为，客户满意≠客户忠诚，这就是客户满意陷阱。

2. 客户满意陷阱的成因

（1）基于客户感知理论的客户满意陷阱的产生

客户满意度和客户忠诚度之间通常存在着如图 6.5 所示的关系。

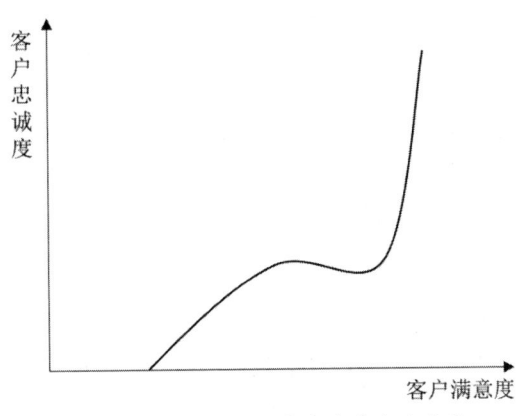

图6.5　客户满意度与客户忠诚度的关系

从图 6.5 可以看出，客户满意度与客户忠诚度的关系曲线有一段较为平缓，即客户满意度提高并没有使客户忠诚度得到相应的提高，直到客户满意持续了较长的时间后，客户满意度和客户忠诚度才呈现出近似线性的特征，即客户忠诚度会随着客户满意度的提高而迅速提升。客户感知理论认为，前一阶段客户的感知为基本满意，而后一阶段客户的感知为超级满意（也称完全满意），只有超级满意才会产生客户忠诚；如果客户不能持续地感觉满意，他就会发生购买转移，这就形成了客户满意陷阱。也就是说，只有持续的客户满意才能形成超级满意，才等于客户忠诚。

（2）基于双因素理论的客户满意陷阱的产生

双因素理论亦称为"激励-保健理论"，该理论认为客户的期望由基本期望和潜在期望两部分组成，因此客户满意存在两种类型：基本期望得到满足而导致的满意和潜在期望得到满足而导致的满意。基本期望是指客户认为理应从产品或服务中得到满足的基本需要，属于保健因素，得不到满足就会产生不满意，而得到满足也不会产生超级满意；潜在期望是指超出基本期望的客户并未意识到而又确实存在的需要，属于激励因素，得不到满足也不会产生不满意，而得到满足就会产生超级满意。经多次购买、多次感到愉悦之后，逐步形成客户忠诚。那些感到满意却流失的客户很可能只是对基本期望感到满意，并没有在潜在期望上感到满意，这就是客户满意陷阱的成因。这种理论其实与卡诺客户满意度模型是一致的。从图 6.6 可以看到，基本期望的满意水平对客户忠诚是边际递减的，再怎么满意，其忠诚度也只是在平均忠诚度之下；而潜在期望的满意水平对客户忠诚的边际效用是递增的，很容易形成明显的客户忠诚。只有在满足了客户基本期望的基础上，再关注客户潜在期望的满足，才能解决客户满意陷阱的问题。

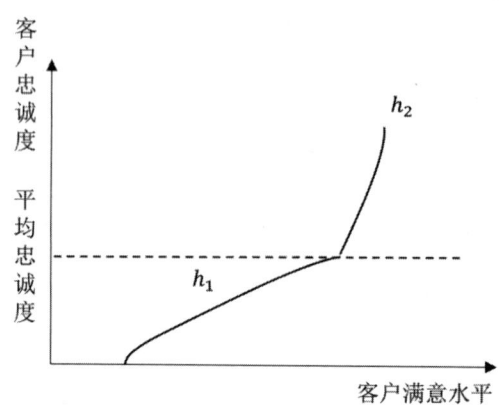

图6.6 两种期望的满意水平与客户忠诚的关系

（h_1：基本期望的满意水平与客户忠诚度的关系；h_2：潜在期望的满意水平与客户忠诚度的关系）

（3）基于竞争的客户满意陷阱的产生

从双因素理论的角度分析客户忠诚问题给我们提供了一种新的思路。这种理论提出，要识别客户生命周期不同阶段里客户不断升级的潜在期望并进行满足，才能解决客户满意陷阱问题，并维系长期的客户忠诚，这给客户数据挖掘提供了理论依据。但是，这种理论在构建客户满意陷阱的解决方法时，仅从企业自身出发，并没有考虑到竞争因素，而企业处在一个充满竞争的环境中，所以企业不仅要使客户的期望得到满足，而且要比竞争者更令客户满意才能留住客户，不然就会出现另一个客户满意陷阱。

不管是基本满意，还是完全满意，实际上都是针对客户比较而言的。由于客户对产品或服务价值的感知根本不能量化，而是通过比较不同品牌的产品或服务形成的，因此客户满意也是在不同品牌的产品或服务之间进行比较形成。为什么对企业满意的客户还会离企业而去？因为他找到了令他更满意的企业。因此，所谓企业和客户通过互动"成为一家人"只是一种理想状态，仅从自己的角度出发考虑与客户维持关系只不过是一厢情愿而已。市场是有竞争的，你可以拉拢客户，竞争者同样可以，谁能给客户提供更大的利益，忠诚就属于谁。正如一句老话所说的：没有永远的朋友，也没有永远的敌人。客户今天是你的朋友，明天就有可能成为敌人的朋友。不要埋怨客户不讲信义，在市场上给客户提供最大的利益才是真正的信义。当然，今天客户需要的利益已经不再仅仅限于价格（即金钱利益）这一单一因素，他会在更多的因素（即综合利益）上提出要求。这种综合利益可以归纳为客户让渡价值最大化。因此，企业必须站在竞争的层面上，从客户让渡价值最大化的方向去解决客户满意陷阱问题，维系客户忠诚度。而一般的客户关系管理都只站在企业自身的角度谈客户关系的维系，这显然是不切实际的。

3. 客户满意陷阱的解决方式

（1）比竞争者提供更大的客户让渡价值

菲利普·科特勒把客户让渡价值定义为总客户价值与总客户成本之差。其中，总客户价值就是客户期望从某一特定产品或服务中获得的一组利益，而总客户成本是客户在评估购买和使用该产品或服务时所预期的费用。用公式表示如下：

$$\text{CDV} = f(\text{TR}) - f(\text{TC}) \tag{6-6}$$

$$f(\text{TR}) = f(X_1, X_2, X_3, X_4) \tag{6-7}$$

$$f(\text{TC}) = f(Y_1, Y_2, Y_3, Y_4) \tag{6-8}$$

式中，$f(\text{TR})$是总客户价值（决定它的因素有产品价值X_1、服务价值X_2、人员价值X_3和形象价值X_4），构成 CDV 的加项；$f(\text{TC})$是总客户成本（影响它的因素有货币成本Y_1、时间成本Y_2、体力成本Y_3和精力成本Y_4），构成 CDV 的减项。

一般地，客户会选择购买那些提供最大客户让渡价值的企业的产品或服务。沃尔玛的客户忠诚是因为沃尔玛提供了更大的客户让渡价值。可口可乐的客户忠诚也是因为可口可乐提供了更大的客户让渡价值。它们不仅令客户满意，而且比竞争对手更令客户满意。客户让渡价值最大化可从两个方面来实现：

- 提高总客户价值。企业可向客户提供优秀品质、适需性能的产品，甚至满足个性化需求，使客户充分认可企业产品或服务的价值；通过充满人情味的情感沟通和个性化服务，使客户倍感企业服务价值的存在；通过提高员工素质，使客户增强对企业产品或服务质量的信心；通过建设具有良好社会形象和较高知名度的品牌，使客户享受到品牌带来的利益，好的品牌形象可带给客户荣誉、地位与愉悦。
- 降低总客户成本。企业可运用现代生产技术和管理技术，提高制造效率，降低产品成本，让客户享受到物美价廉的实惠，就像沃尔玛的天天平价一样；可通过降低客户的试用成本，加强信息传播和售后服务，建设品牌形象，拓宽分销网络，降低客户在决策购买和使用产品过程中感知的精力成本、时间成本和体力成本。

（2）提高客户转移成本，以锁定客户忠诚

作为客户从一种品牌向另一种品牌转移所付出的成本，客户转移成本是一个复杂变量，它大致包含4个方面的内容：

- 沉淀成本。指在第一阶段交易活动中所发生的不可回收的成本，它只有在交易关系继续的情况下才有价值，如果发生转移，它就会失去它的价值，如专用性学习成本和专用性固定投资。例如，购买 CDMA 手机的客户要转移到中国移动时，这个手机就成了沉淀成本。
- 交易成本。指寻找新的交易者进行新交易所需付出的成本。它包括搜索新对象所付出的时间、精力、体力和货币成本，以及保证交易落实（结束旧交易、组织新交易）的种种费用。
- 转移的折扣损失与合同损失。指预期收益的损失（原有企业提供的折扣利益）或预期损失的发生（合同违约罚金）。
- 心理成本。指情感因素导致的成本，如改变习惯与偏好的情感成本，对选择新品牌所带来的未知风险的感知成本等。

基于竞争的客户关系管理中，客户转移成本成为客户让渡价值的构成内容，因为如果客户不转移，这种成本将构成原企业的总客户价值；如果客户要转移，它将构成新企业的总客户成本。对于解决客户满意陷阱问题，除了提供传统意义上的客户让渡价值，还可以通过提高客户转移成本来锁定客户。例如，可诱导客户增加耐用资本投入，签订利益互利下的长期合同，锁定客户；可通过优惠卡、积分卡等稳住客户；可通过一定的关系营销方式，如会员俱乐部、合作伙伴关系等，增强客户与企业之间的情感；可通过增加产品技术含量来增加客户的学习成本、交易成本，提高客户转移的障碍，最终维系客户的长期忠诚。

当客户转移后获得的客户让渡价值差额大于客户转移成本时，客户可能会考虑转移；而新企业要抢客户，就必须让渡更多的客户价值，它要么提高总客户价值，要么降低总客户成本。而客户转移成本越大，新企业要介入的难度就越大，阻止竞争者进入的目的便可达到。

6.5 提高客户忠诚度的策略

罗马不是一天建成的，客户也需要通过不断购买产品或服务来培养对企业的忠诚度。在如今的网络世界里，客户触点工具越来越多，如何找到合适的工具来培育客户忠诚度，是一件令人颇为头疼的事。经过研究摸索，企业一般可以通过 6 个阶段来培养最佳客户，这些阶段分别是：吸引潜在客户、转换成目标客户、培养首次消费客户、为重复消费客户提供更多的价值、锁定铁杆客户、留住宣传客户并让其继续帮企业"代言"产品。

阶段 1：吸引潜在客户

开始一项业务时，最困难的就是准确识别潜在客户，并吸引潜在客户的注意与兴趣，主要有以下三点需要关注：

（1）简练与自然。网络时代，吸引潜在客户的方式很多，但选用任何方式都要尽可能简练与自然，切勿采用令人反感的营销方式。只有自然，才能提高融入度；只有简练，才更能在潜在客户心目中留下深刻印象。

（2）要有良好的口碑。品牌的影响力在开发与吸引潜在客户方面的作用很大。品牌包括企业的公众形象，也包括企业客服人员的口碑。

（3）通过工具来推动客户交流。充分利用现代手段吸引潜在客户是不可忽视的。除了利用 CRM 系统工具，还可以充分利用各类媒体终端来实施营销，如微信、微博、抖音等，以取得较好的营销效果。

这三点在 Blendtec 公司得到了充分验证。Blendtec 公司是一家位于犹他州的小型高端家用和商用搅拌器制造商。这家新兴公司需要更多的订单,因此管理人员开始思考一个问题:如何在预算有限的情况下尽量获取市场关注?他们选择了网络视频。在视频中,该公司的 CEO Tom Dickson 穿上了白色大褂和护目镜,用该公司的搅拌器搅拌了一大堆日常用品(比如篮球、变压器、iPod、摄像机等)。Blendtec 公司将这段视频放到了 YouTube 上,以吸引更多的眼球。在一周之内,这段名为"Will It Blend"的视频就登上了 YouTube 的点击率排行榜。同时,其他网站(比如 Revver.com 和 Digg.com)也开始争相转载。一周之后,"Will It Blend"的点击率达到了令人咋舌的 600 万次。这还不算,其他想要提高产品知名度的厂商也开始纷纷效仿 Blendtec 公司的这种视频模式,并向其支付 5000 美元的费用。这段视频最终变成了该公司的摇钱树。他们的市场关注率和销售业绩双双迎来了喜人的增长。

阶段 2:将潜在客户转换成目标客户

搜索引擎是获取目标客户的绝佳资源。但是,若想从不计其数的潜在客户中挖掘出购买可能性最高的目标客户,企业还需在定位目标客户、定位产品或服务、不断优化和调整三个方面做到尽量准确。

例如,基础架构软件厂商 Citrix Systems 公司就是其中的表率。该公司使用实时点击后分析方法来充分发挥搜索的作用,从而发掘更好的目标客户。那次市场活动的目标是吸引买家来购买其最新的 HIPPA 软件产品。Citrix Systems 公司打算通过该活动来寻找高质量的、能够让其销售代表跟进的目标客户。通过用实时点击后分析方法分析客户浏览其产品的时长、详情点击率等信息,该公司发现超过 70% 的搜索对象并非其产品所定位的目标客户,并依据实时点击数据,针对剩余的 30% 目标客户拟定相应的营销方案(在多个方案中选取最优方案,然后不断迭代优化)。通过不断的优化和调整,最终该公司的目标客户转换率达到 12%,创自身新高。

阶段 3:培养首次消费客户

历年来的客户忠诚度研究早已证实了企业与首次消费客户之间交易的准确性、可靠性和响应速度的重要性。实际上,首次消费客户是在做一次尝试,他们对首次消费的价值认知将会影响以后的重复消费行为。因此,在这一阶段最好不要行差踏错。

企业需要密切关注首次消费客户,并及时反馈和预警。Automation and Control Solutions(ACS)是 Honeywell 旗下一家营业额达到 70 亿美元的子公司,其 4 万多名员工为各种企业提供了专业的环境测量与控制解决方案。同时,该公司还拥有一套与客户反馈紧密相连的预警系统,这意味着该公司能密切留意到新客户的反馈。当客户调查得分低于 ACS 所设定的界限或有客户想要与该公司联系时,该系统就向负责那名客户的员工的移动电话、笔记本电脑或台式电脑发送详细的行动提示。ACS 经过研究发现,通过这种方法可以降低 40% 的取消率。ACS 表示,这套预警系统为其留住了价值数百万美元的服务合约。

阶段 4：为重复消费客户提供更多的价值

想要让重复消费客户建立忠诚度吗？那么你就要为那些客户提供更多的附加值和量身定制的服务。例如，船运业通过定制的、实时的信息对客户做出回应。船运公司 Maersk Line 开发了一套精密的在线预警系统，当由于气候原因或港口卸货原因而发生船期延误时，客户能获得及时的通知。这类信息可帮助客户优化生产周期，提高生产效率，降低风险。

企业还可以通过智能的客户分析拉动重复消费。当企业进行运营改善决策时，约有 57% 的市场管理人员和 50% 的销售管理人员表示，实际上他们没有什么正式的流程来识别问题区域并调整改善工作。这意味着大部分企业的运营改善决策都是以部门自己的感觉和管理层的直觉为指导的。这很令人惊讶，怪不得这么多行业的客户都存在着这样或那样的不满。但是有些企业通过使用客户分析、数据和基于实务的决策流程很好地做到了这一点。其中一家企业的 CEO 表示："通过使用数据库系统和基于科学决策的分析工具，我们拉开了与那些依赖直觉经营企业的对手的差距。"若想成功地进行客户分析，就必须聚焦于正确的、对企业发展有高度影响的商业区域。这也是该企业使用客户度量驱动相关分析来识别客户触点，并由此拉动了令人瞩目的重复消费的原因所在。只有这样做，才能将持续的运营改善锁定在那些关键区域上。想要破译客户忠诚度的密码，智能的客户分析是其中的关键。

阶段 5：锁定铁杆客户

铁杆客户是指那些会从企业购买所有他们觉得可用的产品或服务的客户。那么，如何才能从这类客户身上挖掘最大的销售价值呢？核心的方法就是持续加深该类客户对企业整个产品线或服务品种的认识，从多渠道入物锁定那些愿意尝试企业新产品或新服务的客户，并提高其忠诚度。

某些精于此道的网络零售商就创造了不少方法来奖励那些愿意尝试其新产品或新服务的客户。例如，eBay 通过一个名为"Camp eBay"的促销活动来奖励它的客户。这家在线 B2C 巨头根据买家在其网站上的不同表现来授予他们不同的荣誉。这些荣誉不是基于单纯的购买行为，而是基于客户所购买的产品和购买的方式。满足荣誉获得要求的购买行为包括使用"立即购买"（而非竞拍），在不同的产品类目中进行消费，以及做出评价。通过依据不同的行为来奖励客户，该促销活动鼓励了利润更为丰厚的多类目消费行为，并将其品牌知名度延伸到了那些通常不在 eBay 上购买东西的客户群体中。简单来说，客户通过越多的渠道（互联网、专卖店、邮购等）从你这里购买东西越好。为什么这么说呢？因为使用多渠道代表着客户与你的关系的牢固程度，并且能够体现你的更多价值。互联网是一种特别有效的载体，它能够帮助客户实现多渠道购买的行为。

最佳渠道：美国老牌服饰零售商 Tllbots 意识到网购服装可以为那些忙碌的女性节省大量的时间。但问题是如何解决在线试衣的问题呢？Tallbots 推出了"Style Search"功能，该功能将其 1100 多家门店的所有服饰都展现在了网购者的眼前。通过 Talbots.com 网站，客户可以在邻近的任一门店预订服装并进行试穿。那么，是否有客户来使用这项网络功能呢？Talbots 的公关经理 Phil Tracey 表示，从该功能推出伊始，每季度的使用率都呈递增势态。"我们的客户很喜欢这种方式。"Tracey 笑道。

阶段 6：留住宣传客户并让其继续帮企业"代言"产品

铁杆客户与宣传客户之间有一个显著的区别：宣传客户所做的不仅仅是从你这里购买产品或服务，他们还会帮你宣传，介绍别人来购买你的产品或服务。

（1）留住宣传客户。企业应当如何在网络世界里建立牢固的宣传客户群体呢？方法之一是打造一个安全的环境，能让客户在某一时间段里集中进行交流。网络技术的发展为我们提供了这种可能。一群来自不同地域的人可以聚集在一起，通过网络社区来提供产品反馈、交流使用心得和建议。企业可在安全的网站上建立这么一个社区，让社区成员定期浏览并参与讨论。最重要的是，这种网站支持并鼓励社区成员之间的互动。这类互动通常是非常吸引人的，社区成员可以时不时地相互交流新鲜的想法、感觉和行为。卡夫、惠普和宝洁等公司就提供了这种网络社区。这类社区不仅能让客户互相探讨对产品、信息、广告和其他话题的看法，让企业有效使用每一分钱的市场预算，同时也能提高客户忠诚度。

（2）客户利益代言。客户利益代言的关键在于需求端。它的存在是为了提升客户对产品或服务的喜爱程度，将客户从产品或服务的消费者转化为产品或服务的拥护者——不仅仅是喜欢你的产品，还会自发为你的品牌做宣传、代言。拥有这样的客户群体，对企业营收的正面影响是可以想象的。客户利益代言主要是建立企业与宣传客户接触的战略和计划，为客户提供工具与经验，帮助他们了解如何利用企业的产品实现他们最重要的目标。Google 的副总裁 Marissa Mayer 在斯坦福大学的一次演讲中和与会者探讨了该公司"推出并快速重复"的操作实践，并举了一个例子：作为 Google 新闻开发 6 人小组的成员之一，Mayer 及她的 5 位伙伴在以日期来排列搜索还是以地点来排列搜索这个问题上形成了 3 对 3 的僵局。他们之间的争论很激烈，时间也在一分一秒地过去，转眼就到了将初步产品（不包含完整功能）提供给客户以收集反馈的时候。没隔多久，他们就从客户那里得到了答案。在第一天试用结束时，307 名 Google 客户中有 300 名希望按照日期来排列，一锤定音。许多企业在产品开发问题上都会让客户参与其中，Google 可谓是其中的表率。通过将客户利益代言与革新理念完美结合在一起，这一搜索巨头持续缔造着骄人的战绩，并维持着客户在流程中的"发言权"。

不管怎样，维持客户忠诚度的唯一途径就是确保你所有的工具和技术都能有力地支持忠诚度的准则，然后推动你的客户忠诚度更上一个台阶。

本章小结

1. 可以把客户忠诚界定为"客户在较长的一段时间内对企业产品或服务保持的选择偏好与重复性购买"，它是客户满意效果的直接体现。
2. 不同的企业所具有的客户忠诚差别很大，不同行业的客户忠诚也各不相同。那些能为客户提供高水平服务的企业往往拥有较高的客户忠诚。客户忠诚可以划分为以下几种不同的类型：垄断忠诚、亲缘忠诚、利益忠诚、惰性忠诚、信赖忠诚和潜在忠诚。

3. 客户忠诚度是客户忠诚的量化指标，体现了客户对企业产品、服务态度的倾向性或行为重复性的程度，应当建立评价指标体系对客户忠诚度进行度量，涵盖重复购买的次数、交叉销售的数量、销售升级的比例、客户保持率、挑选产品或服务的时间、对待其他品牌的态度、对价格的敏感性、对质量事故的宽容度、客户生命周期的长度以及口碑传播的效果等指标。

4. 理论和企业实践证明，客户满意与客户忠诚之间存在正相关关系，即无论行业竞争情况如何，客户忠诚度都会随着客户满意度的提高而提高。因此，可以说，客户满意是推动客户忠诚的最重要的因素之一。当然，客户忠诚与客户满意之间并不总是呈现很强的正相关性，不少企业的客户满意度很高，但客户忠诚度却很低。

思考题

1. 简述客户忠诚的定义和分类。
2. 说明客户满意度和客户忠诚度的关系。
3. 在互联网时代，如何建立、维持并不断加强网上客户的忠诚度？
4. 从某一产品的客户服务人员角度，谈谈培育该产品的忠诚客户的具体做法。

讨论：新航以优质服务塑造客户忠诚度

1993年，英国伦敦著名的杜莎夫人蜡像馆出现了一尊东方空姐蜡像。这是杜莎夫人蜡像馆第一次以商业人像为原形而塑造的蜡像，其原形是美丽的新加坡航空公司（简称新航）小姐，人们称她为"新加坡女孩"（Singapore Girl）。杜莎夫人蜡像馆破例的原因是新航完善的机舱服务和长久以来成功塑造了东方空姐以客为尊的服务形象。

如何通过高质量的产品或服务保持客户忠诚度，是一个令众多企业绞尽脑汁、冥思苦想的问题，因为忠诚的客户往往会带来高额的商业利润。不可否认，享誉世界的新航无疑是最有资格回答这一问题的企业之一。

1. 关注客户——通过优质服务塑造客户对公司的忠诚

"不管你是一名修理助理，还是一名发放工资的职员或会计，我们能有这份工作，都是因为客户愿意为我们付费，这就是我们的'秘密'。" 新航前总裁Joseph Pillay在创业伊始就不停地以此告诫员工，塑造和灌输"关注客户"的思想。在这点上，Joseph Pillay和劳特朋不谋而合。作为4C（Consumer, Cost, Convenience, Communication）营销理论的倡导者，劳特朋认为：要了解、研究、分析消费者的需要与欲求，而不是先考虑企业能生产什么产品；要了解消费者满足需要与欲求愿意付出多少钱（成本），而不是先给产品定价；要考虑购物等交易过程中如何让消费者方便,而不是先考虑销售渠道的选择和策略;要通过互动、沟通等方式,将企业内外营销不断进行整合,把消费者和企业双方的利益无形地整合在一起。显而易见,4C营销理论的4个方面都在强调同一个问题:关注客户。

在长达66年的经营中,新航总是果断地增加最好的乘客服务,特别是通过乘客的需求和预测来推动自身服务向更高标准前进。早在20世纪70年代,新航就开始为乘客提供可选择餐食、免费饮料和免费耳机服务;20世纪80年代末,新航推出了第一班新加坡至吉隆坡之间的"无烟班机";1992年年初,在所有飞离新加坡的新航客机上都可以收看美国有线电视网络的国际新闻;2001年,新航在一架从新加坡飞往洛杉矶的班机上首次推出了空中上网服务——乘客只需将自己的手提电脑接入座位上的网络接口,就可以在飞机上收发电子邮件和进行网上冲浪。2018年到2021年,新航花费了将近4亿元提升舱内视听娱乐系统,为将近7成飞机(所有远程飞机)换上这个系统;花费了超过6亿元提升机舱娱乐设施和商务舱座位。"如果你的客户选择了竞争对手,那将是一件让人沮丧的事情,而避免沮丧的有效办法是获得客户忠诚,"学者 Abel Chica 在 MBA 教程中写道,"获得客户忠诚并不仅仅是让他们感到真正的满意。这只是实现客户忠诚的一个必要条件。对于客户,最直接的关于满意的概念是,拿你提供给他的价值与竞争对手所提供的加以比较。同时,如果想使客户忠诚,就不能只考虑短期的利益,而必须考虑怎样长期地发展这种关系。"

随着竞争的加剧,客户对服务的要求也像雨后破土的春笋一样疯长,"人们不仅仅把新航和别的航空公司做对比,还会把新航和其他行业的公司从多个不同的角度进行比较。"新航高级副总裁 Yap 先生清醒地意识到,"新航遇到的挑战永无止境。任何时候都要从整个服务过程出发,去寻找可以改进的地方。"这样的理念在新航已经成为一个清晰的文化政策。

为了在竞争中保持优势地位,新航成为世界上第一家引入国际烹饪顾问团和品酒师的航空公司,该顾问团每年为新航提供4次食谱和酒单。硬件只是基础,软件才是真功夫。

当然,服务的一致性与灵动性同时受到关注。比如,怎样让一个有十三四个人的团队在每次飞行中提供同样高标准的服务?新航在对服务进行任何改变之前,所有的程序都会经过精雕细琢,研究、测试的内容包括服务的时间和动作,并进行模拟练习,记录每个动作所花的时间,评估客户的反应。

服务力求做到灵活且富有创造性,这一点也是新航对员工的要求。当一位乘客要求吃素食,而飞机上正好没有准备相应的食物时,新航希望乘务人员做到的是,返回厨房想办法找出一个解决方案。比如,把各式各样的蔬菜和水果拼在一起,而不是告诉乘客没有准备这样的食物。

2. 向内"吆喝"——培育员工对公司的忠诚

所有培养客户忠诚的文化理念、规章制度都需要人来执行。这就意味着,如果新航内部员工没有对公司保持足够的满意度和忠诚度,从而努力工作,把好的服务传递给客户,那么客户忠诚将无从谈起。

注意倾听一线员工的意见,关注对员工的培训,这些是新航能够在市场上取得优异表现的根本所在。换句话说，只有内部员工对企业忠诚，才能使外部客户对企业忠诚。

在以动态、专注与培训而闻名的新航，从上到下，包括高级副总，每个人都有一个培训计划，一年会有9000名员工被送去培训。新航所属的新加坡航空集团有好几个培训学校，专门提供几种核心的职能培训。即使在受到经济不景气打击时，员工培训仍然是新航优先投资的项目。假如员工完成了很多培训课程，就可以去休息一段时间，甚至还可以去学习一门语言，做一点儿新的事情，其目的是"使员工精神振奋"。

3. "服务上比对手好一点点就够了"——控制服务成本与商业利润之间的平衡

"我们不想成为最大的航空公司，我们想成为最赢利的航空公司。"在新航刚刚成立时，新加坡政府就明确表示，政府不会补贴；公司的所有员工都根据公司的盈利状况论功行赏；新航有一个激励系统，它会根据公司的赢利状况来给员工发奖金，从上到下，所有人的奖金都是由同一公式算出来的。

因此，新航不仅仅致力于为客户提供优质的服务，而且通过各种方式力求控制服务成本与商业利润之间的平衡。的确，新航希望提供最好的座椅、最好的客舱服务、最好的食物以及最好的地面服务，但是它同时还要求这些代价不能太高。比如，在往返新加坡和曼谷之间的短途航班上，最好的食物不可以是龙虾，那样做会导致破产。"只要在每一项服务上比对手好一点点就够了"，这样就能确保每个航班多赢得一点儿利润，也有能力再去创新。同时，它还密切关注油价，以便及时做出是否提高燃油附加费的决定。

在1972年，新航还只是一个拥有10架飞机的小型航空公司；如今，新航几乎每年都会获得各种世界性的营销服务大奖，也一直是世界上最赢利的航空公司之一。对于这家保持30多年领先并总是能够获得丰厚利润的航空公司而言，成功的原因可能很多，但是，"致力于培养员工和客户对公司的忠诚"无疑是其中的一个重要原因。

思考：

1. 新航成功的客户忠诚策略是从哪些方面入手的？
2. 在社交媒体快速发展的背景下，你认为新航应该从哪些方面制定新的客户忠诚策略？

第 7 章

数据库营销

学习目标

- 理解数据库营销的含义
- 理解数据库营销与传统营销的区别
- 掌握数据库营销的作用
- 掌握数据库营销的实施步骤

开篇案例：银心邮购公司

银心邮购公司是一家提供个性化商品的公司，其客户数据库中拥有 25 万名客户，该公司向他们出售怀旧音乐或个别爱好音乐（爵士乐、乡村音乐、古典音乐等）。在过去十年中，英国邮购市场上很多公司都从提供全部商品转向提供个性化商品，银心邮购公司就是其中最典型的一个例子。银心邮购公司的目标市场是不断增多的年过五十的人群，主要通过媒体广告和直接邮件获取客户。该公司从 1999 年开始预运营，2000 年正式启动，截至 2003 年收入已超过 500 万英镑，其大多数收益来自 CD 的销售。

2002 年，银心邮购公司开始思考如何能从自己最有价值的资产客户数据库中获取更大的价值。它的收益主要来自与现有客户的邮件交流。银心邮购公司决定通过更有效的数据开发和统计建模来改善客户数据库的邮寄服务。对于小型公司来说，由于要用到公司稀缺的分析和统计技术，因此这项举措非常昂贵。由于改善目标市场选择带来的收益不足以抵消分析和完善数据库所耗费的成本，该公司决定采取更简便的一种做法。它抛弃了为 15 个每年一次的邮寄服务分别建立预示模型的想法，选择了一个更为普遍的、既适用于所有邮寄服务又适用于其他应用的细分方法。这样成本就可以分散在不同的用途中。RFM 细分法凭借其简便快捷而得到了该公司的青睐，该公司期望通过它可以带来所需的收益增长或经济利益。

讨论：请梳理银心邮购公司数据库营销的流程和方法。

7.1 数据库营销的含义

7.1.1 什么是数据库营销

数据库营销是企业通过收集和积累客户信息，经过分析筛选后有针对性地使用电子邮件、短信、电话、信件等方式进行客户深度挖掘与关系维护的营销方式。也可以说，数据库营销是以与客户建立一对一的互动沟通关系为目标，并依赖庞大的客户信息库进行长期促销活动的一种全新销售手段，是一套涵盖现有客户和潜在客户、可以随时更新的动态数据库管理系统。

数据库营销具有三个重要特征：

（1）以直接回复为基础。数据库营销中的交流是指邀请客户通过邮件、电话、互联网和可偿还零售凭证等方式进行回复。回复涵盖从咨询、提供信息到订购的整个过程。能对这样的反馈进行管理是数据库营销的基本要求。

（2）数据库营销是可以测度的。在任何一个数据库营销活动中，客户回复都是可以测度、评估和分析的。客户回复可以通过任何媒介来实现——电话、邮件、互联网等。通过测度客户回复可以说明很多问题。所有成本都可以与客户回复挂钩，可以计算出投资回报率。对于传统的广告，需要使用以抽样为基础的市场调查技术来测度其效果，但有些营销活动的效果可以得到精确测度（如营销活动只在测试地区进行）。数据库营销人员则通过交易数据来测度，这就是数据库营销被称作科学广告的原因之一。数据库营销人员在他们所控制的环境中进行测试。尽管环境在变化，但数据库营销就像市场营销一样接近科学。

（3）数据库营销要求企业建立并维护一个数据库，它涵盖现有客户和潜在客户的所有资料。这使企业能够更好地了解市场并拥有竞争优势。

7.1.2 数据库营销与大众化营销的区别

大众化营销是产品导向的营销方式，它是指企业在实施营销活动的过程中，向市场传播同样的产品信息，试图把同一产品销售给每一位客户，从而实现产品的规模市场价值。进行大众化营销，无须深入了解每位客户的个性化特征，而是从统计学意义上寻找产品最大需求者的特征，以实现市场需求的一般满足为目标，客户辐射范围广、综合营销成本相对较低，但在客户关系维护上难度较大。

数据库营销是客户导向的营销方式，它基于客户数据库，分析每位客户的特征及其个性化、多样化的需求,有针对性地向客户推送产品或服务信息,有利于实现范围经济、延长客户生命周期。

数据库营销与大众化营销的主要区别见表7.1。

表7.1 数据库营销与大众化营销的主要区别

数据库营销	大众化营销
客户导向	产品导向
客户维持	客户吸引
关注客户份额	关注市场份额
客户可识别	客户无法识别
定制化产品	标准化产品
定制化生产	大众化生产
一对一直接沟通	大众化传播
个性化信息	大众化信息
双向互动	单向输送信息
追求范围经济	追求规模经济

7.2 数据库营销的优势

随着信息技术的发展,企业数据库营销的工具越来越多样化,除了电话、直接邮寄邮件外,短信、电子邮件、微信、QQ、微博等工具正被广泛地使用。数据库营销主要具有以下优势。

1. 可测度

数据库营销是唯一一种可测度的广告形式。企业能够准确地知道如何获得客户的反应以及这些反应来自何处。这些信息将被用于继续、扩展或重新制定、调整企业的营销计划。

而传统的广告形式(报纸、杂志、网络、电视等)只能面对一个模糊的大致群体,目标人群究竟占多少无法统计,所以效果和反馈率总是让人失望。正如零售商巨头 Wanamaker 所说:"我知道花在广告上的钱有一半被浪费掉了,但我不知道是哪一半"。

2. 可测试

数据库营销就像科学实验,每推进一步,都可以精心测试,还可以对其结果进行分析。假设你有一间酒吧,可以发出一封邮件,宣布所有光临的女士都可以免费获得一杯鸡尾酒。而在另一封邮件中,你可以宣布除周六、周日外,所有客户都可以获得8折优惠。在进行一段时间的小规模测试后,计算哪一封邮件产生的回报最高,之后就运用获得最高回报的方案进行更大规模的邮寄。不管企业的大小如何,只要运用适当的形式,都可以进行小规模的测试,以便了解哪种策略最有可能取得成功。

3. 帮助企业找到目标客户

客户数据库拥有大量客户的相关资料、消费行为等信息，这些信息为企业准确地选定目标客户、实行目标市场营销奠定了基础。通过对客户数据库的分析，企业可以准确地把握客户的消费动向，找出目标客户。

4. 降低营销成本，提高营销效率

数据库营销可以使企业集中精力于更少的人身上，将最终目标集中在最小消费单位即个人身上，实现准确定位。美国已有56%的企业建立数据库，85%的企业认为他们需要数据库营销来加强竞争力。由于运用客户数据库能够准确找出某种产品的目标客户，因此企业可以避免使用昂贵的大众传播媒体，运用更经济的促销方式，从而降低成本，增强竞争力。据有关资料统计，运用数据库技术筛选客户邮寄宣传品的反馈率是没有运用数据库技术筛选直接邮寄宣传品的10倍以上。

5. 通过个性化的客户交流，维系客户忠诚

运用客户数据库，可经常与客户保持沟通与联系，维持和增强相互间的感情纽带，实现"一对一"的沟通，从而增加企业的美誉度和竞争力，使企业能拥有稳定而忠诚的客户。在应用数据库营销时，营销内容往往具有一定的针对性。例如，我们每个月会不时收到移动运营商发给我们的信息，这些信息多数是关于手机流量、费用等的提醒，移动运营商还会根据每位客户的服务使用情况向客户推荐合适的服务产品。再如，天猫、京东、亚马逊等电子商务平台会对客户以往的购买或浏览行为进行分析，向每位客户推荐不同的商品。当然，也会有这样的情况：企业通过短信、邮件、微信等工具向所有客户发送同样的营销内容。表面上看，这好像与大众化营销向所有人推送同样的信息是一样的，但区别在于：数据库营销能够识别出接收信息的每一位新客户，这些客户的后续反应也能够被监测到，而大众化营销的客户是抽象的，单个客户的营销反应也是无法获取的。因此，可以说数据库营销通过"一对一"的沟通实现了与每位客户的个性化交流。

6. 帮助企业选择合适的营销媒体

客户所在地区、购买习惯、商店数目等，都是企业选择营销媒体时必须考虑的内容。在制订媒体宣传计划阶段，有关客户的所有信息更是营销人员必须了如指掌的内容。数据库营销的着眼点在于个人而不是所有客户，所以必须根据数据库提供的信息谨慎考虑以何种频率与个人沟通才能达到良好的效果。

7. 竞争手段更具隐蔽性

传统营销中，利用大众传媒进行大规模促销活动，容易引起竞争对手的模仿和对抗行为，从而削弱促销的效果。运用数据库营销，无须借助大众传媒，比较隐秘，不易引起竞争对手的注意，也不易被竞争对手模仿，更容易达到预期的促销效果。

8. 及时的营销效果反馈

企业在进行营销活动时,需要评估营销活动的效果,并进行反馈调整。数据库营销可以使企业快速进行营销效果评估,从而分析市场的短期和长期效果,并提出改进方法。

7.3 数据库营销的实施过程

一般来讲,数据库营销要经历客户数据库建立、客户数据分析、基于客户数据库的营销推广、数据库维护等四个步骤。

7.3.1 客户数据库建立

1. 应该采集哪些数据

客户数据库中的数据主要包括个人客户和企业客户两类客户信息。

(1)个人客户信息

个人客户信息主要包括个人基本情况、价值观、消费行为等。个人基本情况包括姓名、籍贯、出生日期、身份证号、家庭住址、联系方式、职业、工作单位、收入水平、受教育程度、兴趣爱好、参加社团情况、婚姻状况、家庭结构等,价值观主要指生活态度、生活方式、对品牌的认同、业余时间的分配、消费支出结构、人际交往情况等,消费行为包括购买频率、最近一次购物的时间、消费金额、商品等级、所需要的服务、付款记录、企业与客户联系情况(联系时间、建议提供的产品或服务种类及价格、付款条件)等。

(2)企业客户信息

企业客户信息主要包括企业的基本信息、业务状况、交易状况、负责人信息等。企业的基本信息包括企业的名称、地址、电话、历史沿革、发展规模、经营范围、经营理念等,业务状况包括企业的市场份额、销售业绩、优劣势等,交易状况包括企业的信用状况、与客户的关系及合作态度、客户对企业及竞争对手的评价、客户的意见与建议等,负责人信息指企业的法人代表、高层管理者的详细情况。

2. 数据从哪里获取

收集客户信息可通过直接渠道和间接渠道完成。

(1)直接渠道

直接收集客户信息的渠道,主要来自企业与客户的各种接触机会。例如,从客户购买前的咨询开始到售后服务,包括处理投诉或退换产品,都是直接收集客户信息的渠道。①在调查中获取客户信息。调查人员通过面谈、问卷调查、电话访问等方法得到第一手的客户资料,也可以通过仪器观察被调查客户的行为来记录客户信息。②在营销活动中获取客户信息,通过在大众传播媒介(报纸、杂志、广播、电视、网站等)做广告,请客户通过一定方式(电话、电子邮件等）给予回复。在产品中附上回函明信片，请客户填写之后寄回，以赠品或售后服务作为回报。此外，启动频繁市场营销计划、实行会员制等都是收集客户信息的有效途径。③从中间商、销售人员处获取客户信息。中间商与销售人员直接面对客户，在服务过程中，客户通常能够直接并且毫无避讳地讲述自己对产品的看法和期望、对服务的评价和要求、对竞争对手的认识，以及其他客户的意愿和销售机会，其信息量之大、准确性之高是其他条件下难以实现的。④从客户投诉中收集客户信息。客户投诉是企业了解客户信息的重要渠道，企业可对客户的投诉意见进行分析整理，同时建立客户投诉的档案资料，为改进服务、开发新产品提供依据。⑤在销售网点收集客户信息。销售终端是直接接触最终客户的前沿阵地，通过面对面的接触可以收集到客户的一手资料。例如，目前超市普遍设置了结账扫描仪，并且利用前端收款机收集、存储大量的售货数据；会员卡的发放也可以帮助超市记录单个客户的购买历史。⑥通过博览会、展销会、洽谈会等获取客户信息。由于这些活动互动性强、客户群集中，因此可以成为迅速收集客户信息、达成交易意向的场所。⑦网站和呼叫中心是收集客户信息的重要渠道。随着电子商务的开展，客户越来越多地转向网站去了解企业的产品或服务，完成订单等，因此，企业可以通过客户访问网站进行注册的方式，建立客户档案资料。⑧从企业内部信息系统获取客户资料，如客户订单、销售额及销售分布情况、客户付款的情况等。

（2）间接渠道

间接收集客户信息的渠道，是指企业从公开的信息中或者通过购买获得客户信息。①通过各类报纸、杂志、电视、广播、网络媒体上客户的有关报道获取信息。②通过政府有关机构（如工商行政管理部门）掌握客户的注册情况、经营范围、经营历史等；通过银行等金融机构了解客户的资金状况。③与专业的数据库营销公司合作。基于数据库的重要作用，目前在国内一线大城市，如上海、北京、广州，已经出现了很多专业的数据库营销公司。由于个人隐私受到保护，目前合法的数据库营销公司采用的都是许可式的数据库营销方式，即所掌握的数据都是被客户许可的、可以公开的信息，普遍采取的方式是以数据租赁或打包出售的方式提供给企业使用。但需要注意的是，无论租用还是购买，都要在交易前对数据的质量进行测试。

3. 数据的整理、筛选和甄别

（1）核实真实性

各种途径收集上来的客户信息不一定都是真实的，企业应该安排人手通过电话复核、资料逻辑比较等方式全面或抽样监测客户信息的真实性，及时清除不良数据和无效数据。

（2）数据求精

企业的资源有限，不可能满足所有客户的需求，而只能满足重点目标客户的需求。针对收集上来的客户信息，企业要根据事先锁定目标客户的生理、心理、行为特征进行筛选和分类；根据与目标客户锁定条件的吻合度，将收集到的客户信息分为A、B、C和淘汰四类。例如，某化妆品的目标客户是年收入8万元以上、追求时尚的25~35岁白领女性，则客户数据库中年收入 8 万元以下、25 岁以下、35 岁以上的普通蓝领职位的女性客户可以被归为 C 类甚至淘汰。

4. 数据存储

企业将收集到的客户名单、地址、历史购买行为等信息存储到专门建立的数据库中。企业可以自己做这项工作，也可以请专门的数据库服务公司来做。许多企业让专门的服务公司来建立最初的数据库。不管数据库是由企业还是由专门的服务公司管理，都必须保证输入数据的精确性。

7.3.2 客户数据分析

普通的数据分析包括趋势分析、比重分析等。相对高级的数据分析包括回归分析、交叉分析等，其中，交叉分析在营销业界被广泛地运用，如分析客户收入与需求、年龄与需求、职业与需求、性别与需求、学历与需求之间的关系等。更高级的数据分析是深度挖掘发现型分析，包括因子分析、差异分析、聚类分析等。

数据库中，年龄、性别、职业之类的客户特征比较容易获取，难的是客户群体的心理特征，面对千千万万的客户，如何判断其是价格敏感型的、追求情调型的、热爱运动型的还是注重健康型的？

只有通过数据挖掘技术进行大量的分析归纳，才可能找出不同价值观、不同心理偏好特征的客户群。比如在零售业，分析客户的购物清单，假设清单中 80% 的产品都是超市的特价产品，我们就可以将其纳入价格敏感一族；追踪某客户的购买历史数据，发现其常常购买有机食品、运动装备、保健品等，我们就视之为注重健康一族。这种基于共同心理特征的数据挖掘分析，代表着营销数据分析的最新方向。

7.3.3 基于客户数据的营销策略

数据分析能找出各类客户群，找到各种影响购买行为的因素，接下来要做的就是根据严谨的数据分析，有针对性地对各类客户群采用不同的推广策略，最终达到维护客户忠诚、吸引新客户、提升品牌、促进销售等各类目的。

（1）对目标客户进行分类。考虑到时间、沟通费用等成本代价，特别是对具有海量客户群的企业（如电信、银行、零售业等）而言，真正实现一对一个性化定制推广策略并不现实。数据库营销只能有限接近一对一个性化推广。例如，银行将客户分为普卡客户、金卡客户、白金客户、钻石客户等。

（2）对不同客户实施不同的推广策略。不同的客户群有不同的购买心理及行为，我们应该据其设计不同的推广策略。例如，在零售业，对价格敏感的客户群发送特价信息、特别优惠券，对注重情调的客户群组织浪漫的聚会，对重视健康的客户群寄送新到的有机食品样品，对刚有宝宝的家庭推荐宝宝食品、用品组合套餐等。在通信业，对高端商务客户，采用积分奖励、送培训券、财经书籍，或提供机场贵宾室服务、健身俱乐部优惠等延伸服务；对打工族，则力推低价长途套餐，开展订套餐送大奖活动；对学生群体，则开展短信、彩铃创作大赛等。在餐饮业，对老客户实施忠诚奖励计划，如就餐满五次送一次免费就餐，满十次送三次免费就餐；对游离型新客户实施"来就送菜肴一盘、现场打9折"等活动；对注重营养的客户赠送养生书籍；对注重美丽的女士推荐能美容的食品等。只要企业注重数据库营销，重视不同客户的心理、行为特征，一定会设计出因人因群而异的、能与客户互动的各类推广策略，受到持续个性化关注的客户，一定能成为企业的忠实客户。

（3）与客户沟通，善于采用新的推广媒介和手段，如微博、微信等。推广的常规手段包括买赠、抽奖、积分奖励、免费试用、特价、优惠券等，企业应该根据客户群的特征有针对性地创新运用各种手段。以客户的生日为例，这是许多客户内心希望被重视的日子，如果这一天企业给予客户热情的问候以及特别的优惠，将会感动客户。例如，零售店"生日当天购物所有商品8折还送鲜花"，美发美容店"生日免费美发/美容"，电影院"生日免费看电影"，餐饮店"生日当天来就餐，免费送蛋糕，餐费折上折"，电信"生日打电话，5折收费"，等等。要精确锁定客户生日的那一天进行推广，只有开展数据库营销的企业能办到，依赖大众传播的企业则无可奈何。

7.3.4　数据库维护

随着通过以产品开发为中心的客户俱乐部、优惠券反馈、抽奖销售活动记录及其他促销活动收集来的信息不断增加和完善，数据不断更新，从而及时反映消费者的变化趋势，数据库更加适应企业经营需要。例如，企业的客户是流动的，客户的年龄是变化的，不能给三年前的新生儿家庭继续寄送奶粉和如何喂养婴儿的资料。

当发现所在商圈的客户群体家庭子女已经从五年前的全家聚居变成了儿女们纷纷自立，并在本区域或者周边有沃尔玛的区域租房或买房独自生活时，沃尔玛就可能会在店内增加家庭用品如厨具等的货量和品种，以满足这些离家自立的新家庭的需求，并根据这个消费群体的特征开展一些促销活动，以吸引他们的光顾，培养他们的忠诚。

7.4　客户隐私问题

隐私权（Privacy）是一个国家公民的基本权利之一，既关系到个人尊严，也可能涉及经济利益。随着社会发展和人们自我意识的觉醒，人们越来越关注对自己隐私的保护问题。无论在西方发达国家还是在欠发达国家，几乎都有相应的法律规定个人隐私的保护问题。

随着客户信息数据的大规模采集越来越普遍，社会对个人隐私问题更加关注。如今，企业可以通过各种途径获得个人信息。每天，有大量未经所有者许可的个人信息在被使用，企业与企业之间也在不时地交换着对双方有用的信息，消费者根本无法预知他们何时或在哪儿使用了自己的私人信息，而且对此也毫无控制性可言。我们生活在一个相互联系的社会，生活和工作中都要与不同的机构或个人打交道。我们的银行储蓄账户、开立的信用卡服务、购买的保险单、就业时的相关登记手续、医疗卫生服务、社会福利、涉及的司法事件、税收、各种执照……更为普遍的是，我们在互联网上难免都会留下痕迹，这些都是可能泄露个人信息的环节，几乎防不胜防。而且，信息技术的发展又会提升企业间分享和交换各种数据的能力，这将进一步恶化个人隐私问题。

许多人对自己的隐私没有保护意识，很轻易就会泄露出去。而企业在使用数据时，也缺少必要的监管。企业在收集客户数据用于客户关系管理时，应注意以下几点：

（1）对于不愿意公司持有其个人数据并寄发邮件的人，可以考虑放弃；

（2）保持适度的数据库信息数量，确保时效性和精确性，并且尽量避免持有社会敏感领域的数据；

（3）尊重目标市场成员，尽量用诚实、公正的方法获取他们的数据；

（4）严格限制数据的使用范围，保障数据的安全性；

（5）无论租用还是租出数据，都应慎重选择对象，避免对方对数据的滥用；

（6）争取获得数据库信息主体人员允许使用其个人信息的承诺，并加以记载；

（7）可以考虑借助一些技术手段以及时获得客户对于使用其信息的态度，例如，在首次直邮中设置收件人确认项目，以确认其是否愿意继续收到邮件。

案例：Facebook 超 5 亿用户数据泄露

2021 年 4 月，根据外媒报道，Facebook 大约 5.33 亿用户的数据在一个黑客网站被泄露，其中用户的信息包括 Facebook ID、姓名、地点、出生日期、电子邮件地址以及用户可能在个人资料中输入的其他任何内容。任何人都可以通过网络进入该数据库，而且不需要密码。讽刺的是，Facebook CEO 马克·扎克伯格的电话号码也包含在内。被泄露个人信息的 Facebook 用户分布在 106 个国家，包括超过 3200 万个美国账号、1100 万个英国账号、600 万个印度账号。

事件发生以后，Facebook 的股价大跌，市值蒸发超过 700 亿美元；还有很多人发起了删除 Facebook 账号的行动。

Facebook 已不止一次发生用户信息泄露事件。2018 年 3 月，一家名为"剑桥分析"的英国公司被曝以不正当方式获取 8700 万 Facebook 用户数据，扎克伯格承认对此事负有责任并道歉。随后，美国联邦贸易委员会对此事展开调查，并对 Facebook 开出 50 亿美元罚单。2019 年 12 月，Facebook 因 API（应用程序接口）安全漏洞，使黑客在访问受限的情况下也能访问用户的 ID 和电话号码，从而导致超过 2.67 亿 Facebook 用户的隐私数据被非法售卖。

本章小结

1. 数据库营销是企业通过收集和积累客户信息,经过分析筛选后有针对性地使用电子邮件、短信、电话、信件等方式进行客户深度挖掘与关系维护的营销方式,以与客户建立一对一的互动沟通关系为目标。其中,客户数据库是企业进行数据库营销的基础,数据挖掘是数据库营销的核心。
2. 数据库营销与大众化营销的区别。大众化营销是产品导向的营销方式,它以实现市场需求的一般满足为目标,客户辐射范围广、综合营销成本相对较低,但在客户关系维护上难度较大;数据库营销是客户导向的营销方式,它基于客户数据库,分析每位客户的特征及其个性化、多样化的需求,有针对性地向客户推送产品或服务信息,有利于实现范围经济、延长客户生命周期。
3. 数据库营销要经历客户数据库建立、客户数据分析、基于客户数据库的营销推广、数据库维护四个步骤。
4. 普通的数据分析包括趋势分析、比重分析等;相对高级的数据分析包括回归分析、交叉分析等,其中,交叉分析在营销业界被广泛地运用;更高级的数据分析是深度挖掘发现型分析,包括因子分析、差异分析、聚类分析等。数据分析能找出各类客户群,找到各种影响购买行为的因素,有针对性地对各类客户群采用不同的推广策略,最终达到维护客户忠诚、吸引新客户、提升品牌、促进销售等各类目的。
5. 随着客户信息数据的大规模采集越来越普遍,社会对个人隐私问题更加关注。当前个人隐私泄露和被滥用的情况十分严重,企业应在遵守法律法规和尊重个人隐私的基础上合理使用个人数据。

思考题

1. 什么是数据库营销?数据库营销的特点有哪些?
2. 说明数据库营销与大众化营销的区别。
3. 数据库营销分为哪几个步骤?
4. 讨论客户数据的分类方式和获取。
5. 2016 年 11 月 11 日当天,淘宝网和天猫创下了 1207 亿元的天量成交额;而 2019 年 11 月 11 日,1 小时 26 分 07 秒天猫实时成交额达 1207 亿元,超越 2016 年 11 月 11 日全天。请问:在电子商务热潮中,你是否是众多网购者的一员?是否收到过企业的广告邮件?如果收到过,这些广告邮件是否得到了你的授权呢?你对这些邮件持何种态度?你会点击查阅邮件或购买邮件中推荐的产品,还是会立即删除呢?如果你认为这些邮件侵犯了你的权益,你会如何维护自己的权益呢?为了避免产生隐私问题,企业在实际运营中应遵循哪些原则?

第8章
CRM 系统

学习目标

- 了解 CRM 的一般模型
- 熟悉 CRM 系统的功能模块
- 掌握 CRM 系统的分类
- 了解基于云平台的 CRM 系统与传统 CRM 系统的区别

开篇案例：上海大众汽车有限公司的 CRM 系统

上海大众汽车有限公司是中国改革开放后第一家轿车合资企业，经过多年的经营，该公司的业务不断增长、产品不断壮大。同时，中国经济持续高速发展，中国消费者的购买力持续上升，越来越多的国际品牌开始进入中国市场，大众汽车在国外市场所面临的竞争开始延续到国内。与此同时，大众品牌出现了一定程度的老化，尤其是上海大众汽车，被认为是一个"过时"和"保守"的品牌。因此，管理客户的购车和使用体验，提升客户的忠诚度，实现客户的重复购买和正面的口碑宣传就成了上海大众汽车 CRM 战略实施的首要目标。上海大众汽车 CRM 系统的实施随着市场的变化和经营的需要而不断完善，到目前为止，其实施主要分为两个阶段：第一阶段以建立呼叫中心为主，加强客户关系营销的实施和客户数据库的建立；第二阶段以建立经销商自营 CRM 系统为主，实现经销商和该公司的客户信息共享，形成经销商自我的闭环营销、该公司和经销商之间的闭环营销。同时，在 CRM 系统建立的基础上，进一步推出车主俱乐部计划，提高客户忠诚度。

思考：CRM 系统在企业的客户关系管理中可以起到哪些作用？

8.1 CRM 系统概述

8.1.1 CRM 系统的定义

CRM 系统以对客户数据的管理为核心，客户数据库是企业重要的数据中心，记录企业在市场营销与销售过程中和客户发生的各种交互行为，以及各类有关活动的状态，提供各类数据模型，为后期的分析和决策提供支持。通俗地说，CRM 系统就是利用软件、硬件和网络技术，为企业建立的一个客户信息收集、管理、分析、利用的信息系统。具体地说，一个合格的 CRM 系统能够做到以下几点：

（1）帮助记录、管理企业和客户打交道过程中的所有信息，并且能够通过分析辨别哪些客户是值得努力的，以及这些客户有哪些特点、哪些趋势。这对充分理解客户很有用。

（2）实现自动化管理，动态跟踪客户需求、客户状态变化及客户订单，记录各种客户意见。

（3）通过某些自动的电子渠道（如短信、E-mail、网站等）承担某些"机械化"的任务。例如，当企业营销人员要向客户推销某个新产品时，可能无法一个人向很多客户进行说明或者拜访他们，可能希望有很多下属，按客户进行分工，按照期望的方式、在期望的时机、采用统一的说法来向客户进行说明或者拜访客户。这个时候，CRM 系统可以帮助营销人员将这些说法、方式、时机等用电子方式表达出来，并且帮助他将这些内容分配给下属，让其按照要求执行，并通过 IT 系统自行将结果反馈给他。

8.1.2 CRM 系统的主要特征

CRM 系统是以最新的信息技术为手段，运用先进的管理思想，帮助企业最终实现以客户为中心的管理模式。一个完整的 CRM 系统应当具有综合性、集成性、智能化和精简性、高技术等特征。

1. 综合性

CRM 系统首先综合了大多数企业的客户服务、销售和营销行为优化和自动化的要求，其标准的营销管理和客户服务功能由支持多媒体和多渠道的联络中心来实现，同时支持通过现场和数据仓库提供服务。销售功能由系统为现场销售和远程销售提供客户和产品信息、管理存货和定价、接受客户报价和订单来实现。在统一的信息库下进行有效的交流管理和执行支持，使得交易处理和流程管理成为综合的业务操作方式。无论在新兴行业还是传统行业，CRM 系统都使企业拥有了畅通有效的客户交流渠道、综合面对客户的业务工具和竞争能力，从而帮助企业顺利实现由传统企业模式向以电子商务为基础的现代企业模式的转变。

2. 集成性

企业资源规划（ERP）等应用软件系统的实施给众多企业带来了内部资源的优化配置，CRM

系统则将从根本上改革企业的管理方式和业务流程。更为重要的是，CRM 系统在电子商务背景下，将努力实现企业级应用软件尤其是与企业资源规划、供应链管理、集成制造和财务等系统的最终集成。CRM 系统因其具备的强大的工作流引擎，可以确保各部门各系统的任务都能动态协调和无缝完成。以 CRM 系统与后台 ERP 系统的集成为例，CRM 系统的销售自动化子系统能够及时向 ERP 系统传送产品数量和交货日期等信息，营销自动化和在线销售组件可使 ERP 系统的订单与配置组件功能发挥到最大，客户可以真正实现按需要配置产品，并现场进行订购。事实上，企业经营者都明白，倘若他们不能把销售和服务部门的信息和后台联系在一起，就会导致许多潜在营业额的流失，只有将 CRM 系统与 ERP 系统集成、将前后端应用软件完全整合才可能成为未来的赢家。而且，CRM 系统与 ERP 系统的集成还可确保企业实现跨系统的商业智能，这将是 CRM 系统的又一个特点。

3. 智能化和精简性

CRM 系统还具有商业智能的决策和分析能力。CRM 系统的成熟将使得它不仅能实现商业流程的自动化，而且能为管理者提供分析工具或代为决策。CRM 系统中包含并深化了大量有关客户的信息，通过成功的数据仓库建设和数据挖掘，对市场和客户需求展开了完善和智能的分析，并为管理者提供决策的参考。CRM 系统的商业智能还可以改善产品定价方式、提高市场占有率、提高客户忠诚度、发现新的市场机会。一个优化的 CRM 系统在整合 ERP 系统后，其商业智能将大大增强。同时，商业智能要求对商业流程和数据采用集中管理的办法，这样可简化软件的部署、维护和升级工作；而基于 Internet 部署的 CRM 解决方案，包括通过 Web 浏览器可以实现用户和员工随时随地访问企业的应用程序和知识库，节省了大量的交流成本。

4. 高技术

CRM 系统应用涉及种类繁多的信息技术，如数据仓库、网络、语音、多媒体等多种先进技术，同时为实现与客户的全方位交流，在方案布置中要求呼叫中心、销售平台、远端销售、移动设备以及基于 Internet 的电子商务站点的有机结合，这些不同的技术和不同规则的功能模块和方案要被结合为一个统一的 CRM 环境，需要不同类型的资源和专门的先进技术的支持。以多媒体的企业客户联络中心为例，在 CTI（Computer Telecommunication Integration，计算机电话集成）技术支持的呼叫中心中，要能让 Web 用户通过使用 Internet、在线聊天系统或视频会议系统来与它实时进行交互式的交流，它的实施就要求有关人员具备呼叫中心和 Web 环境等多方面的技术知识。此外，CRM 系统为企业提供的数据知识的全面解决方案中，要通过数据挖掘、数据仓库和决策分析工具的技术支持才能使企业理解统计数据和客户关系管理模式、购买行为等，再整合不同来源的数据并以相关的形式提供给业务管理者或客户，IT 技术的影响是巨大的。不过，技术终归是使商业目标实现的工具，除非一个企业理解了实施客户管理策略的业务驱动力量和影响力，否则拥有多少专业技术都不能保证它取得成功。

8.2 CRM 系统的基本构成

CRM 系统以数据仓库为基础，通过与客户和市场的接触活动，实现销售管理、营销管理、客户服务等功能，进而为企业客户关系管理的实现提供一定的技术支持。

8.2.1 CRM 系统的一般模型

CRM 系统的一般模型反映了 CRM 最重要的一些特性，如图 8.1 所示。

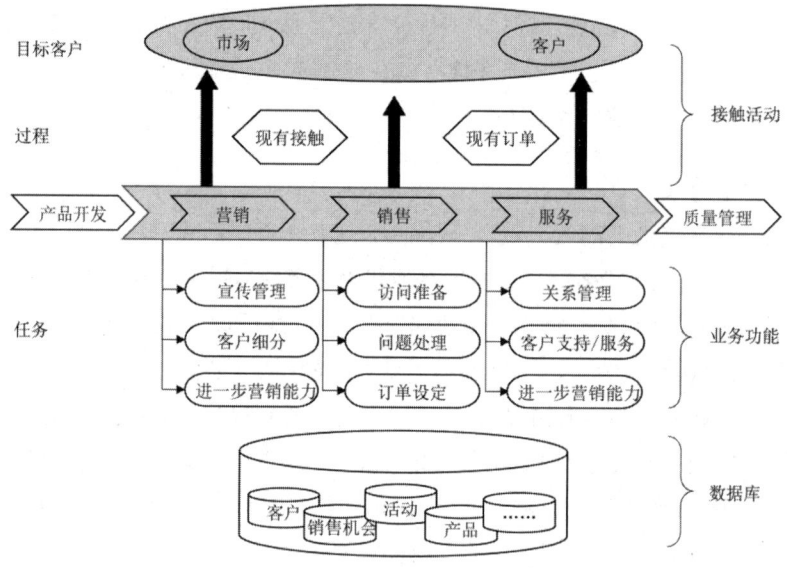

图 8.1 CRM 系统的一般模型

这一模型阐明了目标客户、主要过程以及功能之间的相互关系。CRM 的主要过程由市场营销、销售和客户服务这三部分业务流程的信息化构成。首先，在市场营销过程中，通过对客户和市场的细分，确定目标客户群，制定营销战略和营销计划。然后，销售的任务是执行营销计划，包括发现潜在客户、信息沟通、推销产品或服务、收集信息等，目标是签订销售订单，实现销售额。最后，在客户购买了企业提供的产品或服务后，还需对客户提供进一步的服务与支持，这主要是客户服务部门的工作。产品开发和质量管理分别处于 CRM 过程两端，由 CRM 系统提供必要支持。

在 CRM 系统中，各种渠道的集成是非常重要的。CRM 的管理思想要求企业真正以客户为导向，满足客户多样化和个性化的需求。而要充分了解客户不断变化的需求，必然要求企业与客户之间有双向的沟通，因此拥有丰富多样的营销渠道是实现良好沟通的必要条件。

CRM 系统改变了企业的前台业务运作方式，使得各部门间信息共享，密切合作。位于模型中央的共享数据库作为所有 CRM 过程的转换接口，可以全方位地提供客户和市场信息。过去，前台各部门从自身角度去掌握企业数据，业务割裂。而对于 CRM 模型来说，建立一个相互之间联系紧密的数据库是最基本的条件。这个共享的数据库也被称为所有重要信息的"闭环"

（Closed-loop）。CRM 系统不仅要使相关流程实现优化和自动化，而且必须在各流程中建立统一的规则，以保证所有活动在完全相同的理解下进行。这一全方位的视角和"闭环"形成了一个关于客户以及企业组织本身的一体化蓝图，其透明性更有利于与客户之间的有效沟通。这一模型直接指出了面向客户的目标，可作为构建 CRM 系统核心功能的指导。

8.2.2 CRM 系统的组成

根据 CRM 系统的一般模型，可以将 CRM 系统划分为接触活动、业务功能及数据库三个组成部分。

1. 接触活动

CRM 系统应当能使客户以各种方式与企业接触，典型的方式有呼叫中心（Call Center）、面对面的沟通、传真、移动销售、电子邮件、Internet 以及其他营销渠道，如金融中介或经纪人等，CRM 系统应当能够或多或少地支持各种各样的接触活动，如图 8.2 所示。企业必须协调这些沟通渠道，保证客户能够采取其方便或偏好的形式随时与企业交流，并且保证来自不同渠道的信息完整、准确和一致。今天，Internet 已经成为企业与外界沟通的重要工具，特别是电子商务的迅速发展，促使 CRM 系统与 Internet 进一步紧密结合，发展成为基于 Internet 的应用模式。

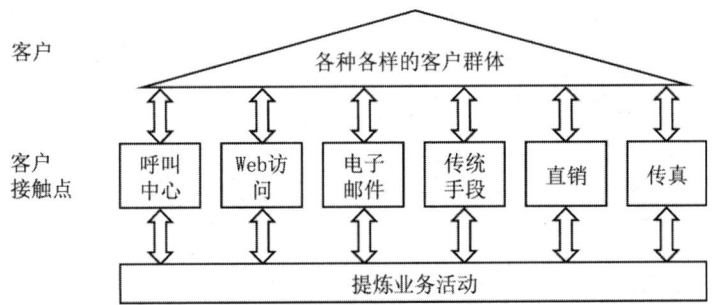

图 8.2　CRM 系统的接触活动

在与客户接触阶段，CRM 系统主要具有如下功能：

（1）营销分析。包含市场调查、营销计划、潜在客户计划、活动计划和优化策略，并提供市场洞察力和客户特征，使营销过程更具有计划性，实现最优化。

（2）活动管理。保证完整营销活动的传送，包括计划、内容开发、客户界定、市场分工和联络。

（3）电话营销。通过该渠道推动潜在客户的产生，包含名单目录管理，最好一个企业多个联系人。

（4）电子营销。保证互联网上大量个性化的营销活动的实施，开始于确切、有吸引力的目标组，通过为客户定制的内容和产品进行进一步交互。

（5）潜在客户管理。包括对潜在客户资格的评估，以及对销售机会从机会管理到跟踪再到传递的全程管理，以推动潜在客户的发展。

2. 业务功能

企业中每个部门必须能够通过上述接触方式与客户进行沟通，其中市场营销、销售、服务与支持部门和客户的接触和交流最为频繁，因此，CRM 系统应主要对这些部门予以支持。

然而，并不是所有的 CRM 系统都能覆盖所有的功能范围。一般地，一个系统最多能够支持两至三种功能，如市场营销和销售。因此，在 CRM 系统评价中，功能范围可以作为决定性的评判依据。

CRM 系统的业务功能通常包括市场营销、销售、服务与支持三个组成部分。

市场营销部分的主要任务是：通过对市场和客户信息的统计和分析，发现市场机会，确定目标客户群和营销组合，科学地制定出市场和产品策略；为市场人员提供制定预算、计划、执行和控制的工具，不断完善市场计划；管理各类市场活动（如广告、会议、展览、促销等），对市场活动进行跟踪、分析和总结，以便改进工作。

销售部分则使销售人员通过各种销售工具，如电话销售、移动销售、远程销售、电子商务等，方便及时地获得有关生产、库存、定价和订单处理的信息。所有与销售有关的信息都存储在共享数据库中，销售人员可随时补充或及时获取，企业也不会由于某位销售人员的离去而使销售活动受阻。另外，借助信息技术，销售部门还能自动跟踪多个复杂的销售线路，提高工作效率。

服务与支持部分具有两大功能，即服务和支持。一方面，通过计算机电话集成（CTI）技术支持的呼叫中心，为客户提供每周 7×24 小时不间断服务，并将客户的各种信息存入共享数据库以及时满足客户需求。另一方面，技术人员对客户的使用情况进行跟踪，为客户提供个性化服务，并且对服务合同进行管理。

其实，上述三组业务功能之间是相互合作的关系，如图 8.3 所示。

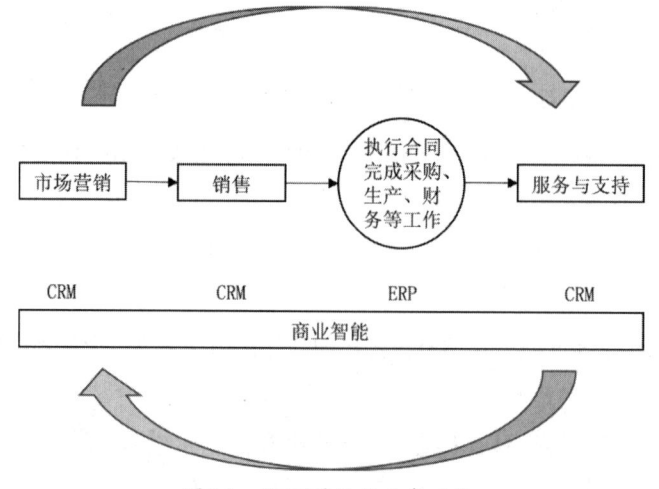

图8.3　CRM系统的业务功能

3. 数据库

一个富有逻辑的客户信息数据库是 CRM 系统的重要组成部分，是企业前台各部门进行各种业务活动的基础。从某种角度上讲，它甚至比各种业务功能更为重要。其重要作用体现在：帮助企业根据客户生命周期价值来区分各类现有客户；帮助企业准确找到目标客户群；帮助企业在最合适的时机以最合适的产品满足客户需求，降低成本，提高效率；帮助企业结合最新信息制定出新策略，塑造客户忠诚。运用数据库这一强大的工具，可以与客户进行高效的、可衡量的、双向的沟通，真正体现了以客户为导向的管理思想；可以与客户维持长久的甚至是终身的关系，保持和提升企业短期和长期的利润。可以这样说，数据库是 CRM 管理思想和信息技术的有机结合。

一个高质量的数据库包含的数据应当能全面、准确、详尽和及时地反映客户、市场及销售信息。数据可以按照市场营销、销售、服务与支持部门的不同用途分成三类：客户数据、销售数据、服务数据。客户数据包括客户的基本信息、联系人信息、相关业务信息和客户分类信息等，还包括潜在客户、合伙伙伴和代理商的信息等。销售数据主要包括销售过程中相关业务的跟踪情况，如与客户的所有联系活动、客户询价和相应报价、每笔业务的竞争对手以及销售订单的有关信息等。服务数据可放在同一个数据库中实现信息共享，以提高企业前台业务的运作效率和工作质量。目前，飞速发展的数据仓库技术如 OLAP（Online Analytical Processing，联机分析处理）数据挖掘等，能按照企业管理的需要对数据源进行再加工，为企业提供了强大的数据分析工具和手段。

4. 技术功能

CRM 系统除了上述三个组成部分外，还需要众多特定技术功能的支持，主要涵盖 6 个方面的能力：信息分析能力、互动渠道的集成能力、支持网络应用的能力、建设集中统一的客户数据库的能力、工作流的集成能力、与其他应用系统（如 ERP、SCM）整合的能力。技术功能的重点体现在系统的整合能力上。

8.3　CRM 系统的功能划分

CRM 系统中，企业之间的业务差别比较大，功能侧重点有所不同，但都包含基本的功能模块。一般的 CRM 系统均具有销售、市场营销、服务支持、数据处理等功能模块，如表 8.1 所示。

表 8.1　CRM 的功能模块

功能模块	子模块	主要功能
销售	现场销售、移动销售	使用者是那些在企业外部从事销售的人员。他们通过远程登录或者互联网等方式，上传自己的销售进展情况，并从企业得到最新的产品、销售、库存信息，完成销售机会跟踪、产品配置、定价、报价、订单销售工作

续表

功能模块	子模块	主要功能
销售	常规销售	服务对象是办公地点在企业内部的销售人员,他们使用系统完成销售机会跟踪、产品配置、定价、报价、订单销售工作
	合作伙伴管理、渠道管理	集中管理企业的各种合作伙伴,比如代理商、批发商、零售商等
	自主销售	使客户可以通过网络、电话等完成产品的购买
市场营销	市场活动管理	市场活动的设计和执行监控工具,通常的做法是把市场活动分为几个阶段,每个阶段设定相应的目标,使市场活动的效果比较明确和容易衡量
	内容管理	又称营销百科全书、知识库等,包含丰富的产品信息、市场信息、竞争对手信息、各种媒体信息等,为市场活动提供帮助,其他模块(比如销售、服务支持)也可以从中受益
服务支持	来话管理	记录或者跟踪处理来自外部的呼叫请求,某些业务转移到其他功能模块处理
	基于互联网的服务支持	互联网作为一种双向的、互动的媒体被越来越多的企业用来作为和外部联系、交流的纽带,因此互联网也就成为为客户提供服务的重要途径,其所提供的服务手段有:客户自助服务,客户通过 E-mail 提出服务请求,在线服务支持(在线文字支持、在线语音支持、在线视频支持)
	联系中心	企业和外部的联系通道,包括各种各样的联系手段,比如呼叫中心、传真、E-mail、网页等。不同的呼叫请求转交不同的功能模块和部门人员处理。这是一个公共模块,为几乎所有模块服务
	现场服务	现场服务支持任务分派,以及为现场服务人员的服务提供支持,比如提供产品、客户信息等
数据处理	数据过滤	一个数据整理工具,从大量的销售、市场反馈、客户反馈意见等数据中整理出对企业有用的数据
	数据分析	商务智能的一部分,提供灵活的查询手段,通过来自销售、市场汇总数据的各种视图和分析图表,为企业决策提供帮助

另外,几乎所有的 CRM 系统都提供客户管理、联系人管理和日程管理功能。客户管理和联系人管理是客户和联系人的档案管理,里面集中显示各个部门收集的关于该客户和联系人的信息,包括该客户的购买记录、合同情况、联系人的个人情况、爱好、联系记录等。日程管理用于日程安排、约会和提示等。

8.3.1 销售管理子系统

在 CRM 系统中,销售管理主要是对商业机遇、销售渠道等进行管理。该模块将企业所有的销售环节结合起来,形成统一的整体。销售管理模块有助于缩短企业销售周期,提高销售的成功率,同时还能为销售人员提供包括企业动态、客户、产品、价格和竞争对手信息等在内的大量最新信息。

销售管理子系统可以快速获取和管理日常销售信息,从机会受理、对联系人的跟踪,到预测和查看最新的渠道信息,能够为提高销售人员工作效率提供流畅、直观的工作流功能,同时也保证了每个客户和每个销售经理的销售小组成员能进行充分的沟通。另外,销售经理也能有效地协调和监督整个销售过程,从而保证销售取得最大的成功。

1. 销售管理子系统的功能结构

销售管理子系统的功能结构如图 8.4 所示。

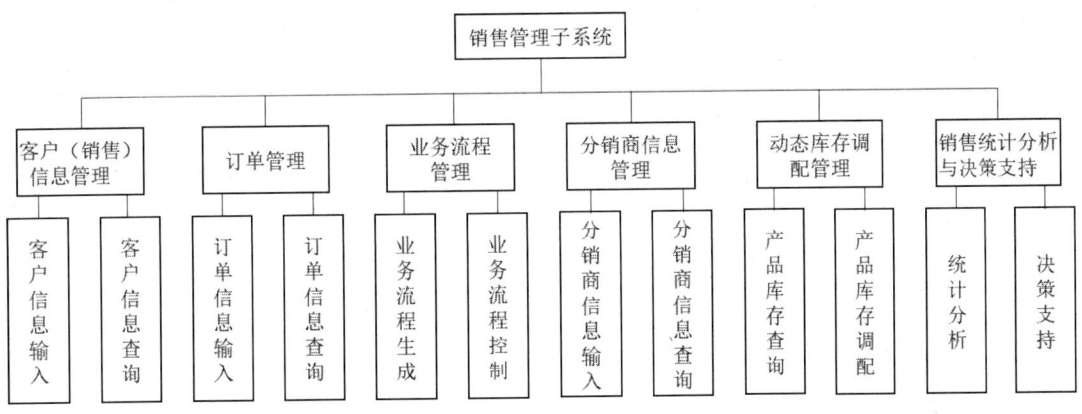

图8.4 销售管理子系统的功能结构

销售管理子系统一般包含客户(销售)信息管理、订单管理、业务流程管理、分销商信息管理、动态库存调配管理、销售统计分析与决策支持等功能模块。

(1)客户(销售)信息管理模块负责收集客户(销售)的相关资料,帮助用户准确把握客户的情况,提高销售效率与质量。

(2)订单管理模块可以处理客户订单,执行报价、订单创建、联系与账户管理等业务,并提供对订单的全方位查询。

(3)业务流程管理模块通过在各业务部门间按照业务规则传递相关数据和信息,帮助用户管理其销售运作,保证销售订单的顺利完成。

(4)分销商信息管理模块、动态库存调配管理模块能为用户提供各种相关功能,支持销售活动。

(5)销售统计分析与决策支持模块通过对销售数据的多方面统计、查询,提供用户所需的信息,为决策提供帮助。

2. 销售自动化

销售自动化（Sales Force Automation，SFA）是销售管理子系统的重要组成部分。销售自动化以自动化方法替代原有的销售过程，这个自动化方法即信息技术。强大的销售能力是企业获得收益的关键。在过去一段时间内，网上销售几乎是商界最热门的话题之一，CRM 系统的应用，将通过企业业务流程的重构，增强企业的销售能力，同时实现销售自动化，提升销售水平。

3. 销售自动化的主要功能

销售自动化适应了在激烈的市场竞争中销售机构提高本身管理水平的要求，可以帮助企业获得竞争优势。一般而言，它可以帮助销售部门和人员高质量地完成日程安排、联系人和客户管理、销售机会和潜在客户管理、销售预测、建议书制作与提交、定价与折扣、销售地域分配和管理以及报销报告制作等工作。按照最常见的分类方法，销售自动化的主要功能集中体现在联系人管理、销售预测和机会管理这三个方面。

（1）联系人管理功能。联系人管理功能是指 SFA 系统可以通过整合 Web 等多种渠道以及来自普通应用办公程序的客户资料，达到完善客户接触资料的管理和使用功能。

（2）销售预测功能。销售预测功能可以帮助销售部门和人员跟踪产品、客户、销售定额及其前景，管理销售机会，在现有销售基础上分析销售工作情况和预测未来收入。

（3）机会管理功能。机会管理功能是指收集潜在客户需求和联络资料的数据库应用系统及"市场百科全书"，能够跟踪计划的发展，为销售经理和其他销售人员及时提供反馈意见，从而制定出实现交易的策略，进而使销售过程有序化。

8.3.2 市场营销管理子系统

1. 市场营销管理

根据调查，市场专业人员会将 80%的时间花费在开展市场活动和制定程序上，而花在制定策略、规划和分析上的时间只有 20%。随着互联网等新兴市场营销渠道的出现，及其与电话推销和传统的直邮方式同步使用，市场营销活动的实施和效果跟踪已越来越复杂和耗费时间。

市场营销管理子系统对客户和市场信息进行全面的分析，从而对市场进行细分，策划高质量的市场活动，指导销售队伍更有效地工作。市场营销管理子系统使市场营销专业人员能够对直接市场营销活动的有效性加以计划、执行、监控和分析。营销管理子系统还为销售、服务和呼叫中心等提供关键性的信息。

市场营销管理子系统是 CRM 系统的核心组成部分之一，负责市场营销的人员可以利用这一模块在不断变化的竞争环境中系统地、科学地、更加有效地管理市场营销方案。它的特点在于对所有和市场营销相关的信息进行综合管理和同步运用。

市场营销管理子系统的功能结构如图 8.5 所示。

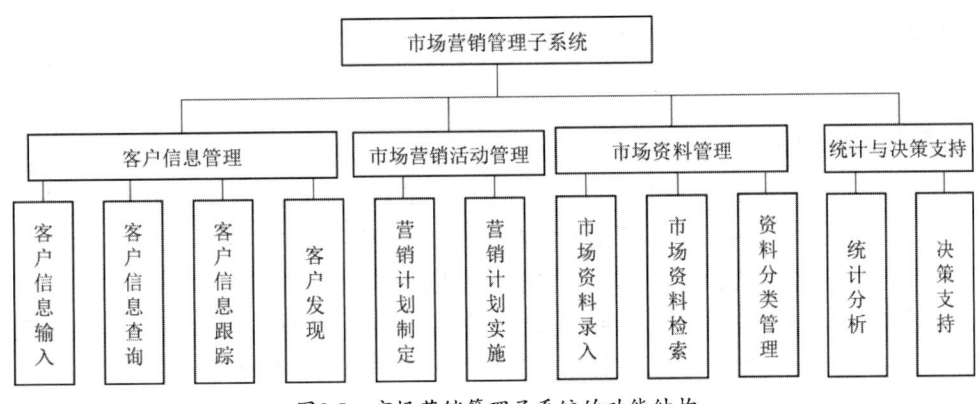

图8.5 市场营销管理子系统的功能结构

2. 营销自动化

营销自动化（Marketing Automation，MA），也称作技术辅助式营销，是营销管理子系统中的重要组成部分，其着眼点在于通过设计、执行和评估市场营销行动和相关活动的全面框架，赋予市场营销人员更强的工作能力，使其能够直接对市场营销活动的有效性加以计划、执行、监督和分析，并可以应用工作流技术，优化营销流程，使一些共同的任务和过程自动化。

营销自动化的最终目标是，企业可以在活动、渠道和媒体间合理分配营销资源，以达到收入最大化和客户关系最优化的效果。营销自动化是通过营销计划的编制、执行和结果分析，清单的产生和管理，预算和预测，资料管理，建立产品定价和竞争等信息的知识库，提供营销的百科全书，进行客户跟踪、分销管理，以达到营销活动的设计目的。

营销自动化主要实现以下功能：

（1）增强市场营销部门执行和管理通过多种渠道进行的多个市场营销活动的能力，包括基于 Web 和基于传统市场的营销宣传、策划和执行。

（2）对活动的有效性进行实时跟踪，并对活动效果做出分析和评估。

（3）帮助市场营销机构管理、调度其市场营销材料等库存宣传品及其他物资。

（4）实现对有需求客户的跟踪、分配和管理。

（5）把市场营销集成到销售和服务项目中，以实现个性化营销。

8.3.3 服务管理子系统

一个成功的企业不但需要向客户提供高质量的产品，更重要的是对销售的产品提供一流的服务。在 CRM 系统中，服务管理模块记录客户服务信息，处理客户所购买的产品或服务的售后服务以及跟踪客户的产品或服务状况，从而使企业留住客户，抓住对客户进行附加销售的机会。

服务管理子系统为客户服务人员提供易于使用的工具和有用的信息，以提高客户服务人员提供服务的效率和能力。服务管理模块包括客户服务与支持、关系管理和客户服务自动化等多个方面。

1. 客户服务与支持

客户服务与支持（Customer Service and Support，CSS）是 CRM 系统中的重要部分，在很多情况下，客户的保持和客户利润贡献度的提高依赖于提供优质的服务。客户只需轻点鼠标或打电话就可以转向企业的竞争者，因此客户服务和支持对很多企业是极为重要的。在 CRM 系统中，客户服务与支持主要是通过呼叫中心和互联网实现的，有助于产生客户的纵向及横向销售业务。CRM 系统中的客户服务与支持可以帮助企业以更快的速度和更高的效率来满足客户的独特需求，保持和发展客户关系。它可以向服务人员提供完备的工具和信息，并支持多种与客户的交流方式，可以帮助客户服务人员更快捷、更准确地处理用户的服务咨询，同时能根据客户的背景资料和可能的需求向客户提供合适的产品或服务建议。客户服务与支持部门是企业业务操作流程中与客户联系最频繁的部门，对保持客户满意度至关重要。

客户服务与支持管理子系统的功能结构如图 8.6 所示。

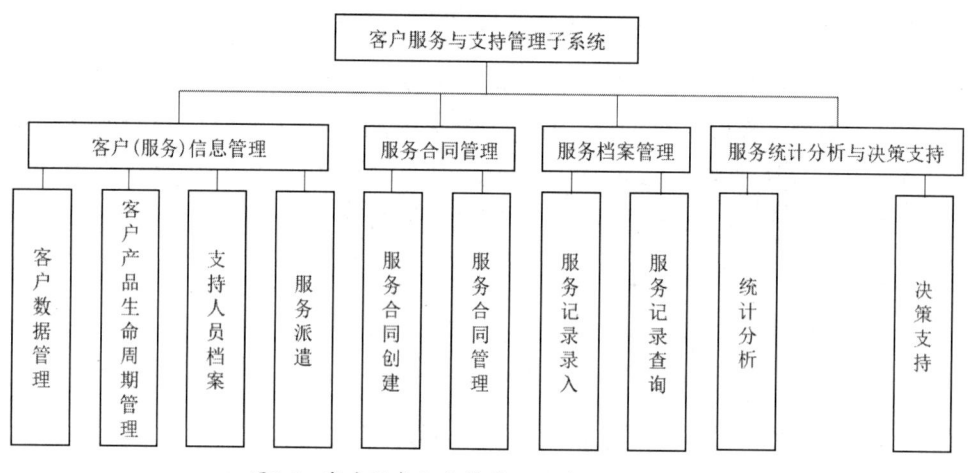

图8.6 客户服务与支持管理子系统的功能结构

（1）客户（服务）信息管理模块收集与客户服务相关的资料，可完成包括客户数据管理、客户产品生命周期管理、支持人员档案、服务派遣和地域管理等业务功能。此外，通过与 ERP 系统的集成，它还可为后勤、部件管理、采购、质量管理、成本跟踪、财务管理等提供必需的数据。

（2）服务合同管理模块通过帮助用户创建和管理客户服务合同，确保客户能获得应有的服务水平和质量，跟踪保修单和合同的续订日期，通过事件功能表（即根据合同制定的定期客户拜访、产品维护日程）安排预防性的维护行动。

（3）服务档案管理模块使用户能够对客户的问题及解决方案进行日志式的记录，包括联系人管理、动态客户档案、任务管理以及解决关键问题的方案等，从而提高检索问题答案或提供解决方案的响应速度和质量。

（4）服务统计分析与决策支持模块能对客户服务资料进行分析和处理，使企业既能根据客户的特点提供服务，又能对客户的价值进行评估，从而使客户的满意度和企业盈利都能得到提高。

2. 关系管理

关系管理主要是合作伙伴关系管理。关系管理的主要功能包括：对企业数据库信息设置存取权限，合作伙伴通过标准的 Web 浏览器以密码登录的方式对客户信息、企业数据库、与渠道活动相关的文档进行存取和更新；合作伙伴可以方便地存取与销售渠道有关的销售机会信息；合作伙伴通过浏览器使用销售管理工具和销售机会管理工具，如销售方法、销售流程等，并使用预定义的和自定义的报告。

3. 客户服务自动化

实现客户服务自动化，对提高客户满意度、维护客户关系至关重要。客户服务自动化可以帮助企业以更快的速度和更高的效率来满足客户的售后服务要求，以进一步保持和发展客户关系。

客户服务自动化包括以下功能模块：

（1）客户自助服务。当客户使用产品遇到困难或产品发生使用问题和质量问题时，客户可通过 Web 自助服务（如 FAQ、BBS 等方式）自主解决问题。

（2）客户服务流程自动化。若客户不能自行解决产品问题，可通过各种渠道联系售后服务部门。从收到客户的服务请求开始，可以自动派遣服务人员，分配服务任务，全程跟踪服务任务的执行过程，保证服务的及时性和质量。引入"一对一个性化服务"理念，能自动把客户信息、客户所买产品的交易信息等资料及时传递给相关服务人员，实现维修和服务报告的辅助生成。

（3）客户关怀管理。实现客户维修、服务等过程中的客户关怀，支持节日关怀，定期提醒客户进行预防性维修和保养，提高客户对服务的满意度。

（4）客户反馈管理。及时对服务反馈信息进行收集、整理和分析，及时响应客户反馈。

（5）建立知识库。建立标准的服务知识库，帮助所有的服务人员及时共享服务经验，帮助维修人员进行故障诊断、技术支持，迅速提升新员工的服务水准，实现了相关服务案例分析、服务问题的自动分析诊断，以及用于在巨大的维修和售后服务知识库中进行查找的强有力的检索功能。

（6）收集信息。及时收集服务过程中的客户需求信息和潜在购买意向，及时提交给销售、营销部门，由相关人员进行跟踪、管理。

（7）提供接口。提供与客户服务中心（呼叫中心）的接口，支持采用不同的方式与客户进行交流，包括互联网、E-mail、传真、IVR（交互式语音应答）、电话等。

8.3.4 现场服务管理子系统

1. 现场服务

现场服务是指对需要到现场提供服务的客户需求的服务管理。现场服务管理是指通过配置、派遣、调度和管理服务部门、人员和相关资源,完成高效率的服务与支持活动的管理活动。现场服务具有在生产部门和产品服务支持部门之间提供密切联系的功能,是 CRM 系统的一个重要组成部分。CRM 系统中的现场服务管理子系统正从单一的后台功能转向紧密整合后台和前台服务系统的企业系统。现场服务管理的应用必须与联络中心与呼叫管理系统整合起来,同时在一定程度上与销售与营销系统整合起来,其主要功能有任务建立、服务委派、服务记录、任务核销、服务统计等。

(1) 任务建立。根据座席服务移交的客户服务请求建立现场服务任务,确定任务完成时间和任务要求。

(2) 服务委派。根据现场服务任务安排执行人员,提供派工单、员工服务负荷统计及任务日程等功能。

(3) 服务记录。记录现场服务任务的执行情况、问题解决情况和客户意见。

(4) 任务核销。检查现场服务任务完成情况,核销服务任务。

(5) 服务统计。服务经理可通过服务统计功能统计分析员工服务工作状况、客户服务请求状况以及服务请求波动规律,以便合理调配服务资源。

2. 服务管理模式

根据服务方式的不同可以将服务管理分为两种模式。

(1) 现场服务管理模式

这是现场服务管理子系统的核心,可执行 CTI 响应功能,包含现场服务派遣、现有客户管理、客户生命周期管理、服务技师档案和地域管理等功能。此外,它与其他应用系统的集成可提供管理和运行期间服务机构所必需的功能,如集中式的人员培训、订单管理、后勤管理、零部件计划和管理、质量管理、成本跟踪等。

(2) 移动现场服务管理模式

这种模式可以支持移动计算、网络计算和数据信息同步,利用无线设备可使在现场的服务技师或工程师实时访问服务、产品和客户信息;同时,企业 CSS 部门还能通过此系统与他们保持联系。

8.3.5 呼叫中心管理子系统

1. 呼叫中心

呼叫中心(Call Center)子系统将销售管理与服务管理模块的功能集成起来,使一般的业务人员能够向客户提供实时的销售和服务支持。呼叫中心是基于 CTI 技术的一种新的综合信息服务系统，由早期的仅以电话和接话人员组成的电话服务热线发展而来。

呼叫中心将计算机技术和电信技术融为一体，使客户能与那些对产品性能、价格行情和指南信息十分了解的服务座席进行对话。呼叫中心系统自动将客户电话接到服务座席，同时在座席计算机屏幕上显示呼叫人查询的相关信息。呼叫中心涉及呼叫处理、智能路由、自动语音提示、呼叫数据集成、网络及数据库等多种先进技术。呼叫中心也依靠人作为中介，沟通数据库信息并对电话另一端的客户进行服务。尽管从技术上来说，可以建立无须人员介入的呼叫中心，但一般情况下呼叫中心总是有一定量的人工服务坐席。电话作为首选的通信媒体，常常是企业与客户之间的第一接触点。

2. 呼叫中心的主要功能

呼叫中心的主要功能包括：呼入呼出电话处理，互联网回呼，呼叫中心运行管理，软电话，电话转移，路由选择，报表统计分析，管理分析工具，通过传真、电话、电子邮件、打印机等自动进行资料发送，呼入呼出调度管理。

呼叫中心作为企业与客户沟通的重要渠道之一，也是为数众多的客户乐于使用的渠道，在这一交互界面集中了大量客户的基本信息、需求信息和业务活动信息，据此提升业务处理能力，是呼叫中心渠道的主要任务。正是因为呼叫中心的这种特点，全球 CRM 系统表现最佳的应用案例中，无论是产品还是解决方案，都将呼叫中心纳入 CRM 系统的整体战略框架中，将其作为 CRM 系统不可或缺的组成部分。

案例

51Talk 成立于 2011 年，总部位于北京，在海内外设有分公司。在短时间内就完成了 C 轮融资，是国内有名的在线教育平台。随着发展壮大，51Talk 公司需要：（1）通过呼叫中心将公司的推广、营销、售后几个环节打通，使市场效果、销售过程与售后服务透明化。（2）北京、上海两地的呼叫中心迅速从几十个座席扩容到几百个座席。

天润融通公司在为 51talk 建立呼叫中心时有如下应用亮点。

1. 与 CRM 系统深度融合

51Talk 有自己独有的 CRM 系统，与天润融通呼叫中心系统整合之后，实现了智能路由老客户直转承接入，为客户提供更全面的服务。

2. 扩容迅速

根据业务增长合理增减座席，即开即用，为 51Talk 公司提供高效服务。

3. 通信资源

整合多家运营商线路资源，为 51Talk 提供成本、品质最优的组合方案。

8.4 CRM 系统的分类

8.4.1 按目标企业分类

不同的企业,甚至同一企业集团内的不同区域机构或不同部门都有不同的商务特点,它们的信息技术基础设施也可能不同,对 CRM 的具体功能需求以及 CRM 的实施策略也会有所不同。因此,以目标企业的行业特征和企业规模为标准划分不同类型的 CRM 系统,也是种流行的分类方式。实际上,不同行业、不同规模的目标企业对 CRM 系统的具体功能需求可能存在极大的差异性。

一般情况下,可以采用基于不同应用模型的标准产品来满足不同规模和不同行业性质的目标企业的需求。CRM 系统按目标企业可以分成以下三类。

(1)企业级 CRM:以全球企业或者大型企业为目标客户;
(2)中端 CRM:以 200 人以上跨地区经营的企业为目标客户;
(3)中小型企业 CRM:以 200 人以下的中小型企业为目标客户。

在 CRM 的具体实践中,大型企业与中小型企业相比有很大的不同。首先,在信息处理和使用方面,大型企业的业务规模远大于中小型企业,需要处理的信息量巨大;其次,大型企业在业务方面有明确的分工,各业务系统有自己跨地区的垂直机构,形成了纵横交错、庞大而复杂的组织体系,导致不同业务、不同部门、不同地区间的信息交流与共享存在困难;最后,在业务动作方面,大型企业强调严格的流程管理,中小型企业组织机构轻型简洁,业务分工不一定很明确,业务动作流程需要更多弹性。正是因为这些不同,大型企业需要更复杂和庞大的 CRM 系统,中小型企业的 CRM 系统需要有更好的可伸缩性。

此外,在企业的 CRM 应用中,越是高端应用,行业差异性越大,行业化的要求也越高,因而出现了一些专门针对特定行业的解决方案,如针对银行、保险、电信、制药、政府、大型零售等行业的 CRM 应用解决方案。

8.4.2 按应用集成度分类

CRM 系统涵盖整个客户生命周期,涉及众多的企业业务流程,如销售、支持服务、市场营销、订单管理等,既要完成单一业务的处理,又要实现不同业务间的协同。同时,CRM 系统作为企业信息化整体应用中的一个组成部分,还要充分考虑与企业其他应用系统(如 ERP、SCM、PDM 等,乃至一些小型应用系统,如财务系统、进销存系统)的集成应用问题。但是,不同企业或同一企业的不同发展阶段,对 CRM 整合应用和企业集成应用有不同的要求,因此,可以根据集成度将 CRM 分成 CRM 专项应用、CRM 整合应用和 CRM 企业集成应用。

(1)CRM 专项应用:CRM 的专项应用主要是针对 CRM 的一些特定功能模块的应用。呼叫中心是 CRM 专项应用的典型代表，销售自动化是以销售人员为主导的企业的 CRM 专项应用。另外，还有一些诸如数据库营销、目录营销等方面的专项应用。对于中国企业特别是中小型企业而言，由于资金、技术等方面的限制，在 CRM 系统的应用初期，可以根据企业实际需求，在总体规划的基础上（选择适当的解决方案，特别是业务组件的扩展和基础信息的共享），先实施一些专项应用，再逐步实现 CRM 的整体解决方案。这是一条中小型企业实施 CRM 的现实发展之路。到目前为止，CRM 专项应用仍然具有广阔的市场，并处于不断的发展之中，代表厂商有 AVAYA（Call Center）、Goldmine（SFA）、合力金软等。

（2）CRM 整合应用：CRM 涵盖整个客户生命周期，涉及众多的企业业务流程与环节。因此，对于很多企业而言，必须实现多渠道、多部门、多业务的整合与协同，实现信息的同步与共享，这就是 CRM 的整合应用。CRM 业务的完整性和软件产品的组件化及可扩展性是衡量 CRM 整合应用能力的关键。这方面的代表厂商有 Oracle（企业级 CRM）、Pivota（中端 CRM）、用友（中小型企业 CRM）。

（3）CRM 企业集成应用：CRM 需要实现与企业其他应用系统的集成应用，才能真正实现"以客户为中心"的经营战略。这是 CRM 集成应用的方式，例如 CRM 与 ERR、SCM 以及群件产品（如 Exchange/MS-Outlook 和 LotusNotes 等）的集成应用。这方面的代表厂商有 Oracle 和 SAP 等。CRM 与 ERP 和 SCM 的整合是重要的 CRM 企业集成应用。集成可以基于企业应用集成（EAI）的体系结构，将 CRM、ERP、SCM 及其他企业内部或企业间的多个应用系统集成到一个虚拟的统一的应用系统中，实现系统的无缝集成，彻底消除信息隔离。

8.4.3 按功能分类

虽然所有 CRM 系统都应该是"以客户为中心"的整体解决方案，但不同的 CRM 系统提供功能的侧重点是不同的。美国商调机构 MetaGroup 按照功能的不同，把 CRM 系统分为运营型 CRM、协作型 CRM 和分析型 CRM。

（1）运营型 CRM：运营型 CRM 建立在这样一种概念之上——客户管理对企业的成功很重要，它要求所有业务流程流线化和自动化，包括多渠道"客户接触点"的整合、前后台运营之间的无缝连接与整合。运营型 CRM 应用于企业中直接面对客户的部门，使这些部门在日常工作中能够共享客户资源，减少信息流动滞留点，形成一个虚拟的综合部门，从而实现企业业务流程的自动化和高效率，全面提高企业同客户的交流能力。运营型 CRM 一般由销售自动化、营销自动化、客户服务与支持三个基本功能组成，以实现销售、营销和客户服务的自动化。

（2）协作型 CRM：协作型 CRM 让企业客户服务人员与客户能够协同工作，全方位为客户提供交互式服务和收集客户信息，实现多种客户交流渠道（如呼叫中心、面对面交流、互联网、传真）的集成，使各种渠道信息相互流通，保证企业和客户都能得到完整、准确、一致的信息。协作型 CRM 由呼叫中心、传真/信件、电子邮件、网上互动交流和现场接触等几部分服务组成，实现企业与客户的全面交流。

（3）分析型 CRM：分析型 CRM 侧重在分析客户数据上，能够使企业更为清晰地了解客户类型，把握不同类型客户的准确需求，从而能够最大潜力地挖掘客户以及更好地为客户服务。分析型 CRM 主要利用在线分析处理和数据挖掘等计算机技术，将交易操作所累积的大量数据过滤并抽取到数据仓库中，然后基于统一的客户数据视图，利用在线分析处理和数据挖掘技术建立各种分析模型，最后通过可视化的方式展示出来，提供既定量又定性的即时分析，将分析结果反馈给管理层和其他相关部门，为企业经营决策提供支持。

运营型 CRM、协作型 CRM 和分析型 CRM 的功能定位如图 8.7 所示。不过实际上，各种 CRM 系统产品并不能严格区分为运营型、分析型或协作型，而是多种 CRM 应用贯穿其中。

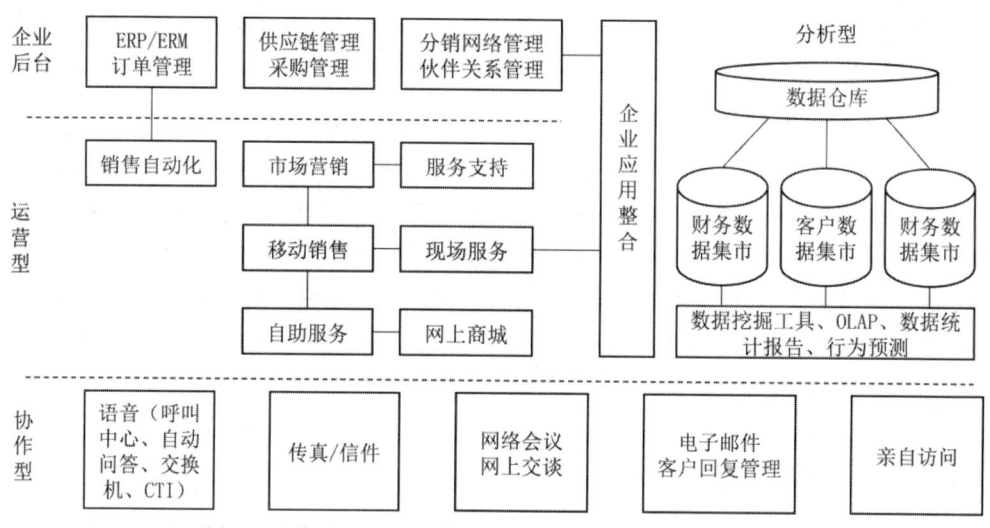

图8.7 运营型CRM、协作型CRM和分析型CRM的功能定位

8.5 基于云平台的 CRM 系统

随着市场的日益成熟，各行各业都已逐步过渡到白热化阶段，除了强化产品、扩大营销，如何高效利用已有资源、最大限度节约成本，已成为企业迫切需要解决的问题。据统计，由于现代 IT 技术的迅猛发展，一般企业三年就需要更换新的硬件设备，同时还需要增设、培训信息管理人员，以此来满足企业信息化业务系统的安全及企业业务增长的需要，IT 成本增高与降低成本需求已成为不可调和的矛盾。云计算（Cloud Computing）为解决这一问题提供了新的思路，它通过定期付费实现基于互联网的相关服务的增加、使用和交付，其中的服务包括基础设施即服务（IaaS）、平台即服务（PaaS）和软件即服务（SaaS），企业无须购买软硬件设备及配备信息管理人员，一切都交给云端的服务企业来完成，从而可以更专注于自身的业务，同时也降低了成本。

8.5.1 云平台技术概述

云平台是依靠云计算而兴起的，云计算技术是基于互联网相关服务的增加、使用和交付模式，它将计算能力虚拟化和资源化，使计算能力成为像电力、水一样可供计价和按需分配使用的资源。在传统的项目部署和运行中，通常需要购买或者租用一台或者多台服务器，云计算则推翻了这种模式，它同样使用大规模的计算集群，但是可以将计算和存储能力按需分配，按量计价，这极大降低了项目的运行和维护成本。同时，云计算对异常处理的强大能力使得系统运行更加可靠。

云服务可以分为三类：软件即服务（SaaS）、附着服务、云平台。云平台提供基于云计算的服务，它可以使开发人员在平台上创建、部署和运行软件系统，所以云平台面向的是开发人员，而不是系统用户。满足开发需要的云平台一般包含以下特性。

（1）操作系统：Windows 或 Linux 系统是开发、部署和运行系统的最基本部分。

（2）存储：系统需要将数据存储在云平台上，因此云平台需要支持数据存储的功能，一般包括对通用数据库（如 SQL Server、MySQL）的支持。

（3）身份管理：身份管理是云平台的重要部分，只有拥有相关权限的用户才能在云平台上对系统进行相关操作，这可以保障系统运行在云端的安全性。

（4）套装软件：许多商业软件和现成的应用产品已经可以在云平台上应用了，这些软件和应用产品可以提高系统的部署和调试效率。

8.5.2 基于云平台的 CRM 系统与传统 CRM 系统的对比

CRM 系统是企业内部管理客户关系的系统，传统 CRM 系统大部分运行于企业内部网络，离开企业内部网络后，用户无法使用外部网络访问。传统 CRM 系统的功能没有考虑到用户对系统的使用需求，交互性不高，对用户使用不友好，使得用户对系统有抵触心理，同时系统的功能设置也不完善。传统 CRM 系统需要企业购买硬件，也需要招募专门的运维人员进行维护。

云平台的出现恰恰可以弥补传统 CRM 系统的缺陷：在一个开放、安全的平台上进行部署，同时可以保证系统运行的稳定性。使用云平台开发和部署 CRM 系统有如下优点：

（1）节约成本。在中小型企业中，购买硬件和招募专门的运维人员部署和维护 CRM 系统是十分耗费财力、人力的，云平台提供了一个可以部署 CRM 系统的环境，同时它的计费是弹性的按量计费，满足了企业节约成本的需求，同时也避免了硬件多余性能的浪费。

（2）移动办公。在互联网极度发达的今天，企业员工不单单在工位上进行业务处理，还必须进行大量的外出谈判和营销，传统 CRM 系统只运行在企业内部架设的局域网中，用户在外部网络中连接内部网络需要 VPN 等工具，这使得业务处理效率变得低下。云平台提供了一个外部网络的部署平台，它可以使员工在外部网络中轻松访问系统，使得移动办公变成可能。

（3）安全性。传统 CRM 系统部署在企业内部的原因一部分是出于对系统安全性的顾虑。

避免外部网络用户接触，可以在一定程度上避免系统遭到攻击，但是在互联网发达的今天，这种做法是十分落后的，它使用户感到系统的不友好，也不能满足移动办公的需要。云平台提供了一个安全的运行环境。不同的云平台有着不同的安全解决方案，例如，在 Microsoft Azure 中，云平台提供了强大的用户权限控制和系统安全备份控制，这可以满足 CRM 系统的安全性需求。

（4）稳定性。稳定性是 CRM 系统非常重要的部分，系统出错或崩溃可能导致关键的营销和谈判失败。在传统 CRM 系统中，不只是企业的硬件环境容易出现问题，企业内部的网络也容易出现阻塞的现象。云平台则满足了 CRM 系统的稳定性需求，云平台的运行和维护由众多的服务器和运维人员负责，提供了强大的异常处理方案，可以对系统异常进行迅速有效的处理，这些措施保障了系统的正常运行。

本章小结

1. CRM 系统以对客户数据的管理为核心，客户数据库是企业重要的数据中心，记录企业在市场营销与销售过程中和客户发生的各种交互行为，以及各类有关活动的状态，提供各类数据模型，为后期的分析和决策提供支持。通俗地说，CRM 系统就是利用软件、硬件和网络技术，为企业建立的一个客户信息收集、管理、分析、利用的信息系统。
2. CRM 系统是以最新的信息技术为手段，运用先进的管理思想，帮助企业最终实现以客户为中心的管理模式。一个完整的 CRM 系统应当具有综合性、集成性、智能化和精简性、高技术等特征。
3. CRM 的主要过程由市场营销、销售和客户服务这三部分业务流程的信息化构成。首先，在市场营销过程中，通过对客户和市场的细分，确定目标客户群，制定营销战略和营销计划。然后，销售的任务是执行营销计划，包括发现潜在客户、信息沟通、推销产品或服务、收集信息等，目标是签订销售订单，实现销售额。最后，在客户购买了企业提供的产品或服务后，还需对客户提供进一步的服务与支持，这主要是客户服务部门的工作。产品开发和质量管理分别处于 CRM 过程的两端，由 CRM 提供必要的支持。
4. 根据 CRM 系统的一般模型，可以将 CRM 系统划分为接触活动、业务功能及数据库三个组成部分。
5. CRM 系统中，企业之间的业务差别比较大，功能侧重点有所不同，但都包含基本的功能模块。一般的 CRM 系统均具有销售、市场营销、服务支持、数据处理等功能模块。
6. CRM 系统包括销售管理、市场营销管理、服务管理、现场服务管理、呼叫中心管理等子系统。
7. CRM 系统按目标企业可分为：（1）企业级 CRM，以全球企业或者大型企业为目标客户；（2）中端 CRM，以 200 人以上跨地区经营的企业为目标客户；（3）中小型企业 CRM，以 200 人以下的中小型企业为目标客户。CRM 系统按应用集成度可分为 CRM 专项应用、CRM 整合应用和 CRM 企业集成应用。CRM 系统按功能可分为运营型 CRM、协作型 CRM 和分析型 CRM。
8. 云服务可以分为三类：软件即服务（SaaS）、附着服务、云平台。云平台提供基于云计算的服务，它可以使开发人员在平台上创建、部署和运行软件系统，所以云平台面向的是开发人员，而不是系统用户。
9. 与传统 CRM 系统相比，基于云平台的 CRM 系统具有节约成本、能够移动办公、安全性和稳定性更高的优势。

思考题

1. CRM 系统应具有哪些主要特征？
2. 简述 CRM 应用系统的基本结构（一般模型）。
3. CRM 系统的常见功能模块有哪些？主要功能是什么？
4. CRM 按应用集成度可划分为哪几类？请对这几类 CRM 系统进行比较。
5. 除了应用集成度，CRM 系统还可以按照什么进行分类？请描述具体内容。
6. 比较运营型 CRM、协作型 CRM 和分析型 CRM。
7. 简述云服务的概念。
8. 试比较基于云平台的 CRM 系统和传统 CRM 系统。
9. 在互联网上找一些试用版本的 CRM 系统，分析其功能和结构特点。
10. 如何发挥 CRM 的功能？
11. 为什么说 CRM 是一个复杂的系统？

第 9 章
数据仓库技术

学习目标

- 掌握客户数据的概念与分类
- 了解数据仓库的产生背景
- 掌握数据仓库的定义、特征以及与传统数据库的区别
- 了解数据仓库的体系结构
- 掌握数据仓库中的两个核心概念：数据集市和元数据

开篇案例 1：客户数据的作用

美国沃尔玛公司对大量有婴儿的三口之家的周末家庭采购记录进行数据分析后发现：啤酒和纸尿裤的购买时间和购买主体有着惊人的相仿性。众所周知，啤酒是成年男子的杯中物，纸尿裤则是婴儿的必需品，喝啤酒的人是不穿纸尿裤的，穿纸尿裤的婴儿也不可能喝啤酒，二者看似难以发生商业联系。客户资料的细化分析揭穿了其中的秘密：原来，美国大量的年轻母亲都喜欢在周末放松一下身心，而孩子的纸尿裤却需要在周末进行大量补充，因此购买纸尿裤的差事自然就落到了孩子父亲的肩上，而这些年轻的爸爸在超市选购纸尿裤之余，总是要顺带给自己拎上几罐啤酒。

每一个独到的商业发现都有其对应的市场价值。这家美国公司随即采取了行动，将原本分散在两层的啤酒和纸尿裤集中到了一起摆放，使那些周末才出现在超市里的年轻父亲节约了采购时间。与此同时，该公司主动向这些年轻的三口之家提供包括啤酒和纸尿裤在内的周末送货上门服务。一年后，该公司的销售额同比上涨了超过 30%。

这个例子给客户关系管理带来了启示：数据是 CRM 成功运用的基础，科学的数据分析往往会带来不可预测的商机。企业通过对数据进行初级处理完成基本业务过程，对数据进行高级处理（如数据挖掘等）辅助企业决策，促进销售，保持稳定的消费群体。所以可以说，客户数据是 CRM 的灵魂。

思考：为什么说客户数据是 CRM 的灵魂？

开篇案例2：航空运输业的 Teradata 数据仓库解决方案

在有些国家，航空市场已经完全开放，市场竞争异常激烈。利用数据仓库技术了解航空公司的业务经营状况，提高管理水平和增加业务收入，是被验证过的有效技术手段。国际航空市场上位于领先地位的航空公司都已在数据仓库的基础上进行各种面向主题的应用，如订票分析、航班规划、市场推广活动、常旅客计划、客户关系管理、飞机零备件的维护管理、收益预测和分析等。

纵观民航业的发展历程可以发现，每一个位居领先地位的国外航空公司都会用最先进的技术手段对其基础生产数据加以最充分的利用，以达到加速信息化决策和在竞争激烈的航空市场上保持赢利并争取主动的目的。目前，国外航空公司主要在以下方面依赖高质量的信息服务：

（1）订票趋势分析及航线优化。根据订票的当前信息和历史记录预估客运量，有效地进行航班调度，以实现最大的航班效益。

（2）旅客行为及喜好分析。分析旅客的旅行模式，以更好地提供机票预订、航班计划、舱位控制等服务，并进行有针对性的、高效率的市场销售。

（3）行李及货运管理。提供有效的行李及货运跟踪操作。

（4）常旅客管理。提供座位安排、餐饮、座舱提升等有针对性的服务。

（5）客户关系管理。更加准确地定位、保持和吸引高价值的旅客，建立良好持久的客户关系，以保持和增加航空公司的赢利。

（6）代理人及销售渠道管理。从订票和出票交易历史记录中发现销售额和退赔额之间的差异，从而发现中介代理人的欺诈行为。另外，通过销售渠道管理研究如何开辟新的分销渠道。

（7）市场计划。通过对机票和酒店的预订情况进行分析，可以准确地掌握市场状况，使航空公司和代理人更好地调配资源，发展和开拓市场。

（8）航空公司利润分析及收益管理。

（9）航空公司资产管理。

（10）航空燃油管理。

（11）食品供应管理。

（12）飞机备件及库存控制。更精确和更有效地储存和跟踪飞机零备件，以便在低库存和低操作费用的情况下及时将正确的零备件送到正确的地点。

（13）航班离港分析。跟踪航班飞行记录，确定航班延误的原因及改进的措施。

NCR 公司作为全球数据仓库的先驱，已经具有 16 年以上建设数据仓库的经验，在全世界为各行各业的用户成功地实施了 1000 多个数据仓库解决方案，其中包括美国航空公司、美国大陆航空公司、达美航空公司、澳大利亚 QANTAS 航空公司、SABRE Group 等世界顶级航空公司和航空公司服务商。数据库容量在 1TB 以上的大型数据仓库就有 300 多个，NCR 公司也因此成为无可争议的全球数据仓库领导者。

通过为各家世界顶级航空公司实施 Teradata 数据仓库解决方案，NCR 公司总结出一套完整的航空运输业数据仓库解决方案，该解决方案由以下几部分构成：

- NCR 航空运输业逻辑数据模型
- NCR 航空运输业咨询和专业服务
- NCR Teradata 海量并行处理关系型数据库管理系统
- NCR WorldMark 系列高度可扩展数据仓库平台

各家世界顶级航空公司均采用 Teradata 数据仓库技术及其解决方案开展业务经营活动，加速决策过程，以适应瞬息万变的市场环境，在高度竞争的环境中生存。不论这些航空公司目前的数据仓库应用水平已经达到何种高度，其发展过程大都可以分为以下阶段。

第一阶段：订票模型分析及预测

相比国内航空旅客来说，国外航空旅客大都在几个月甚至一年以前就安排好了旅行计划，并事先预订了机票。这就使得航空公司有可能通过分析旅客的历史订票数据，勾画出旅客的订票趋势和模型，即旅客出行的高峰期和低峰期分别在哪个时间段，分布在哪些航线上，旅客出行高峰期的航线上是否有足够的运力，而旅客出行低峰期那些航线上是否有过剩的运力，从而合理地、动态地、灵活地制定飞行计划、配载飞行运力。这一基本应用最典型和最成功的案例之一就是 QANTAS 航空公司数据仓库的订票模型分析及预测应用。

1997 年，QANTAS 航空公司的市场分析人员通过数据仓库分析发现：同年 3 月份和 4 月份悉尼到汉城航线的订票与历史同期相比呈明显下降趋势。决策人员经过更进一步的分析后决定，将该航线出售给别的航空公司，飞该航线的飞机改飞欧洲、美洲。后来的事实证明，这个决定避免了随后的亚洲金融危机给公司带来的损失。如果没有数据仓库，QANTAS 航空公司不可能在几个月前做出这样的决定；如果几个月后再做出同样的决定，很可能没有别的航空公司愿意接手该航线。1998 年 3 月，QANTAS 航空公司根据订票模型预测年中北京到悉尼的旅客将会大幅度增加，于是提前加飞该航线的航班，获得了巨大利润。QANTAS 利用数据仓库分析和预测亚洲地区的客流，提前对运营航线进行调整，是唯一在亚洲金融危机期间销售额和利润额增长的航空公司。

美国大陆航空公司建设数据仓库的最初目标是：能够准确地预测旅客订票状态。如果航空公司能够通过分析每个旅客的 OD（Origin Destination，起讫点，指旅客从始发地到目的地的通程旅行需求）旅行模式，勾画出一个完整的旅程路线，就能够更好地提供机票预订、航班计划、行李及货运操作，这些基础信息也可以帮助公司内部很多部门改进工作质量。"我们迫切需要通过更好地使用旅行模式信息来获得竞争优势"，大陆航空公司负责高级技术的经理 Bob Edwards 指出，"我们要按照这样一种方式来收集、整合和分析信息，以便让员工能够更好、更有效地工作，使企业收入增多和优化，最重要的是使我们的客户更加满意"。

实施数据仓库以后，大陆航空公司的收入管理部门利用数据仓库跟踪旅客的 OD 旅行路线，而原来的系统只能按航段跟踪。例如，如果一个旅客从纽约飞往洛杉矶，而中途不得不在休斯敦转机，原先的系统认为是两次航行：一次是从纽约到休斯敦，另一次是从休斯敦到洛杉矶；而在 Teradata 数据仓库中，可在这两个航段之间建立一个关联，从而帮助大陆航空公司更好地了解旅客的实际旅行模式。订票模型分析及预测是数据仓库最直接的应用，其数据可直接来自订座系统。

第二阶段：航空公司收益管理及代理人管理

进一步，航空公司加入离港业务系统中的数据可以实现数据仓库第二阶段的应用——航空公司收益管理。有了离港业务系统中真实的旅客飞行数据，航空公司就有可能在飞机起飞前就知道该航班的收益有多大，飞机上共有多少位乘客（头等舱、公务舱、经济舱各有多少位乘客），共有多少位机组人员，需要供应几顿膳食，需要补充多少吨燃油，等等。航空公司还可从旅客的订票状况大致了解和预测未来数月的收入状况。

另外，订座系统和离港系统中保留了详细的订票、出票、退票和离港交易数据。航空公司可通过分析这些详细的交易数据了解和洞察其代理人的业务行为，从而嘉奖贡献大的代理人，防止代理人的欺诈行为。

QANTAS 航空公司利用数据仓库进行承载量分析，以确定它提供了多少业务给其他航空公司，以及从其他航空公司得到了多少业务。有了这些精确的信息，QANTAS 航空公司就可以和这些合作的航空公司商定最合理的承载费用，光这一项每年就能节省大量的支出。

数据仓库也使 QANTAS 航空公司在机票订购方面有了很大的改进。以前，由于存在多个订票系统，使得它与其他航空公司之间的清算非常困难，且容易出错。把所有的订票信息集中到数据仓库后，通过比较发票与实际的订票信息，可发现许多不一致的地方。利用数据仓库中保存的详细数据，QANTAS 航空公司和其他航空公司的清算变得很容易。

美国航空公司利用 Teradata 数据仓库跟踪本公司及其他航空公司的票务销售历史数据，包括姓名、日期、时间、价格、座位号、购票地点、中介代理商等。从购票信息记录的差异中，美国航空公司发现了成本降低的原因。通过分析存储在数据仓库中的票务销售数据，美国航空公司发现了销售额与退赔额之间差异的欺骗行为。数据仓库使美国航空公司在票务销售方面每年挽回上百万美金的利润流失。

第三阶段：常旅客计划和客户关系管理

在目前瞬息万变和高度竞争的市场环境中，航空公司越来越深切地体会到客户关系管理的重要性，毕竟航空公司的绝大部分收入来源于其客户，因而也就越来越重视客户关系管理。

客户关系管理的精髓就是，通过分析大量的旅客飞行历史数据来分析和识别出高价值旅客，包括他们的旅行目的和旅行行为，如何时抵达机场领取登机牌、喜欢坐靠窗的座位还是靠走道的座位等，从而为这些旅客提供有针对性的个性化服务，使这些旅客产生获得特殊待遇的满足感，进而在以后的飞行中愿意选择使他们满意和获得满足的航空公司。进一步，有了高价值旅客的特征和标准，航空公司就可以开展特定的市场促销活动，以吸引和保持更多的高价值旅客。

由于数据仓库中存储了完整的客户信息，QANTAS 航空公司可以更好地分析和了解客户的需求与喜好，确定给公司带来最多利润的客户群体。通过为这些客户提供更好的服务，提高他们对公司的忠信度，这种方法目前被称为客户群划分技术（Customer Segmentation）。在当今的航空运输业，如何更好地进行客户群划分对公司业务是至关重要的。Philippe Klee 先生指出："通过使所有相关的客户信息可用和可访问，我们能够更好地识别我们的客户需要什么和喜欢什么。在未来，这将帮助我们更好地定位和满足最能使我们赢利的客户，从而获得不断增长的客户忠诚度——现在这在航空运输业是最本质的。"

利用 Teradata 数据仓库技术，美国大陆航空公司面向市场的客户信息部门可以更好地将客户信息与特殊的促销和个人喜好（例如谁在享受高尔夫假期时愿意乘坐本航空公司的航班）结合起来。在具体操作时，将使用这类信息来识别特定客户，帮助建立客户关系，吸引新的客户，并对市场促销活动进行调整。例如，对某些常旅客提供特殊的旅行服务。

美国航空公司利用 Teradata 数据仓库定位了 2600 万名可获得赠送飞行公里数或提升舱位奖励的会员。美国航空公司的会员无论何时乘坐飞机、租车、住酒店、用花旗银行的信用卡、用 MCI 打长途电话、通过 FTD 递送鲜花、给某一慈善机构捐赠、通过互联网购买机票，都能累积公里数。会员们在英国的某一指定餐厅、美国得克萨斯州的商店或日本用 SAMITOMO 银行的信用卡都能方便地将公里数折算为现金使用。这些数据信息最终通过 Teradata 数据仓库实现跟踪查询与共享。

由此可见，与所有其他行业一样，航空运输业的数据仓库应用也是一个循序渐进的过程——一个从小到大、从初级到高级、从简单到复杂的建设和应用过程。国内各航空运输企业如要实现数据仓库应用也应遵循这一发展原则，从小的、初级的和简单的应用做起。当然，在计划和实施数据仓库应用时，各航空运输企业可以依托 NCR 公司的帮助，借鉴国外航空运输企业建设数据仓库的成功经验和失败教训，达到少走弯路和事半功倍的效果。

数据仓库建设和应用的循序渐进、从小到大的发展过程也意味着需要一个牢固的基础平台来支撑。如果没有一个高性能的、高度可用的、能随着企业数据仓库应用的开展而线性扩展的基础平台来支撑的话，任何增强企业竞争能力和优势的规划和设想都只不过是纸上谈兵。因采用不恰当的基础平台而导致数据仓库项目最终失败的例子比比皆是，所造成的人力、物力和时间损失更是难以估量。而从以下用户评语中不难看出，数据仓库理想的基础平台就是 NCR WorldMark 高度可扩展计算机和 Teradata 海量并行处理数据仓库的完美结合。

"今天，QANTAS 航空公司已没有人怀疑 Teradata 和 NCR MPP 服务器方案是 QANTAS 航空公司的正确选择。"

"其他厂商请求大陆航空公司购买他们的数据仓库解决方案，并且保证性能指标，"大陆航空公司高级技术部经理 Bob Edwards 先生说，"但是，我们的评测结果告诉我们哪里可以找到真正的性能，这就是 NCR 海量并行处理 WorldMark 服务器与 Teradata 数据仓库的完美结合。"

心理学家 David Lewis 说："太多的信息就像太少的信息一样危险。"在这个信息爆炸的时代，太多的信息容易让决策者患上"信息疲劳症"，它可能会导致分析的瘫痪，以至于决策者很难发现正确的解决方案，做出最佳的选择。每一个企业在过去的若干年时间里都积累了大量的、以不同形式存储的数据资料，由于这些资料十分繁杂，单凭人力和脑力从中发现有价值的信息或知识，达到为决策服务的目的，成了一项非常艰巨的任务。要使信息丰富的信息库真正变成一座富金矿，必须借助现代信息技术和分析技术的支持。支持客户信息库为企业管理决策服务的两个核心技术是：数据仓库（Data Warehouse）和数据挖掘（Data Mining）。本章主要介绍数据仓库技术，包括数据仓库的产生背景、定义、特点和结构等。

9.1 CRM 的客户数据

9.1.1 客户数据概述

1. 客户数据的定义

数据是为反映客观世界中的某一事件而记录的可以鉴别的数字或符号，如数字、文字、图形、图像、声音等。CRM 系统中的数据即为客户数据，可以通过诸如电话语音、网络语音、电子邮件等多种途径收集。这些数据结构化地记录了企业有关事件离散的、互不关联的客观事实，可用某种记录方式加以描述。围绕着数据开展企业 CRM 活动，其核心价值在于通过 CRM 系统对数据进行分析与合成，把这些离散的、单个存储的数据转化为企业可以理解和使用的信息和知识。

客户在购买过程中产生的数据，可为企业的客户研究工作提供大量可供分析的第一手资料。这些数据通过企业的分析整理形成有意义的信息，并促使企业更加有效地为客户提供良好的服务。通过分析超市大部分客户的购买时间，可以合理安排不同时间段的收银员数量；通过研究客户所购买的产品，可以区分畅销品和滞销品，并且做到合理陈列和摆放，提高货架的利用率；研究客户投诉相关的数据，可以促使企业改进客户服务，提供更方便的购物环境，有效调动客户的潜在需求，形成良好的企业与客户的互动，从而实现双赢。

2. 客户数据的分类

企业在同客户交易的过程中会产生大量的数据。这些数据可以通过不同的方式进行归纳和分类。

（1）按照数据的来源分类

CRM 数据库中的数据主要来自企业内部已经登记的客户信息、客户销售记录、与客户互动的活动中获得的数据。这些数据可以分为企业内部数据和企业外部数据两类。

- 企业内部数据：企业内部数据比较容易理解，就是企业在实际经营过程中产生、记录的数据。收集客户数据的方法包括会员注册登记、零售点收集、网站收集等。世界零售业巨头沃尔玛通过记录、整理、分析其全球各个卖场的销售数据，构建了举世无双的庞大信息系统。
- 企业外部数据：本企业之外所产生的数据称为企业外部数据，它们是通过别的信息渠道产生的数据信息。其中，最重要的外部数据信息来源是政府的各种机构、各类商务团体和专业协会、众多的行业期刊等。

（2）按照数据的采集渠道分类

以 CRM 系统中重要的呼叫中心为例，企业可以通过多种渠道采集所需要的、具有潜在价值的数据。这些采集渠道主要包括以下四类。

- 电子邮件：客户既可以通过自己的免费邮箱给呼叫中心发邮件，也可以通过网上留言的方式将信息发给呼叫中心。客户发送的信息通过企业的智能分析，按照相应的系统要求加以记录。
- 电话语音：电话语音既包括传统的电话语音，也包括基于网络的互联网电话语音。客户可以通过拨打电话直接与呼叫中心联系，业务员也可以主动联系客户。如果客户要求呼叫中心的业务代表立即或在约定的时间主动拨打电话或发送邮件回复客户，那么客户输入其联系方式及回复时间后，呼叫中心会在指定时间主动打电话或发邮件联系客户。这些联系活动可以产生大量对企业有价值的数据。
- 文字交谈：客户可以利用呼叫中心提供的文字交谈功能代替语音同业务代表进行实时的文字交流。文字交流的内容经业务员整理，可以形成相关数据并加以记录。
- 多媒体数据：多媒体呼叫中心将语音、文字和视频集成，不再局限于语音和文字的传输，还可以快速、准确地传输图像、视频等丰富的多媒体信息。

（3）按照数据的性质分类

从商业活动行为的需要来看，企业有一个定位客户、针对性促销、产生交易的过程，正是这些不同的行为过程产生了不同类型的数据，如图 9.1 所示。

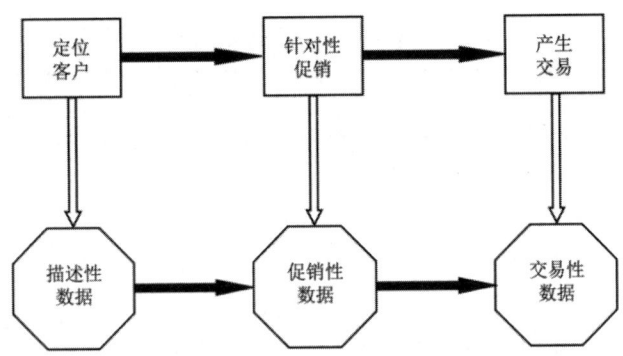

图9.1 按照数据的性质分类

- 描述性数据：描述性数据用来描述客户的基本特征，通常是表格型的摘要数据，主要包括姓名、地址和联系方式等基本数据，并具有一定的稳定性，变动不是很快，可在一段较长时间内使用。在 CRM 中，通常把客户分为个人客户和团体客户两类，收录的客户数据也会有所不同。描述性数据见表 9.1 和表 9.2。

表 9.1 个人客户的描述性数据

大类数据	详细数据
基本情况	姓名、地址、性别、出生年月、电话、工作类型、收入、婚姻状况、家庭成员
信用情况	会员卡号、信用卡号和信贷限额、忠诚度指数（与企业交易占总花费的比例）、潜在消费指数、客户类型（现有客户、潜在客户、目标客户、流失客户）
行为爱好	生活方式、特殊爱好、对企业产品或服务的偏好、对问卷和促销活动的反应、其他产品偏好、试用新产品的倾向

表 9.2 团体客户的描述性数据

大类数据	详细数据
公司基本情况	公司名称、总部及相应机构的营业地址、电话、传真；主要联系人姓名、职位及联系渠道；关键决策人姓名、职位及联系渠道；公司其他部门和办公室；行业标准分类代码及所处行业；公司基本情况（注册资本、员工数、年销售额、收入及利润等）
公司的行为情况	客户类型（分销商、咨询者、产品协作者等）；银行账号、信贷限额及付款情况；购买过程；与其他竞争对手的联系情况；忠诚度指数、潜在消费指数；对新产品的倾向

- 促销性数据：促销性数据用来描述对客户进行营销或者促销活动的信息，主要包括市场活动的类型、预算或描述等。其详细设计取决于 CRM 数据库系统的复杂程度。最简单的形式就是列表，列出对该客户进行过的促销活动。可能收集到的典型促销性数据见表 9.3。

表 9.3 典型促销性数据

大类数据	详细数据
促销活动的类型	降价销售、电话促销、业务推广活动、纸媒广告、广播广告和 Web 广告
促销活动的描述	促销活动组织形式，如业务推广人员的性别、礼品发放形式等
促销采用的媒体	电视、报纸、广播、网络等
促销活动的时间	进行促销活动的日期，包括年、月、日，有时甚至要细致到具体时刻
促销活动的意图	对目标客户采取该活动的简单说明
促销的成本信息	包括促销活动的固定成本和变动成本

- 交易性数据：交易性数据用来描述客户与企业交易的信息，主要是过程信息与结果信息的结合，并往往按照时间进行标识，从与客户的通话到服务中心所得到的数据以及客户所购产品的描述都包括在内。这类数据和促销活动的数据一样，都会随时间迅速变化。可能收集到的典型交易性数据见表 9.4。

表 9.4 典型交易性数据

大类数据	详细数据
购买产品类数据	过去的购买记录：购买频率和购买数量、购买金额及累计金额、交货要求、产品规格、产品购买过程及付款方式
产品售后类数据	售后服务的内容、使用后对产品的评价、对服务的评价、曾有的问题和不满、要求退货记录、投诉记录、提出合理化建议的记录

9.1.2 客户数据在 CRM 中的作用

客户数据在 CRM 中具有重要的作用，主要体现在以下四个方面。

1. 客户数据是企业经营决策的基础

企业想要维护好不容易与客户建立起来的关系，就必须充分掌握客户的相关数据，必须像了解自己的产品或服务那样了解客户，像了解库存的变化那样了解客户的变化。

任何一个企业都是在特定的客户环境中经营的，有什么样的客户环境，就应有与之相适应的经营战略和策略。如果企业对客户的相关数据掌握不全、不准，判断就会失误，决策就会出现偏差。如果企业无法制定出正确的经营战略和策略，就可能失去好不容易建立起来的客户关系。所以，企业必须全面、准确、及时地掌握客户的相关数据。

2. 客户数据是进行客户分级的依据

企业只有收集全面的客户数据，特别是客户与企业的交易信息，才能知道客户群分布，才能知道客户的价值大小，从而才能识别优质客户与劣质客户，最终才能根据客户带给企业的价值的大小和贡献的不同对客户进行分级管理。例如，美国联邦快递公司根据客户基本数据和历史交易信息来判断每位客户的赢利能力,把客户分为"好""不好""坏"三种,并提供不同档次的服务。

3. 客户数据是引导客户互动的指南

随着市场竞争的日趋激烈,客户数据越显珍贵。拥有准确、完整的客户数据,既有利于了解客户、接近客户、说服客户,也有利于与客户的沟通。如果企业能够掌握详尽的客户数据,就可以根据每个客户的不同特点,有针对性地开展营销活动,如发函、打电话或上门拜访,从而避免大规模的高额广告投入,使企业的营销成本降到最低,而成功率却达到最高。一般来说,大面积地邮寄宣传品的反馈率只能达到2%~4%,但是,在了解客户"底细"的基础上经过筛选,有针对性地邮寄宣传品,反馈率可以达到25%~30%。

4. 客户数据是实现客户满意的前提

企业要满足现有客户、潜在客户以及目标客户的需求,就必须掌握客户的需求特征、交易习惯、行为偏好和经营状况等,从而制定和调整营销策略。例如,日本花王公司随时将收集到的客户数据、意见或问题输入计算机,现在已经建立了8000多页的客户资料,每年凭借这些资料开展回报忠诚客户的活动,以此来巩固与老客户的关系,并且吸引新客户。

9.1.3 客户数据的预处理

为了保障客户的隐私不被侵犯,应尽可能地不对客户数据源进行合并。然而,站在为客户服务的角度,企业则需要适当地整合客户数据。试想一下,如果一个客户同时接到同一家企业不同产品的营销员的两个服务电话,会是什么样的感觉?为此,企业需要建立以客户为单位而不是以产品为单位的客户数据库,这实际上需要对客户数据进行适当的整合,根据客户的购买行为对客户进行分类,以便提供个性化的服务,这也是数据库乃至 CRM 客户关系管理的核心内涵。

1. 客户数据的一般分类(按数据来源)

如图 9.2 所示,客户数据按照来源分为企业内部数据和企业外部数据。

尽管企业可能期望客户数据库中有尽可能多的客户群体和客户类型,但一般情况下,客户数据库只包括以下四种客户类型。

(1)现有客户:这类客户的识别主要通过最近购买情况、购买的频率、每次购买的金额和交叉销售、终生价值等指标来识别。

(2)潜在客户:这类客户的识别主要靠与现有客户的相似性分析或同类产品的购买客户特征归纳。如果有的潜在客户已经购买竞争对手的产品或服务,对他们的购买行为信息的收集和分析,将为企业 SWOT 分析和竞争战略提供宝贵资料。

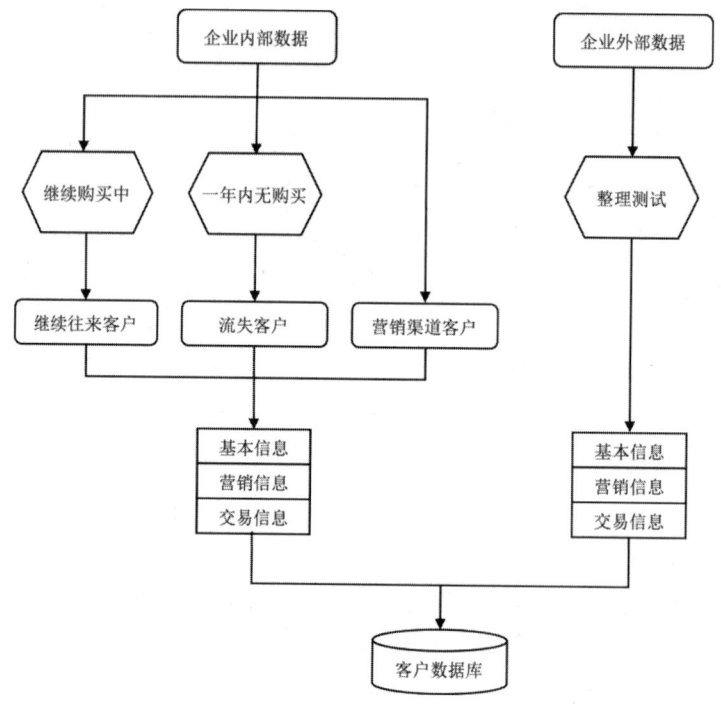

图9.2 客户数据的分类

（3）流失客户：根据有关客户满意度和忠诚度的分析，流失的客户不一定是不满意的客户，有时候只是客户的需求发生变化，如果将他们从客户数据库里剔出去则意味着完全放弃。为此，企业应该收集整理关于这些客户的信息并继续保留，以便在适当时机采取相应措施重新挽回这些客户。

（4）分销商：批发商、零售商分支机构、销售代理等市场营销渠道也可以看作是广义的客户，他们的偏好和业绩信息也应该纳入客户数据库。

2. 客户数据处理

从目标客户群收集的数据一般是离散的、非结构化的、待验证的，其中充斥着许多无效甚至容易起误导作用的信息。这就需要采用科学的方法来清洗、提炼这些海量的数据，达到去粗取精的目的，从而为企业各个层级的部门提供经营、决策上的支持。形成有用的信息就是一个不断剔除无用信息、不断聚合的过程，并在这个过程中逐渐凸显隐藏在数据后面的那些规律性的东西。一般而言，客户数据处理有三个步骤：

（1）校验。对从多渠道集成平台获得的数据进行基本校验，去除有明显错误的信息，如根据身份证号、信用卡的正确格式规范把不符合规范的数据剔除。

（2）结构化。由于获得的原始数据是非结构化、多维的，因此需要把它转化为易于处理的二维表，把性质类似的数据归为相同的客户属性。这个步骤相当关键，也是对数据进一步处理和挖掘的基础。

（3）借助数据仓库进行数据使用和分析。数据使用指的是企业的内部人员以一种可预测的、重复性的方式使用数据。他们处理的是企业日常性的办事员级的事务。比如，前台工作人员借助数据仓库中的资料回答外部客户的咨询。而数据分析则是一种不可预测的、非重复性的数据使用模式。分析者一般都是企业的管理者或战略制定的参与者。他们需要查询海量的客户数据，并借助一些分析模型对数据进行进一步的挖掘。如果数据分析结果是不确定的，那么大量的数据分析活动都将无功而返，但一旦发现有价值的信息，就能对公司的运营产生深远的影响。

整体的客户数据处理流程通常基于 ETL（Extract-Transform-Load，抽取—转换—加载）技术，其核心流程包括客户数据的抽取、客户数据的预处理、客户数据的存储和客户数据的表现等。客户数据处理流程如图 9.3 所示。系统根据不同数据结构、实时性要求，通过 ETL 工具抽取数据后，再根据数据清洗、转换、加载等方式整合数据。客户数据范围涵盖结构化数据和半结构化、非结构化数据，其中，结构化数据主要包括客户基本信息、营销信息、交易信息等相关业务内部数据，一般存储于传统关系型数据库中；非结构化数据则包括外部监测数据，如证照、图像、视频等数据。

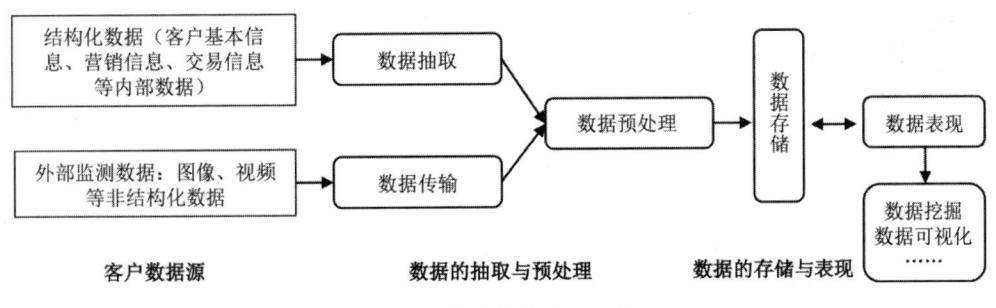

图9.3 客户数据处理流程

客户数据的抽取

数据抽取是从不同网络、不同操作平台、不同数据库和数据格式中抽取数据的过程。针对传统关系型数据库（例如 Oracle、SQL Server、MySQL）的数据采集，具有统一 SQL 语言操作接口，因此采用 SQL 的 export 与 load 方式进行简单程序编译获取；而针对非关系型的 NoSQL 数据库，存储格式包括 key-value 形式、文档形式、图片形式等，则运用 Hadoop 大数据生态圈获取数据。针对交通领域的海量数据场景，基于 Hadoop 的大规模并行计算特点来实现批量数据采集目标，将数据源的全量业务数据采集到大数据平台的数据集群中，并加以处理，通过优先级排序、并发量等方式进行控制。

数据抽取方式包括直接抽取、文件交换、采集上报、实时同步等四种。

（1）直接抽取：利用 ETL 工具，服务器直接连接到业务系统的后台数据库抽取所需数据。

（2）文件交换：业务系统将需要抽取的业务数据保存为有格式的文本文件，数据采集工具通过规定的传输协议读取文件内容、获取业务数据。

（3）采集上报：将需要通过人工记录上报的数据，例如业务系统统计、企业起草标准、标准类别分布等无业务系统归集的数据，根据业务和数据需求制定相关采集任务，相关的部门和人员按周期登录系统上报相关数据，系统自动对上报的数据进行审核后入库。

（4）实时同步：使用实时同步工具，对一些实时性要求比较高的数据进行数据实时同步，主要用来作为数据实时监控使用。

客户数据的预处理

这里的数据预处理主要包括数据标准化处理，去除重复、错误、非完整数据，对相同数据进行整合或者增加时间标识，可为后期数据比对校验提供数据溯源支持。其中，数据标准化处理主要是对非结构化数据进行标准化处理。非结构化数据包括普通文本文件、JavaScript 文件、CSS 文件以及图片、音乐、视频等非文本的二进制文件。二进制文件作为直接保存为指定格式的磁盘文件，无法直接提取信息，因此对于这类型文件，通常根据文件的某种特征分析（均可选用正则表达式提取方法，正则表达式是用事先定义好的一些特定字符及这些特定字符的组合组成一个"规则字符串"，来表达对字符串的一种过滤逻辑），提取有关的元数据，将其转化为统一的 XML 文件格式。同时，对于这类型文件，有多个解析器和 API 可供选择，应根据需求进行选用测试。

客户数据的存储

主要任务是将经过预处理的数据集合按照物理数据模型定义的表结构装入目标数据仓库的数据表中，并允许人工干预，以及提供强大的错误报告、系统日志、数据备份与恢复功能。整个操作过程往往要跨网络、跨操作平台。在实际的工作中，数据存储需结合使用的数据库系统（Oracle、MySQL、Spark 等），确定最优的数据存储方案，节约 CPU、硬盘 I/O 和网络传输资源。而数据仓库的组织管理方式决定了它有别于传统数据库的特性，也决定了其对外部数据的表现形式。数据仓库管理所涉及的数据量比传统事务处理大得多，且随时间的推移而快速累积。在数据仓库的数据存储和管理中，需要解决的是如何管理大量的数据、如何并行处理大量的数据、如何优化查询等问题。目前，许多数据库厂家提供的技术解决方案是扩展关系型数据库的功能，将普通关系型数据库改造成适合担当数据仓库的服务器。

客户数据的表现

包括数据挖掘、数据可视化等数据表现和应用。数据挖掘是指从大型数据库或数据仓库中提取隐含的、未知的、不平凡的、有潜在应用价值的信息或模式，例如客户聚类分析、客户分类等。数据可视化则是指通过图表的形式直观展示数据分析结果，以支持企业决策。

9.2 数据仓库概述

9.2.1 从数据库到数据仓库

随着计算机技术的广泛应用和发展，人们已不再满足于仅仅执行简单的数据事务操作，而要求对现有的数据进行系统的组织、理解、分析和推理，从而迅速、准确地获取关联信息，为战略决策提供依据。数据仓库就是针对上述问题而产生的一种技术方案，它是基于大规模数据库的决策支持系统环境的核心。

具体来说，人们在日常生活中常常会遇到这样的情况：超市的经营者希望将经常被同时购买的商品放在一起，以增加销售；银行想了解存款的用户希望投资什么样的基金；保险公司想知道购买保险的客户一般具有哪些特征；医学研究人员希望从已有的成千上万份病历中找出患某种疾病的病人的共同特征，从而为治愈这种疾病提供一些帮助。对于此类问题，利用现有信息管理系统中的数据分析工具是无法给出答案的。因为无论是查询、统计还是报表，其处理方式都是对指定的数据进行简单的处理，而不能对这些数据所包含的内在信息进行提取。

数据库（DataBase，简称 DB）技术长期应用于数据采集管理、工作任务精简与管理、生产管理，是一种应用广泛的信息技术。但是这些应用场景都是联机事务处理（OLTP），其目的是实现快速的事务响应和高速的数据修改，但是仅仅做到这些还不够，决策者还需要通过数据分析、数据挖掘来进行决策支撑，并对分散在各个信息系统内的各种隔离的、异构的原始数据进行统一管理和复杂分析，包括大量的原始数据（历史的、现在的），目前也可称之为大数据应用场景。随着信息管理系统的广泛应用和数据量的激增，人们希望能够提供更高层次的数据分析功能。为此，数据仓库（Data Warehouse，简称 DW）作为一种基础的数据组织管理平台型技术出现在历史舞台上。

1. 联机事务处理——数据库的应用

在数据库应用早期，计算机系统所处理的是从无到有的问题，是传统手工业务自动化的问题。例如，银行的储蓄系统和电信的计费系统都属于典型的联机事务处理系统。当时，一个企业可以简单地通过拥有联机事务处理系统而获得强大的市场竞争力。但由于当时单位容量的联机存储介质十分昂贵，企业很难投入大量资金保存历史数据。因此，联机事务处理系统只涉及当前数据，并且数据库应用早期缺乏大量的历史数据供统计与分析使用。

2. 联机分析处理——数据仓库的应用

随着应用的不断进步，当联机事务处理系统应用到一定阶段的时候，企业家们发现单靠拥有联机事务处理系统已经不足以获得市场竞争的优势，他们需要对自身业务的运作以及整个市场相关行业的态势进行分析，从而做出有利的决策。这些决策需要对大量的业务数据（包括历史业务数据）进行分析才能得到，而这种基于业务数据的决策分析，我们把它称为联机分析处理。为了实现联机分析处理，人们专门为业务的统计分析建立了一个数据中心，它的数据可以从联机事务处理系统、异构的外部数据源、脱机的历史业务数据中得到。它是一个联机的系统，专门为分析统计和决策支持应用服务，通过它可满足决策支持和联机分析应用所要求的一切。这个数据中心就叫作数据仓库。

表 9.5 对数据库与数据仓库进行了对比。

表 9.5 数据库与数据仓库的对比

	数据库	数据仓库
特征	操作处理，细节的	信息处理，综合或提炼的
面向	事务	分析
用户	DBA、开发人员	经理、主管、开发人员
功能	日常操作	长期信息需求、决策支持
DB 设计	基于 ER 模型，面向应用	星形/雪花模型，面向主题
数据	当前的、最新的	历史的、跨时间维护
访问	读/写	大多为读
DB 规模	GB 到 TB	≥TB
优先	高性能、高可用性	高灵活性
操作	主键索引操作	大量的磁盘扫描
工作单元	短的、简单事务	复杂查询
举例	Oracle、MySQL、SQL Server、DB2、Access 等	Oracle Exadata、Teradata、Red Brick（IBM）、Microsoft SQL Server 等

传统的数据库技术是以单一的数据资源，即以数据库为中心进行从事务处理、批处理到决策分析等各种类型的数据处理工作，它只能对业务数据进行增、删、改等事务处理操作和简单的统计汇总，不能对不同时期、不同类型的数据进行整合，也不能沉淀大量的历史数据。这样，决策者就无法综合利用当前数据和历史数据进行各种复杂分析。

而数据仓库的建立使企业的信息环境划分为两个部分：操作型环境和分析型环境。操作型环境负责数据的日常操作性应用，当数据在操作环境中不再使用时，若它对分析有用，就将其归到数据仓库中，数据仓库存储旧的历史数据，供分析应用。在分析型环境中，数据很少变动，因而数据仓库很少有数据库日常的增、删、改等操作，主要是查询、存取和加载操作，专用于各种复杂分析，为高层管理人员的决策起信息支持作用。

简单来说，数据仓库技术其实就是对数据进行管理组织的技术。从处理方式看，数据管理经历了四个阶段：

（1）完全通过人力来组织管理数据并计算；

（2）借用初级的计算机文件来进行存储或简单的计算；

（3）出现了高级的数据库形式（包括集中式和分布式），进行实时联机处理；

（4）出现了比数据库高一层次的数据仓库和数据集市，进行高级的大数据分析。

不难发现，为了满足应用的需求，数据管理技术发展愈来愈快。

9.2.2 数据仓库的内涵

1. 数据仓库的定义

数据仓库是一个作为决策支持系统和联机分析应用数据源的结构化数据环境，所要研究和解决的问题就是从数据库中获取信息。数据仓库的概念始于 20 世纪 80 年代中期，首次出现在号称"数据仓库之父"的 William H. Inmon 所著的《建立数据仓库》一书中。随着对大型数据系统研究、管理、维护等方面认识的不断完善，在总结、集中多行业企业信息的经验之后，人们对数据仓库给出了更为精确的定义，即"数据仓库是在企业管理和决策中面向主题的（Subject Oriented）、集成的（Integrated）、相对稳定的（Non-Volatile）、反映历史变化的（Time Variant）数据集合"，用于支持管理决策。

可以从两个层次理解数据仓库的概念。首先，数据仓库用于支持决策，面向分析型数据处理，不同于企业现有的操作型数据库；其次，数据仓库对多个异构数据源进行有效集成，集成后按照主题进行重组，并包含历史数据，存放在数据仓库中的数据一般不再修改。

2. 数据仓库的特征

根据该定义，数据仓库具备以下四个关键特征：

（1）面向主题。操作型数据库的数据组织面向事务处理任务，业务系统之间各自分离，而数据仓库中的数据按照一定的主题进行组织。

（2）集成。数据仓库中的数据是在对原有分散的数据库进行数据抽取、清理的基础上经过系统加工、汇总和整理得到的，必须消除源数据中的不一致性，以保证数据仓库内的信息是关于整个企业的一致的全局信息。

（3）相对稳定。数据仓库的数据主要供企业决策分析使用，所涉及的数据操作主要是数据查询，一旦某个数据进入数据仓库，一般情况下将被长期保留。也就是说，数据仓库中一般有大量的查询操作，但修改和删除操作很少，通常只需要定期地加载和刷新。

（4）反映历史变化。操作型数据库主要关心当前某一个时间段内的数据；而数据仓库中的数据通常包含历史信息，系统记录了企业从过去某一时点（如开始应用数据仓库的时点）到目前各个阶段的信息，通过这些信息，可以对企业的发展历程和未来趋势做出定量分析和预测。

综上所述，数据仓库是一种语义上一致的数据存储，它充当决策支持数据模型的物理实现，并存放企业战略决策所需的信息。数据仓库也常常被看作一种体系结构，通过将异种数据源中的数据集成在一起构造而成，支持结构化的和专门的查询分析报告和决策制定。

3. 数据仓库的分类

根据数据仓库所管理的数据类型和它们所解决的企业问题范围，一般可将数据仓库分为三种类型：企业数据仓库（Enterprise Data Warehouse，EDW）、操作型数据仓储（Operational Data Store，ODS）和数据集市（Data Mart）。

（1）企业数据仓库（EDW）：企业数据仓库即通用数据仓库，它既含有大量详细的数据，又含有大量冗余的或聚集的数据，这些数据具有不易改变性和面向历史性。此种数据仓库被用来进行涵盖多种企业领域的战略或战术上的决策。

（2）操作型数据仓储（ODS）：操作型数据仓储既可以用来对工作数据进行决策支持，又可用作将数据加载到数据仓库时的过渡区域。与 EDW 相比较，ODS 有下列特点：ODS 是面向主题和综合的；ODS 是易变的；ODS 仅仅含有目前的、详细的数据，不包括累积的、历史性的数据。

（3）数据集市（Data Mart）：数据集市是数据仓库的一种具体化，它可以包含轻度累积、历史的部门数据，适合特定企业中某个部门的需要。几组数据集市可以组成一个 EDW。

随着数据仓库的发展，软件工具升级相当快，新产品也层出不穷。为了追踪技术发展和更好地选择相关的工具，数据仓库的构造者应该广泛地收集这方面的文件和数据，以便做出最佳的选择。

4. 数据仓库的功能

数据仓库并没有严格的数学理论基础，也没有成熟的基本模式，更偏向于工程，具有强烈的工程性。因此，在技术上，人们习惯于从工作过程等方面来分析，并按关键技术部分将数据仓库的功能分为数据的抽取、数据的存储与管理、数据的表现等三个基本方面。

（1）数据的抽取：数据抽取是数据进入仓库的入口。数据仓库是一个独立的数据环境，需要通过抽取过程将数据从联机事务处理系统、外部数据源、脱机的数据存储介质中导入到数据仓库。数据的抽取在技术上主要涉及互连、复制、增量、转换、调度和监控等方面。

（2）数据的存储和管理：数据仓库的关键是数据的存储和管理。数据仓库的组织管理方式决定了它有别于传统数据库，同时也决定了其对外部数据的表现形式。要决定采用什么产品和技术来建立数据仓库的核心，就需要从数据仓库的技术特点着手分析。

（3）数据的表现：数据表现实际上相当于数据仓库的门面，其性能主要集中在多维分析、数理统计和数据挖掘方面。而多维分析又是数据仓库的重要表现形式，近几年来由于互联网的发展，多维分析领域的工具和产品更加注重提供基于 Web 前端的联机分析界面，而不仅仅是在网上发布数据。

9.2.3 数据仓库的体系结构

IBM、Oracle 等厂商都提出了自己的数据仓库结构，但严格来说，任何一个数据仓库结构都是从一个基本框架发展而来的，实现时再根据分析处理的需要具体增加一些部件。美国斯坦福大学"WHPS"课题组提出了数据仓库的基本体系结构，如图 9.4 所示。

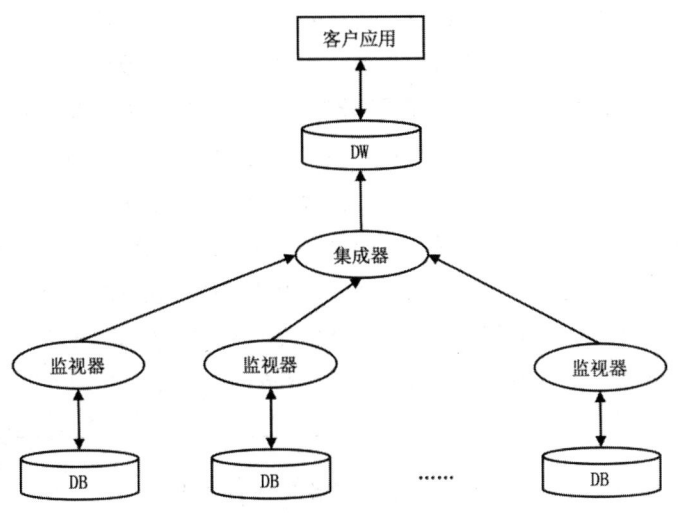

图9.4 数据仓库的基本体系结构

为了能够将已有的数据源提取出来，并组织成可用于决策分析的综合数据形式，数据仓库的基本体系结构中应有以下几个基本组成部分。

（1）数据源（DB）：指为数据仓库提供最底层数据的操作数据存储系统及外部数据。

（2）监视器：负责感知数据源发生的变化，并按数据仓库的需求提取数据。

（3）集成器：将从底层数据源提取的数据经过转换、计算、综合等操作，集成到数据仓库中。

（4）数据仓库（DW）：存储已经按企业级视图转换的数据，供分析处理用。根据不同的分析要求，数据按不同的综合程度存储。数据仓库中还应存储元数据，其中记录了数据的结构和数据仓库的任何变化，以支持数据仓库的开发和使用。

（5）客户应用：是供用户对数据仓库中的数据进行访问查询，并以直观的方式表示分析结果的工具。

9.3 数据仓库的执行策略

数据仓库的构建需要将不同来源的数据进行集中、整合，然后为不同用户提供数据支持，执行策略指的就是这些数据的整合结构和应用结构。下面将介绍数据仓库中的两个核心概念：数据集市和元数据。数据集市是按照不同功能对数据的归类，一般与工作职能相对应；而元数据则是对数据仓库中的资源数据的描述，是数据仓库中的数据"蓝图"。

1. **数据集市（Data Mart）**

广义上，数据集市是数据仓库的一种类型，也可以是其子集，是针对特定业务而专门设计的。数据集市是一个针对某个主题的经过预统计处理的部门级分析数据库,如销售数据集市、营销数据集市、库存集市和财务集市等,目前一般理解为企业级数据仓库里的主题数据库,是数据仓库管理系统的一部分。不过,早期的数据集市从个别应用中发展而来,也可以独立于数据仓库而存在。当一个企业里存在着多个相互独立、数据定义不统一的数据集市时,就会导致信息的整合问题。因此,将原有的数据集市进行整合并归入数据仓库统一管理是一个必然趋势。既然是仓库,就必定需要统一的数据管理,如数据 ETL 工具以及查询工具 Hive 等,而单个数据集市是无法满足这些需要的。一个数据集市可以由特定业务领域内多个很大的"星"组成。比如,可以由"订单星"、"活动星"、"销售机会星"、"售后服务星"、"报价星"和"客户反馈星"等共同组成一个营销数据集市,为营销人员提供查询分析的数据源。

补充:数据仓库的两种建模结构——星形模式和雪花模式。

(1)星形模式

星形模式是最流行的实现数据仓库的设计结构。星形模式通过使用一个包含主题的事实表和多个包含事实的非规范化描述的维度表来执行典型的决策支持查询。

星形模式是一种关系型数据库结构,在该模式的中间是事实表,周围是次要的表,数据在事实表中维护,维度数据在维度表中维护。每一个维度表通过一个关键字直接与事实表关联。维度是组织数据仓库数据的分类信息,例如时间、地理位置、组织等。维度用于父层和子层这类分层结构。例如,地理位置维度可以包含国家、城市等数据。因此,在该维度表中,维度由所有的国家、所有的城市组成。为了支持这种分层结构,维度表要包括每一个成员与更高层维度的关系。

维度关键字是用于查询中心事实表数据的唯一标识符。维度关键字就像主键一样,把一个维度表与事实表中的一行链接起来。这种结构使得构造复杂的查询语句很容易,并且支持决策支持系统中向下挖掘式的分析。事实表包含了描述商业特定事件的数据,例如银行业务或者产品销售。事实表还包含了合计数据,例如每一个地区每月的销售情况。一般地,事实表中的数据是不允许修改的,新数据只是简单地增加进去。维度表包含了事实表中指定属性的相关详细信息,例如产品描述、客户姓名和地址、供应商信息等。把特征信息和特定的事件分开,可以通过减少在事实表中扫描的数据量提高查询性能。维度表不包含与事实表同样多的数据。维度数据可以改变,例如改变客户地址或者电话号码。

通过降低需要从磁盘读取数据的数据量,星形模式设计有助于提高查询性能。查询语句分析比较小的维度表中的数据来获取维度关键字,以便在中心的事实表中索引,可以减少扫描的数据行。星形模式结构如图 9.5 所示。

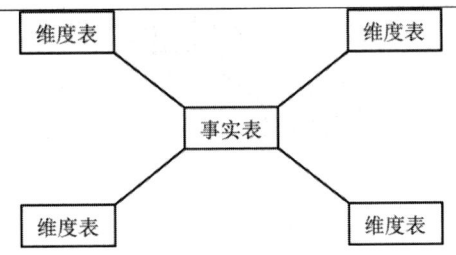

图9.5 星形模式结构

下面以销售机会作为一个主题，同其他几个维度表组成一个星形模式结构，粗略表示出各维度之间的联系，如图 9.6 所示。

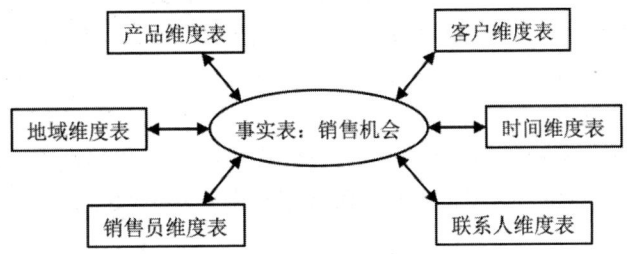

图9.6 销售机会数据仓库的星形模式结构

星形模式结构中的事实表包含了所有维度表的外键（Foreign Key），这些外键指向各维度表的首键（Primary Key），如图 9.7 所示。利用星形链接（Star Join），星形模式结构可以大大提高查询速度，主要原因是在事实表中每个维度都有深度索引，而且查询先在体积小得多的维度上过滤很大的事实表，从而首先获得较小的相关数据集。这相对于单纯从一个很大的数据表中利用 SQL 语句查询来说显然要高效得多。

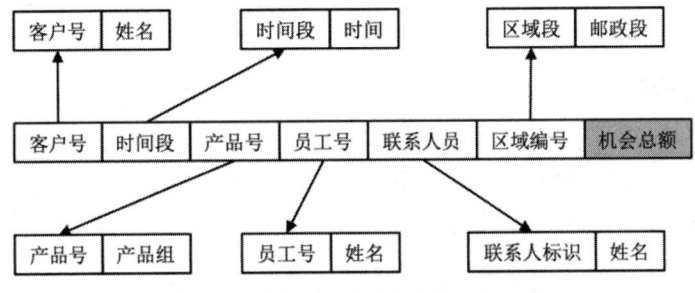

图9.7 销售机会数据仓库的星形链接

（2）雪花模式

雪花模式是星形模式的一种扩展形式，在这种模式中，维度表存储了正规化的数据，这种结构通过减少磁盘读的数量来提高查询性能。维度表分解成与事实表直接关联的主维度表和与主维度表关联的次维度表，次维度表与事实表间接关联。雪花模式结构如图 9.8 所示。

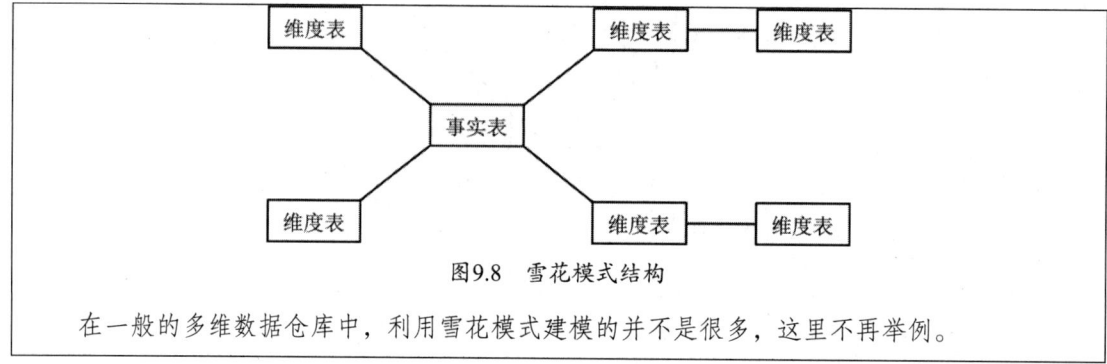

图9.8 雪花模式结构

在一般的多维数据仓库中,利用雪花模式建模的并不是很多,这里不再举例。

本质上,数据集市同数据仓库并没有概念上的区别,将数据集市理解为一个部门级的数据仓库也未尝不可。数据仓库大则管理困难,而且企业在进行数据分析时,往往会对某个业务主题特别感兴趣,并反复使用,对数据仓库中其他部分的数据则用得不多,这就是为什么很多企业倾向于简单一点的数据集市。当然,如果企业内的数据集市变多,就要考虑它们之间的整合问题了,这就像我们平常管理货物仓库一样,将分散在多个货柜的货物统一放到一个大仓库里,就得将货位、产品编码等统一起来,说不定还得考虑统一的货车出入口,以便统一管理。

2. 元数据(MetaData)

数据仓库中储存着大量的数据。这些来自不同工作数据库系统的数据,在经过筛选、过滤、转换、聚集等工作后,被存入数据仓库中。为了使企业能更好地使用数据仓库,元数据的概念被应用于数据仓库技术中。元数据为数据中的数据,即描述数据的数据。数据仓库中的元数据至少应涵盖下列内容:

- 原始数据拥有者的信息;
- 原始数据的数据源信息,包括数据源的系统平台、数据源的网络地址等;
- 数据的商业意义和典型用法;
- 被筛选数据的名称及版本;
- 被筛选数据之间的依赖(或从属)关系;
- 数据从各个 OLTP 数据库中向数据仓库中加载的频率;
- 数据加载到数据仓库中的日期及时间;
- 加载到数据仓库中的数据记录数目;
- 数据仓库中数据的利用率;
- 数据转换的算法;
- 数据的加密级别;
- 用于计算出汇总数据的商业规则。

数据从 OLTP 数据源到数据仓库的映射信息包括原始数据域的标识、属性到属性之间的映射、属性的转换、名称的转换、关键词的转换、从多个数据源选择数据的算法逻辑等,数据汇总的算法及对算法的解释,数据仓库的数据模型及其描述。

有了元数据,就等于拥有了数据仓库的一张蓝图。元数据类似于现实生活中的地图,最显著的功能就是指引用户在多达几百 GB 的数据海洋中找到自己所需要的数据,协助用户更好地了解数据仓库中的数据。元数据可以协助数据仓库管理员更好地管理仓库中的数据。例如,数据仓库管理员可以利用元数据追踪到非法数据处理的数据来源,并进行深入调查。用户可以利用元数据来找到所需的事实,而这些事实可协助用户做出决策,验证通过分析工具所得出的结论是否正确,找出其结论与其他部门的结论有所不同的原因。如果不同厂商的数据仓库和 OLAP 工具都遵循统一的元数据交换标准,则不同厂商的数据仓库和 OLAP 工具之间可以通过元数据方便地共享和交换数据。迄今为止,已有两个机构推出了元数据交换标准,一个是微软公司的 OIM(Open Information Model,开放信息模型),另一个是 Meta Data Coalition 的 MDIS(Meta Data Interchange Standard,元数据交换标准)。由于元数据在数据仓库中的重要功能,当今各大数据仓库生产厂商纷纷把元数据的生成和管理功能综合到了产品中。

3. 数据仓库的执行策略

随着数据仓库技术的发展,其执行策略已经从最初的自上而下模式发展为多种形式。

(1)自上而下模式

自上而下模式(如图 9.9 所示)是指将原来分散存储在企业各处的 OLTP(联机交易处理)数据库中的有用数据,通过筛选、过滤、转换、聚集等处理步骤建立整体性的数据仓库。

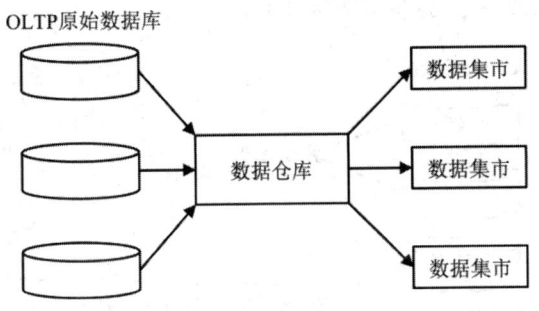

图9.9 自上而下模式

这个整体性的数据仓库将提供给用户一致性的数据格式和一致性的软件环境。从理论上来说,决策支持所需的数据都应该在这个整体性数据库中。数据集市中存储的数据,是为了某个部门的决策支持系统应用而专门从整体性数据仓库中筛选的,它是整体性数据仓库中数据的一个子集。在自上而下模式中,数据集市和数据仓库的关系是单方面的,即数据从数据仓库流向数据集市。

自上而下模式没有考虑如何将用户的反馈信息不断反映到数据集市和数据仓库的构造中,该模式只在建立数据集市或数据仓库的过程中考虑到用户的需求。但是用户的需求并不是一成不变的,而是随着新技术与新应用的出现而不断变化的。用户的需求变化不仅要求更快速的硬件、更好的数据集市技术、性能更高的数据库软件、更加友好的用户图形接口，还包括所需信息内容的变化，这将导致在数据仓库或数据集市中必须加入某些新的属性、新的表格或重组已存在的表格与属性。为此，在这里引入另一种有反馈的模式。

有反馈的自上而下模式如图 9.10 所示。在这个模式中，用户的新需求的反馈分为两个阶段。第一阶段：用户的新需求不断地被反馈给部门的数据集市，部门数据集市根据用户的新需求，产生自身的需求变化；第二阶段：部门数据集市把自身的需求变化反馈给整体性数据仓库，整体性数据仓库再做出相应的变化。

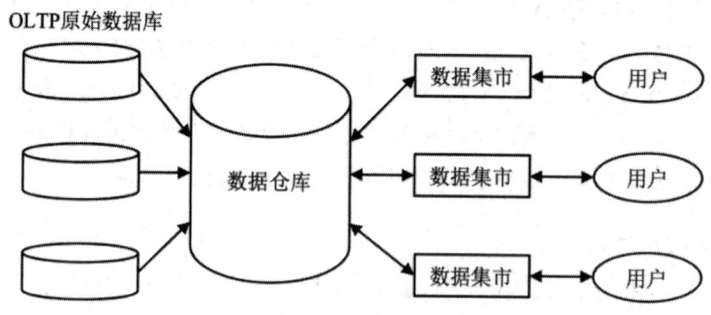

图9.10　有反馈的自上而下模式

（2）自下而上模式

自下而上模式（如图 9.11 所示）是从构造各个部门或特定的企业问题的数据集市开始的，而整体性数据仓库建立在这些数据集市的基础上。

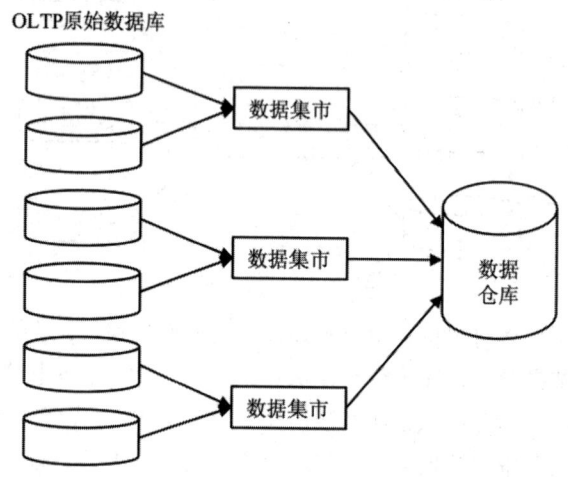

图9.11　自下而上模式

自下而上模式的特点是：初期投资少，见效快。因为它在构造部门数据集市时，只需要较少的人做出决策，而所解决的是较小的商业问题。自下而上的开发模式可以使一个部门在数据仓库发展初期尽可能少花费资金，在进行有效的投入之前评估技术的成本收益状况。

与自上而下模式一样,自下而上模式也有反馈式的,如图 9.12 所示,由于它采取的是先构造部门数据集市,再以各部门的数据集市为基础构造整体性数据仓库的方式,因此数据集市能较好地满足用户的需求,在整体性数据仓库建好之后,需求的变化将主要体现在数据集市与数据仓库之间。

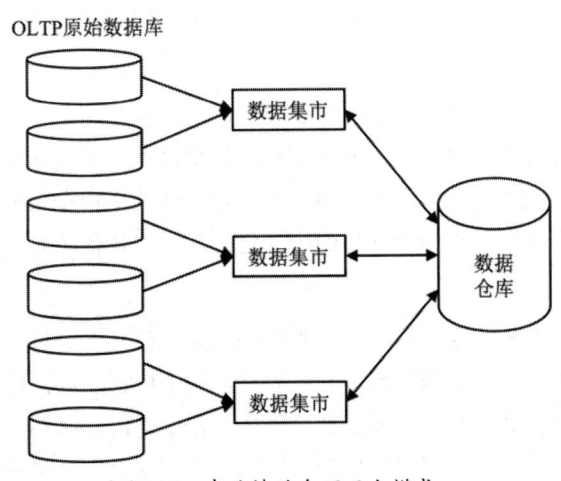

图9.12　有反馈的自下而上模式

如果各部门的数据集市在发展时注意保持相互之间的数据一致性,并根据用户的反馈信息不断地调整自己,那么以这种模式建立的数据仓库在投入使用之后,能减少因用户需求变化所带来的不便。

（3）平行开发模式

平行开发模式（如图 9.13 所示）是指在一个整体性数据仓库的数据模型的指导下,数据集市的建立和整体性数据仓库的建立同步进行。

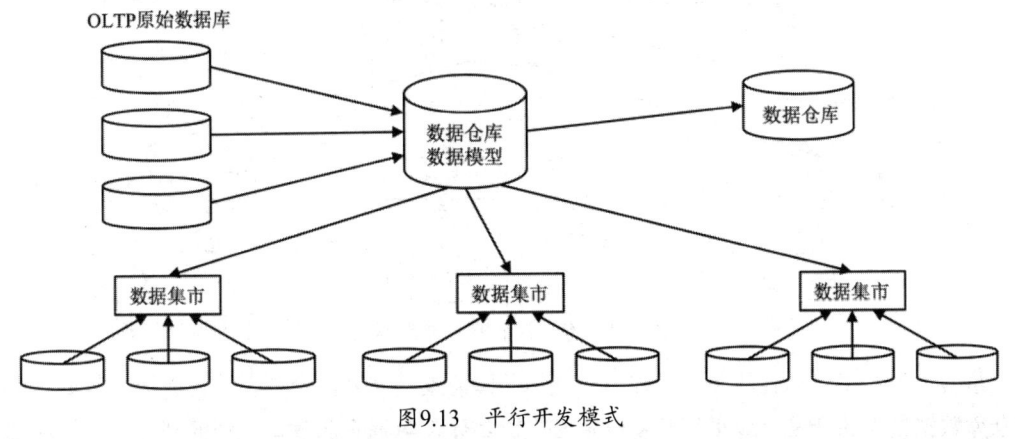

图9.13　平行开发模式

在平行开发模式中,由于数据集市的建立是在一个统一的整体性数据仓库数据模型指导下进行的,可避免各部门在开发各自的数据集市时的盲目性,减少各个数据集市之间的数据冗余和不一致性。事实上，一些部门在建立数据集市的过程中，所遇到的问题及其解决方案、所获得的经验将使整体性数据仓库的数据模型做出相应的改变，这些改变将使其他部门在建立数据集市时受益，也有助于整体性数据仓库的构造。在平行开发模式中，数据集市的相对独立性有利于整体性数据仓库的构造。一旦整体性数据仓库建好之后，各个部门的数据集市将成为整体性数据仓库的一个子集，整体性数据仓库将负责为各个部门已建好的和即将要建的数据集市提供数据。

平行开发模式与自上而下模式的区别在于，它满足了企业中的各个部门希望在较短的时间内建立本部门的决策支持系统的需求，使其不用等待整体性数据仓库建好之后才建立属于自己的数据集市；同时，它改变了在自上而下模式中，部门数据集市在与整体性数据仓库关系中的附属地位，在建立数据集市过程中所获得的经验将有助于整体性数据仓库数据模型的优化和整体性数据仓库的构造。

有反馈的平行开发模式如图9.14所示，在开发的起始阶段，开发人员主要在整体性数据仓库数据模型的指导下建立部门数据集市，并把建立过程中所遇到的问题及其解决方案、用户的意见等信息反馈给整体性数据仓库数据模型。整体性数据仓库数据模型在指导部门数据集市构造的同时，也收集开发人员和部门用户反馈的信息，并根据这些信息调整自己。经过调整，可以使下一阶段整体性数据仓库的构造相对顺利地进行。人们通常认为，在这种平行开发模式中，整体性数据仓库的数据模型应在开始建立部门数据集市之前完成，因此开发人员需要在项目的起始阶段迅速地开发建立整体性数据仓库的数据模型，而数据集市的开发工作也不得不等待整体性数据仓库的数据模型完成之后才开始。

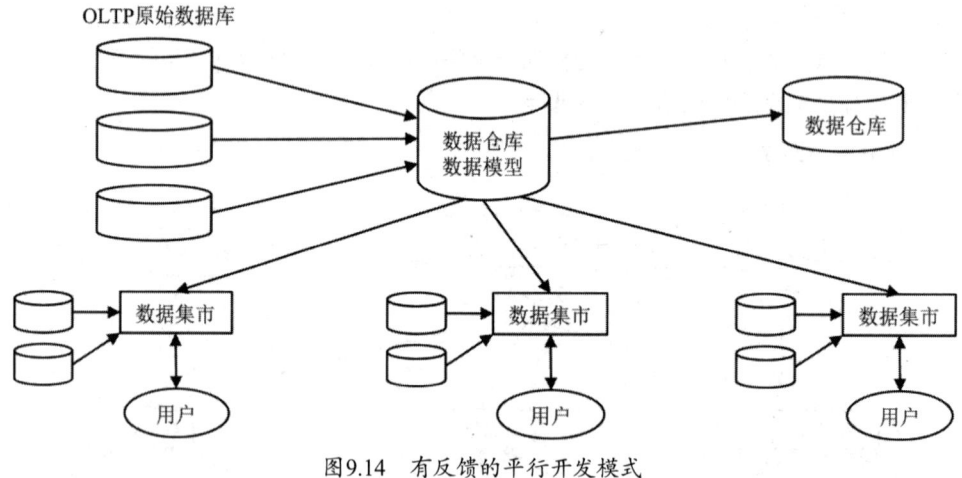

图9.14　有反馈的平行开发模式

事实上，在平行模式的开发过程中，并不一定要求在开发部门数据集市之前完成整体性数据仓库数据模型的开发。对平行开发模式而言，整体性数据仓库数据模型的开发，可以在建立第一个部门数据集市的同时进行。这是因为，一方面，对减少数据集市之间的数据冗余度和数据的不一致性而言，并不需要一个完全建立好的整体性数据仓库数据模型，整体性数据仓库数据模型在指导数据集市构造的同时,还要不断获取研发人员和用户的反馈信息来调整自己;另一方面,部门数据集市在研发和使用过程中所得到的经验,有助于研发人员在设计整体性数据仓库数据模型时更好地了解用户的需求。

9.4 CRM 中的数据仓库

9.4.1 CRM 中数据仓库的系统结构

客户信息经过数据仓库技术的处理,不仅会变得更加结构化和明晰化,而且可以用于各种复杂的决策分析,为客户关系管理决策提供全面完善的信息应用基础。在 CRM 系统中,数据仓库的逻辑结构如图 9.15 所示。

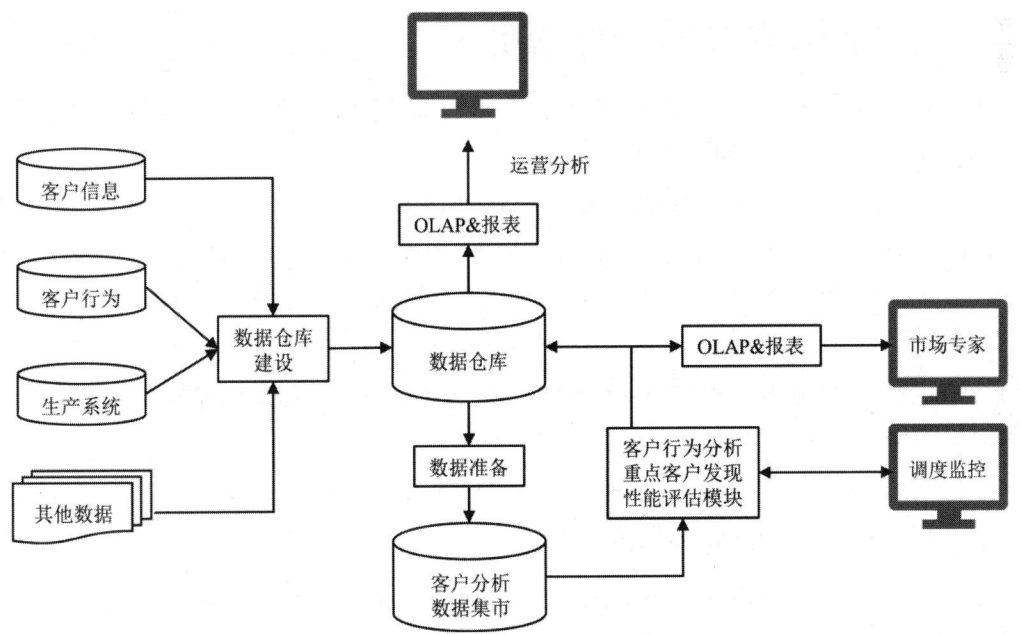

图9.15 CRM系统中数据仓库的逻辑结构

整个系统可以划分为数据源、数据仓库系统和 CRM 分析系统三个部分。

1. 数据源

数据源主要是客户信息、客户行为、生产系统和其他数据。

2. 数据仓库系统

数据仓库系统主要分为数据仓库建设和数据仓库两部分。数据仓库建设利用数据仓库的数据 ETL 和设计工具,将与客户相关的数据集中到数据仓库中,然后在数据仓库的基础上,通过

OLAP 和报表等将客户的整体行为分析和企业运营分析结果传递给数据仓库用户。

3. CRM 分析系统

CRM 分析系统由数据准备、客户分析数据集市、客户分析和调度监控模块构成。首先，在数据仓库的基础上，由数据准备模块将客户分析所需要的数据形成客户分析数据集市。然后，在客户分析数据集市的基础上，客户分析模块进行客户行为分析、重点客户发现和性能评估模板的设计与实现。最后，CRM 分析系统的分析结果由 OLAP 和报表传递给市场专家。

总之，数据仓库是 CRM 系统的灵魂，通过数据仓库对客户行为进行分析与预测，企业可以制定准确的市场策略、发现企业的重点客户和评价市场性能。不过虽然数据仓库与 CRM 系统密不可分，但 CRM 系统除了市场分析功能之外，还有销售、服务等功能。因此，不同的企业应该根据自己的实际情况进行选择。但无论如何，对客户量大、市场策略对企业影响较大的企业来说，必须在 CRM 系统中包含数据仓库这一核心模块。

9.4.2 数据仓库在 CRM 中的应用

数据仓库在客户关系管理（CRM）中有特别广泛的应用。客户关系管理与数据仓库技术的关联性很强，主要场景分为如下几类：

（1）客户维持。互联网时代带给了客户多种多样的选择，客户并不一定会对某企业的产品永远忠诚，每个客户都有权利选择自己喜欢的企业和喜欢的产品。一个客户今天用得很好，也许明天用得不好，就不是我们的客户了。所以，要尽快满足客户的需求，发现客户的不满，提前预防客户离开。

（2）销售和客户服务。尽快将相关信息发送给销售部门或一线部门，就能针对性地为客户做好服务，为客户提供最需要的产品。

（3）市场推销。大数据分析挖掘的主要场景就是给客户推荐合适的产品或服务。了解客户的需求，才能给客户精准推销，提高命中率。

（4）风险评估和诈骗检查。基于大数据的征信体系，通过分析历史风险模型，找到风险发生前的特征，做好风险预防。对不同客户的历史记录进行关联分析，采用风险模型进行评估。现在比较成熟的产品有阿里集团的芝麻信用。

例如，NEC 与宝马（BMW）集团联合构筑了对宝马客户信息进行一元化管理并使之反映到客户支持中的 CRM 系统"Top Drive"。"Top Drive"是宝马集团为了提高客户满意度而开发的系统，可利用数据库对通过特约经销商收集到的信息进行一元化管理。这样，邮件广告、特约经销商间的信息交换以及来自电话和互联网的咨询、紧急情况下的联络等客户支持业务就可以相互协调。

例如，河南建业（住宅）集团在基础数据管理、客户管理、物业管理、市场管理等诸多业务上使用了用友 CRM 系统，应用涵盖河南建业（住宅）集团总部、住宅公司、教育公司等机构。

例如，广东顺德证券的 CRM 系统成功地改变了传统的经营思路和管理模式，真正走向了以经纪人为核心、以客户服务为基础的管理新路。CRM 系统的成功使用，极大地提高了广东顺德证券的管理服务水平。

本章小结

1. 数据源主要是客户信息、客户行为、生产系统和其他数据。
2. 围绕着数据开展企业 CRM 活动，其核心价值在于通过 CRM 系统对数据进行分析和合成，把这些离散的、单个存储的数据转化为企业可以理解和使用的信息和知识。支持客户信息库为企业管理决策服务的两个核心技术是：数据仓库（Data Warehouse）和数据挖掘（Data Mining）。
3. 数据仓库是在企业管理和决策中面向主题的（Subject Oriented）、集成的（Integrated）、相对稳定的（Non-Volatile）、反映历史变化的（Time Variant）数据集合，用于支持管理决策。
4. 数据库一般用于联机事务处理，数据仓库一般用于联机分析处理（决策）。
5. 一般来说，数据仓库的具体组成包括数据库、数据抽取工具、元数据、访问工具、数据集市等几个部分。

思考题

1. 说明客户数据为什么是 CRM 的灵魂。
2. 简述数据仓库的定义与特征。
3. 试比较传统数据库与数据仓库的区别。
4. 数据在进入数据仓库之前应如何处理？需要注意些什么？

讨论：病入膏肓的 CRM 系统带来的烦恼

最近，Y 公司 CRM 项目主管张冬很郁闷。自从风风火火地上了 CRM 系统后，公司领导对其实施效果一直不太满意。这套 CRM 系统的硬伤显而易见。首先体现在需求方面。最初是市场部提出要更快地了解全国各地的市场信息、销售信息，以便方便、快速地进行统计。IT 部接到需求后，从长远考虑出发，推荐了 CRM 系统，希望第一期满足市场部信息需求，接着是客户管理……而不想简单地上一个数据收集系统，造成太多的信息孤岛，这样不利于公司信息化整体建设。想法本身很好，但项目实施之后，结果却是：CRM 系统并不擅长实现市场信息的收集和处理，需要大量的二次开发；勉强实现的功能扩展性不好，不能适应公司不断增长的需求。

更让张冬愤怒的是系统的开发。客观地说，公司选择的 CRM 平台很好，据说在国际上名列前茅。但负责开发的人员却令人失望，技术水平和服务态度都差，很少从用户的角度考虑。他们设计的数据录入界面十分烦琐，如输入销量时，要从每个零售店的界面中选择弹出一个窗口，再一个一个机械地录入，假设一个分公司管理 200 个零售店、10 个机型，意味着要进入 2000 次界面；再如，报表输出部分，每种查询只能按固定的格式输出，如果公司要按机型、网型、分公司、零售店、促销员等多个角度查询，开发人员说要开发数千个表。最后，原 CRM 项目组主管找到一个解决方法：找一个编程高手另外编写一个报表生成程序。这样，CRM 系统就分成了两部分：一部分是由原供应商提供的数据录入、原始数据管理系统；另一部分是高手开发的报表查询系统。面对这些问题，张冬觉得很头疼。

　　本来关系融洽的 IT 部和市场部也因为这个系统产生了一些冲突，IT 部责怪市场部需求变得太快、各地操作人员太笨，每天都要应付来自全国的大量的很简单的操作问题；市场部责怪 IT 部不了解需求，不能耐心地提供服务，对新需求的开发进度太慢……一位参与实施的员工在多次申请并终于脱离苦海后，抛下一句话："以后再也不跟 IT 人员打交道了！"这一切让张冬陷入了深深的焦虑。现在再埋怨当初选型、实施过程中的种种失误已经没有意义了。他现在最想知道的是，这个病入膏肓的 CRM 系统是否还有药可医，以及如何医治。

　　思考：请分析让张冬陷入困境的原因是什么。

第 10 章
CRM 数据分析

学习目标

- 掌握数据分析的概念和流程
- 熟悉常用描述性统计指标
- 熟悉 CRM 中数据分析的主要算法
- 理解数据挖掘在 CRM 中的应用价值

开篇案例：联合数据系统公司的 CRM 数据分析

近年来，客户关系管理（CRM）行业发展十分迅速。联合数据系统（ADS）公司针对这一现象，为客户提供交易处理、信用服务和网络营销服务。联合数据系统公司的客户主要集中在四个行业，分别是零售业、加油站便利店、公共事业、运输业。1983 年，联合数据系统公司开始向零售业、便利店以及休闲餐饮行业提供端到端信用服务。2001 年，联合数据系统公司在纽约股票交易市场公开上市。作为网络营销服务商，联合数据系统公司开展直邮促销活动，其数据库包含超过 1 亿客户的消费资料，联合数据系统公司可以据此轻松地锚定从直邮服务中获益的目标客户。联合数据系统公司的分析发展部门通过回归分析模型来分析及预测客户对直邮促销活动的响应性、受到直邮促销活动影响的客户购买其产品的可能性及其购买金额。

连锁经营的零售商想通过促销活动吸引新客户，为了评估促销活动的效果，联合数据系统公司的分析人员从客户数据库中抽取样本，给每个抽取出来的客户发送促销信息，然后收集客户反馈的交易数据。样本数据由客户在促销活动期间的购买金额以及对预测销售额有用的特定客户的相关变量组成。特定客户变量是过往 39 个月在相关商店的信用卡购买总金额，这对于预测购买金额十分有用。联合数据系统公司的分析人员建立了一个购买金额与在相关商店消费金额的估计回归方程：

$$\hat{y} = 26.7 + 0.00205x \tag{10-1}$$

其中，$\hat{y}$表示购买金额的预测值，x为相关商店的消费金额。

根据上述方程可以预测，过去39个月在相关商店消费10000美元的客户，在这次促销中会消费47.20美元。

思考：除了联合数据系统公司的上述案例，CRM数据分析还有哪些实际应用？

10.1 CRM 数据分析流程

数据分析是指用适当的统计分析方法对收集来的大量数据进行分析，将它们加以汇总、理解并消化，以求最大化地开发数据的功能，发挥数据的作用。一般来讲，有效的CRM数据分析流程可分为以下几步。

1. 定义问题

虽然数据分析的最后结果是不可预测的，但首先应明确需要解决的问题。每一个CRM应用程序都有一个或多个商业目标，分析目的不一样，决定了分析使用的模型和算法完全不一样。

当对研究对象的内在特性和各因素间的关系有比较充分的认识时，一般用机理分析方法进行数据分析，但是如果由于客观事物内部规律的复杂性及人们认识程度的限制，无法分析实际对象内在的因果关系，建立合乎机理规律的数学模型，那么通常的办法是，搜集大量的数据，再基于对数据的统计分析找到相关因素的关系。

2. 收集数据

在确认分析目标后，就要排除干扰因素，正确收集服务于既定商业目标的客户数据。这些正确的客户数据对于达到数据分析目的将起到关键性的作用。

正确收集数据简单来说就是用恰当的数据收集方法收集正确的数据。总体上讲，有三类收集数据的原始方法：实验方法、调查方法、观察方法。实验方法是一种受控的观测方法，通过一个或多个自变量的变化来评估它对一个或多个因变量产生的效应；调查方法已经广泛应用于各个领域，包括政治学、社会学、经济学、教育学和管理学，它是以研究样本的数据为基础辨析总体状况的研究方法；观察方法是对自然状态下的研究对象进行直接观察，收集一段时期内若干变量的数据。

3. 数据预处理

在明确商业分析目标基础上收集到的客户数据，往往还需要进行必要的加工整理后才能真正用于分析建模。针对这些数据的加工整理通常包括数据缺失值处理、数据分组、基本描述统计量的计算、基本统计图形的绘制、数据取值的转换、数据的正态化处理等，它能够帮助人们掌握数据的分布特征，是进一步深入分析和建模的基础。

4. 数据建模

数据加工整理完成后一般就可以进行进一步的数据建模了。此步是实现数据分析的核心工作。数据建模是一个迭代的过程，通过研究可供选择的模型，从中选出一个最能解决商业问题的模型。分析时切忌滥用和误用统计分析方法，而应根据数据功能的类型和数据的特点选择相应的算法，在净化和转化过的数据集上进行数据分析。

5. 分析与结论

对数据分析的结果进行解释和评价，将分析所得到的知识集成到业务信息系统的组织结构中。在评价模型结果的方法中，最可取的评价指标是收益或者投资回报率。另外一个常使用的指标是"提升多少"，即用来衡量使用模型后的改进有多大，但它并不考虑成本和收入。精确性并不一定是正确的评价指标，并且它只对建立模型的数据有意义，实际应用时，随着应用数据的不同，模型的精确性肯定会变化。

10.2 常用的描述性统计指标

在进行 CRM 数据分析前，需了解一些指标和术语，从多种角度对数据进行深度解读。

1. 平均数

一般指算术平均数，就是一组数据的算术平均值，即全部数据累加起来除以数据个数的结果。

例如，上一年公司一到四季度的销售额分别为 260 万元、320 万元、220 万元、400 万元，那么平均季度销售额为(260 + 320 + 220 + 400)/4 = 300（万元），即平均季度销售额为 300 万元。

2. 绝对数与相对数

绝对数是总量指标，它是反映客观对象在一定时间、地点条件下的总规模、总水平的综合指标。例如，公司年销售额 2000 万元，公司总人数 160 人等。

绝对数也可以表现为某对象总体在一定时间、地点条件下数量增减变化的绝对数，例如，A 产品 2022 年的销售额比 2021 年的销售额多 260 万元。

相对数是指两个有联系的指标对比计算而得出的数值，它是反映客观对象之间的数量联系紧密程度的综合指标。相对数的计算公式为：相对数 = 比较值（比数）/基础值（基数）

相对数一般以倍数、成数、百分数等表示。例如，公司女员工人数占比 20%，公司男女员工比例为 1∶5，本月销售额是上个月的 3 倍，本季度销售额只完成了任务的 8 成等。

3. 百分比与百分点

百分比是相对数中的一种，表示一个数是另一个数的百分之几，也称为百分率或百分数。

运用百分数时，要注意概念的精确。例如，"比过去增长 20％"，即过去为"100"，现在是"120"；"比过去降低 20％"，即过去是"100"，现在是"80"；"降低到原来的 20％"，即原来是"100"，现在是"20"。

百分点指不同时期以百分数形式表示的相对指标（如速度、指数、构成等）的变动幅度。

例如，所有产品销售总额中，A 产品的销售占比由去年的 25％上升到今年的 35％，我们可以说销售总额中 A 产品所占的比重，今年比去年上涨了 10 个百分点（35-25=10），但不能说上涨了 10％。

4. 频数和频率

频数：在一组数据中，某个数据出现的次数称为频数。

频率：某个数据出现的次数与总次数的比值称为频率。

例如，抛一枚硬币 100 次，正面朝上有 53 次，反面朝上有 47 次，这里硬币正面朝上的频率是 53/100，正面朝上的频数是 53，反面朝上的频率是 47/100，反面朝上的频数是 47。

5. 比例和比率

比例表示总体中的某一部分数量占总体数量的比重，反映总体的构成或者结构，一般用百分比的形式表示。

比率表示总体中两个部分之间的比较，反映总体中各部分的关系，用几比几的形式表示。

例如，公司有 50 人，男生 30 人，女生 20 人，男生的比例是 30∶50，女生的比例是 20∶50，男生与女生的比率是 30∶20。

6. 倍数与番数

倍数表示一个数据是另一个数据的几倍，通常用一个数据除以另一个数据获得。例如，$A/B=C$，那么 A 是 B 的 C 倍。

番数指原来数量的 2 的 n 次方倍。例如，去年利润为 200 万元，今年利润比去年翻了一番，即 400（200×2）万元；今年利润比去年翻两番，即 800（200×2×2）万元。

7. 同比与环比

同比：与历史同时期进行比较得到的数值。

例如，今年一季度 A 产品的销售额同比增加 35％，意思是今年一季度 A 产品的销售额比去年一季度 A 产品的销售额增加 35％。

环比：与前一个统计期进行比较得到的数值。可以是 2 月与 1 月相比、8 日与 7 日相比、二季度与一季度相比，等等。

例如,今年二季度 B 产品的销售额环比增加 30%,意思是今年二季度 B 产品的销售额比一季度增加 30%。

8. 字段与记录

字段：代表事物或对象某种特征的变量。例如,表 10.1 中的"客户 ID""年龄"等。

记录：事物特征的具体表现。例如,表 10.1 中的一行即为一条记录。

表 10.1　ABC 投资公司客户表

客户ID	客户类型	交易保证金账户	交易方法	交易数/月	性别	年龄	爱好
1005	联合	No	Online	12.5	F	30～39	网球
1013	委托保管	No	Broke	0.5	F	50～59	滑雪
1245	联合	No	Online	3.6	M	20～29	高尔夫
2110	个人	Yes	Broke	22.3	M	30～39	钓鱼
1001	个人	Yes	Online	5.0	M	40～49	高尔夫

9. 众数

数据集合中出现次数最多的数值称为众数。如果有两个或多个数值出现次数并列最多,那么这两个或多个数值都是该集合的众数。

例如,数据集合 {2, 3, 8, 6, 3, 5, 3, 2, 6, 3} 的众数为 3。

10. 中位数

将数据集合中的所有数据按照升序或降序排列,居于最中间的数值即为该集合的中位数,若集合中的数值个数为奇数,取最中间一个为中位数;若集合中的数值个数为偶数,取最中间两个数值的算术平均数为中位数。

例如,{2, 5, 6, 9, 13, 15, 20} 的中位数为 9；{3, 5, 6, 8, 9, 12, 13, 17} 中位数为 (8+9)/2=8.5。

11. 加权算术平均数

加权算术平均数是不同权重的数据的算术平均数。所谓数据的权重,反映的是一个数据在数据集合中的重要性,一般用权数来表示。

将数据集合中的各数据乘以相应的权数,然后加总求和再除以所有权数之和,即为该数据集合的加权算术平均数,它适用于已分组数据集合。

假设有一个数据集合,包含 k 组数据,各组的简单算术平均数分别为 $\bar{x}_1, \bar{x}_2, \bar{x}_3, \cdots, \bar{x}_k$,每组数据的数据个数分别为 $f_1, f_2, f_3, \cdots, f_k$,每组数据的个数就是该组数据的权数,那么加权算术平均数的公式为：

$$\bar{x} = \frac{f_1\bar{x}_1 + f_2\bar{x}_2 + f_3\bar{x}_3 + \cdots + f_k\bar{x}_k}{f_1 + f_2 + f_3 + \cdots + f_k} \tag{10-2}$$

12. 几何平均数

在分析产品合格率、银行利率、平均发展速度等问题时,数据之间的关系不是加减关系,而是乘除关系,应运用几何平均数分析。

数据集合中的 n 个数据连乘积的 n 次方根称为数据集合的几何平均数。

假设一个数据集合的数据分别为 x_1, x_2, x_3, $\cdots$, x_n,且所有数值都大于 0,那么该数据集合的几何平均数公式为:

$$\bar{x} = \sqrt[n]{x_1 x_2 x_3 \cdots x_n} \tag{10-3}$$

10.3 数据分析模型

10.3.1 关联分析

关联分析是指从给定的数据集合中发现频繁出现的模式知识(又称为关联规则)。通常,关联规则具有 $X \Rightarrow Y$ 形式,即 "$A_1 \wedge A_2 \wedge \cdots \wedge A_m \Rightarrow B_1 \wedge \cdots \wedge B_n$",其中,$A_i$ ($i \in \{1,\cdots,m\}$) 和 B_j ($j \in \{1,\cdots,n\}$) 均为属性-值(属性=值)形式。关联规则 $X \Rightarrow Y$ 表示数据库中满足 X 中条件的记录也一定满足 Y 中的条件。

例 10.1 一个数据挖掘系统可以从一个商场的销售(交易事务处理)记录数据中挖掘出如下所示的关联规则:

$$\text{age}(X, 25\sim29) \wedge \text{income}(X, 15\sim20) \Rightarrow (X, \text{earphone}) \tag{10-4}$$

$$[\text{support} = 2\%,\ \text{confidence} = 60\%] \tag{10-5}$$

上述关联规则表示:该商场有 2%的客户年龄在 25 岁到 29 岁之间且年收入在 15 万元到 20 万元之间,这群客户中有 60%的人购买了 earphone(耳机),或者说这些客户购买 earphone(耳机)的概率为六成。

对于一个商场经理,或许更想知道哪些商品是经常一起购买的,描述这种情况的一条关联规则如下:

$$\text{contains}\ (X, \text{"computer"}) \Rightarrow \text{contains}\ (X, \text{"software"}) \tag{10-6}$$

$$[\text{support} = 1\%,\ \text{confidence} = 60\%] \tag{10-7}$$

上述关联规则表示:该商场有 1%的交易事务处理记录中包含"computer"和"software"两种商品,而一条包含(购买)"computer"商品的交易事务处理记录有 60%的可能也包含(购买)"software"商品。

10.3.2 分类与预测

分类就是找出一组能够描述数据集合典型特征的模型（或函数），以便确定未知数据的归属或类别，即将未知数据映射到某种离散类别。分类模型（或函数）可以通过分类算法从一组训练样本数据（其类别已知）中学习获得。

分类挖掘所获得的模型可以采用多种形式加以描述输出。其中主要的表示方法有：分类规则（IF-THEN）、决策树（Decision Tree）、数学公式（Mathematical Formula）和神经网络。决策树是具有层次的树状结构，图10.1所示的就是一个决策树，决策树可以很容易地转换为分类规则。

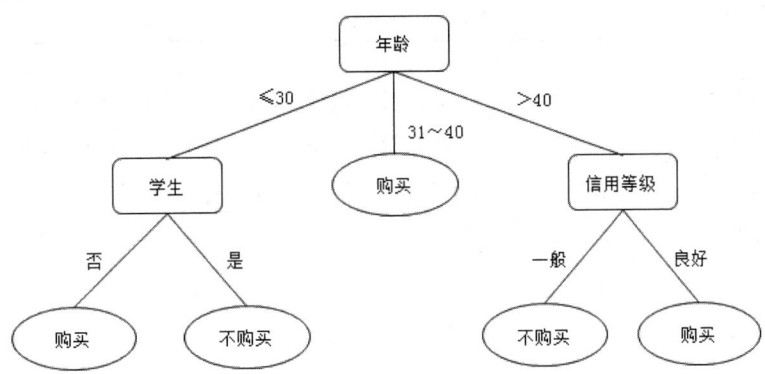

图10.1　客户购买电脑结果决策树

分类通常用于预测未知数据实例的归属类别（有限离散值），如一个银行客户的信用等级属于 A 级、B 级还是 C 级。但在一些情况下，需要预测某数值属性的值（连续数值），这样的分类就被称为预测。尽管预测既包括连续数值的预测，也包括有限离散值的分类，但一般还是使用预测来表示对连续数值的预测，而使用分类来表示对有限离散值的预测。

例 10.2　某商场销售主管对影响电脑销售的主要因素很感兴趣，若将客户是否购买电脑分为两类，即购买电脑和不购买电脑，客户购买记录如表 10.2 所示，那么利用分类挖掘对商场电脑销售情况进行挖掘，就可以获得相关分类规则，帮助主管更有效地开展促销活动。

表 10.2　客户购买记录

编号	年龄	收入	学生	信用等级	类别：购买电脑
1	≤30	高	否	一般	否
2	≤30	高	否	良好	否
3	31～40	高	否	一般	是
4	>40	中等	否	一般	是
5	>40	低	是	一般	是
6	>40	低	是	良好	否

续表

编号	年龄	收入	学生	信用等级	类别：购买电脑
7	31~40	低	是	良好	是
8	≤30	中等	否	一般	否
9	≤30	低	是	一般	是
10	>40	中等	是	一般	是
11	≤30	中等	是	良好	是
12	31~40	中等	否	良好	是
13	31~40	高	是	一般	是
14	>40	中等	否	良好	否

在图 10.1 所示的决策树中，分类规则就是利用年龄、是否为学生、信用等级对客户是否购买电脑进行预测。具体预测过程是：根据待预测客户有关属性的具体取值，从图 10.1 所示的决策树根节点开始，沿决策树的分支向下前进，直到叶节点为止，这时相应叶节点的类别标记就是待预测实例的类别标记。

10.3.3 聚类分析

聚类分析与分类预测方法的明显不同之处在于：后者学习获取分类预测模型使用的数据是已知类别归属的数据，属于有监督学习方法；而聚类分析（无论是在学习还是在归类预测时）所分析处理的数据均是无（事先确定）类别归属的，类别归属标志在聚类分析处理的数据集中是不存在的，原因很简单，它们原来就不存在，因此聚类分析属于无监督学习方法。

聚类分析中，首先需要根据"各聚类（Cluster）内部数据对象间的相似度最大化和各聚类数据对象间的相似度最小化"的基本聚类分析原则以及度量数据对象之间相似度的计算公式，将数据对象划分为若干组（Group）。因此，一个组中数据对象间的相似度要比不同组数据对象间的相似度大。每一个聚类分析所获得的组都可以视为一个同类别归属的数据对象集合，在这些同类别数据对象集合中，可以通过分类学习更进一步获得相应的分类预测模型（规则）。此外，通过反复不断地对所获得的组进行聚类分析，还可获得初始数据集合的一个层次结构模型。

k-means 算法是最常见也最知名的聚类算法。

输入：聚类个数 k，以及包含 n 个数据对象的数据库。

输出：满足方差最小标准的 k 个聚类。

处理流程：

（1）从 n 个数据对象中任意选择 k 个对象作为初始聚类中心。

（2）根据每个聚类对象的均值（中心对象），计算每个对象与这些中心对象的距离，并根据最小距离重新对相应对象进行划分。

（3）重新计算每个（有变化）聚类的均值（中心对象）。

（4）循环执行步骤（2）到（3），直到每个聚类不再发生变化为止。

例 10.3 假设空间数据对象分布如图 10.2(a)所示，设 $k=3$，也就是需要将数据集合划分为 3 份（聚类）。

根据 k-means 算法，从数据集合中任意选择三个对象作为初始聚类中心，图 10.2(a)中这些对象被标上了"+"，其余对象则依据与这三个聚类中心（对象）的距离，按照最近距离原则，逐个分别聚类到这三个聚类中心所代表的（3个）聚类中，由此获得如图 10.2(a)所示的 3 个聚类（以虚线圈出）。

在完成第一轮聚类后，各聚类中心也发生了变化。继而更新 3 个聚类的聚类中心，图 10.2(b)中这些对象被标上了"+"，也就是分别根据各聚类中的对象重新计算相应聚类的（对象）均值。依据所获得的 3 个新聚类中心以及各对象与这 3 个聚类中心的距离，（按照最近距离原则）对所有对象进行重新划分。有关变化情况如图 10.2(b)所示（以粗虚线圈出）。

再次重复上述过程可获得如图 10.2(c)所示的聚类结果（以实线圈出），这时由于各聚类中的对象（归属）已不再变化，整个聚类操作结束。

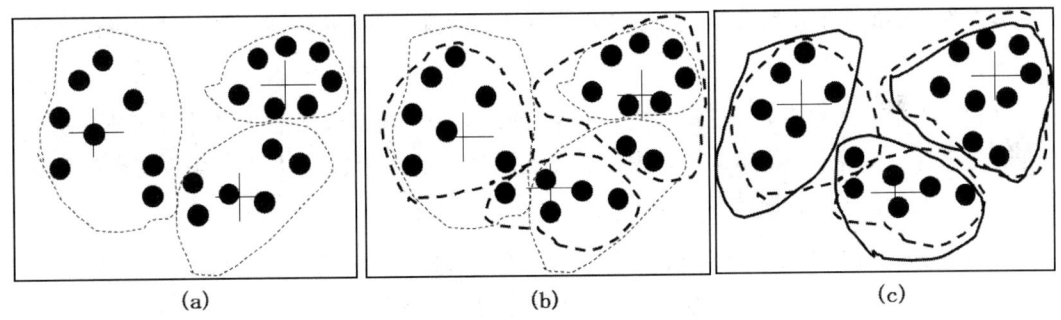

图10.2　k-means算法聚类过程示意描述

10.3.4　其他分析模型

此外，数据分析模型还有异类分析、演化分析等。

一个数据库中的数据一般不可能都符合分类预测或聚类分析所获得的模型。不符合大多数数据对象所构成的规律（模型）的数据对象就被称为异类。以前许多数据分析方法将这些异类作为噪声或意外排除在分析处理范围之外。但在一些应用场合，如各种商业欺诈行为的自动检测，小概率发生的事件（数据）往往比经常发生的事件（数据）更有挖掘价值。对异类数据的分析处理通常称为异类分析。数据中的异类可以利用数理统计方法分析获得，即利用已知数据所获得的概率统计分布模型或利用相似度计算所获得的相似数据对象分布，分析确认异类数据。而偏离检测就是从已有数据或期望值中找出某些关键测度显著的变化。异类分析可以依据各账户平常所发生的购买行为，从大量商品购买记录中发现正在进行信用卡诈骗的购买行为（异类行为）。例如，可以根据购买的发生地点、购买商品类型和购买频率等发现属于信用卡诈骗的购买行为（异类数据）。

演化分析就是对随时间变化的数据对象的变化规律和趋势进行建模描述。这一建模手段包括概念描述、对比概念描述、关联分析、分类分析、时间相关数据分析（这其中又包括时序数据分析、序列或周期模式匹配以及基于相似性的数据分析）。例如，利用演化分析方法可对股市主要股票交易数据（时序数据）进行分析，以便获得整个股票市场的股票演化规律，以及特定股票的变化规律，这种规律或许能够帮助预测股票市场上的股票价格，从而有效地提高投资回报率。

10.4 数据分析在 CRM 中的应用

数据分析可以从海量数据中自动获取潜在的、对决策有价值的信息、模型和规则，并能够根据已有的信息对未发生的行为做出预测，从而为企业在经营决策、市场策划等方面提供依据和辅助支持。在 CRM 中，数据仓库将海量的、杂乱的客户历史行为数据集中起来，建立一个整合的、结构化的数据模型，在此基础上进行数据分析。数据分析模型按照其功能，可以应用到以客户为中心的企业决策分析及管理的不同领域和阶段。在 CRM 中，它可以应用在以下几个方面：

（1）客户特征多维分析。挖掘客户的个性需求，客户的特征包括地址、年龄、性别、收入、职业、受教育程度等多个维度，可以进行多维组合型分析，并快速给出符合条件的客户名单和数量。

（2）客户行为分析。结合客户信息对某一客户群体的消费行为进行分析。针对不同的消费行为及其变化，制定个性化营销策略，并从中筛选出潜在客户。

（3）客户流失分析。挽留一个老客户比争取一个新客户付出的代价要小得多。对客户持久性、牢固性以及稳定性进行分析，可以及时发现问题并及时地采取补救措施。

（4）销售分析与销售预测。包括按产品、促销效果、销售渠道、销售方式等进行的分析。同时，分析不同客户对企业效益的不同影响，分析客户行为对企业收益的影响，使企业与客户的关系及企业利润最优化。

同时，根据一些影响消费情况的因素，对未来某段时间的销售水平做出预测，或对销售走势做出预测。影响将来销售水平的因素是多方面的且与具体情况密切相关，一般的因素有：上一个相同间隔的时间段的销售情况、去年同期的销售情况、季节变化情况等。

（5）交叉销售。在产品促销活动中，企业利用数据分析，可以从销售记录中挖掘关联信息，了解某些产品具有关联销售的可能性,进而向已经购买相关产品的客户推销关联商品,提高产品促销的成功率。在交叉营销活动中,数据分析可以帮助企业寻找影响客户购买行为的因素,帮助营销人员了解哪些客户最有可能购买新产品以及哪些产品通常被一起购买。在一对一营销活动中,企业可以利用数据分析中的分类与聚类技术把大量的客户分成不同的类型,使每个类里的客户拥有相似的属性,进而使企业给每种不同类型的客户提供完全不同的服务,最终提高客户的满意程度。

(6)客户细分。客户细分可以让管理者在较高的层次上查看整个数据库中的数据,也可以使经营管理者使用不同的方法处理不同细分的群体客户。数据分析可以根据客户的预测行为来定义客户细分群。例如,决策树的叶节点可视为一个独立的客户细分群,每个叶节点由某些特定的客户特征来定义,所有符合这些特征的客户存在一些预测行为。

(7)客户获取。在开发新客户的过程中,可利用数据分析建立一个预测性分析模型。但是,企业对当前不属于自己的客户的了解程度远没有对现有客户的了解程度高,关键在于寻找那些已知信息和想要得到的行为模型之间的关系。

在这个过程中,企业必须获得一些潜在客户的名单,在潜在客户名单中列出可能对企业产品或服务感兴趣的客户信息。接下来,企业要做的就是通过一些小规模的实验活动,收集、分析有用的数据。当有了实验活动中取得的反馈数据后,企业可以对客户的反应模式进行实际分析。在这个阶段,挑选一些需要预测且对企业感兴趣的行为模式,并决定在什么样的粒度上进行分析。一旦原始数据准备好,就可以在上面进行数据分析了。数据分析软件将依据所选择的反应模式的类型来预测一些指标变量。通过这些指标变量,就可以找出那些对企业所提供的产品或服务感兴趣的客户,进而达到获取客户的目的。

(8)客户赢利能力分析。数据分析技术可以用来预测在不同的市场活动情况下客户盈利能力的变化。在客户的赢利能力分析中,需要做的是基于市场营销策略预测赢利能力。为此,首先需要设定一些优化目标。设定优化目标的意图就是企业必须确定一种计算客户赢利能力的方法。这种方法可以是一种简单的计算公式,如从每个客户身上获取的收入减去提供产品、服务、市场活动、促销活动的成本,再减去通常由客户所负担的那些固定费用;也可以是一种更复杂的计算公式。然后,利用数据分析工具从客户的交易记录中发现一些行为模式,并用这些行为模式来预测客户赢利能力的高低,进而帮助分析和提高客户赢利能力,使企业在市场竞争中获取优势。

(9)风险评估和欺诈识别。欺诈行为几乎在每个行业中都会遇到,尤其是在客户关系管理中。利用神经网络分析模型可以探察具有欺诈倾向的客户,这就有可能使企业对这些客户加强监控,防止欺诈的发生。数据分析中的孤立点分析也可识别那些具有欺诈倾向的客户。例如,一个邮购零售商可以区分来自同一地址不同客户的付款模式。当同一客户使用不同的名字时,可以识别潜在的欺诈行为。银行在贷款给企业之前,可以查明这家公司是否处于财务危机之中。

案例：Bell Atlantic 公司的数据挖掘系统

Bell Atlantic 公司的数据挖掘系统非常成功，不仅为其业务开展带来很大的方便，而且节省了许多开支。Bell Atlantic 的电话服务目前已经覆盖了美国 14 个州，拥有企业电话、居民电话账户近一亿个。

Bell Atlantic 的数据挖掘系统的首要任务就是尽快地追收拖欠的电话费，同时尽量减少收债部门的成本。

软件系统的选择非常重要。经过反复挑选后，Bell Atlantic 采用了 SAS 统计软件系统建立数据挖掘系统。

然后是建立 SAS 格式库。许多数据需要格式化，比如年龄，从 20 岁到 100 岁都有，需要分成不同的组，这都需要利用模式来进行数据转换。有的数据不是连续变量，比如婚姻状况（单身/已婚），也需要进行一些变换才可以进行计算。日期也是需要格式化的，不同计算机系统记录日期的方法不同，需要把日期转换成一致的格式。在金融保险行业，日期这个变量非常重要，因为很多客户的行为都记录在日期里面了。电话公司里记账、付款的日期也非常重要。

第三步是数据分析，Bell Atlantic 把覆盖的 14 个州分成 6 组，把企业账户和居民账户分开，然后把不同的账户进一步分成 8 个类型，前前后后一共建立了近 40 个不同的追收拖欠电话费的模型。这个项目 Bell Atlantic 花费了一百多万美元。

这样，Bell Atlantic 就能计算出有关客户的各种可能性，包括客户从一个月不交电话费变成两个月不交电话费的可能性，客户从三个月不交电话费到变成坏债的可能性，以及坏债客户变成死债客户的可能性。同时，还对追收拖欠电话费用的策略提供线索，确认应该对哪些账户进行追债活动，哪些账户有可能拖欠电话费；提供量化的追债策略，对不同的账户采用不同的办法。

本章小结

1. 数据分析是指用适当的统计分析方法对收集来的大量数据进行分析，将它们加以汇总、理解并消化，以求最大化地开发数据的功能，发挥数据的作用。一般来讲，有效的 CRM 数据分析流程包括定义问题、收集数据、数据预处理、数据建模以及分析与结论等几个步骤。
2. 在进行 CRM 数据分析前，首先需了解一些指标和术语，从多种角度对数据进行深度解读，包括平均数、绝对数与相对数、百分比与百分点、频数和频率、比例和比率、倍数与番数、同比与环比、字段与记录、众数、中位数、加权算术平均数、几何平均数等。
3. CRM 中常用的数据分析模型和算法包括关联分析、分类与预测（分类规则、决策树算法、神经网络等)、聚类分析(k-means 算法等)、异类分析、演化分析(时序数据分析算法、序列或周期模式匹配算法以及基于相似性的数据分析算法等)。

4. 在 CRM 中,数据仓库将海量的、杂乱的客户历史行为数据集中起来,建立一个整合的、结构化的数据模型,在此基础上进行数据分析。数据分析模型按照其功能,可以应用到以客户为中心的企业决策分析及管理的不同领域和阶段。在 CRM 中,它可以应用在以下几个方面:(1) 客户特征多维分析;(2) 客户行为分析;(3) 客户流失分析;(4) 销售分析与销售预测;(5) 交叉销售;(6) 客户细分;(7) 客户获取;(8) 客户赢利能力分析;(9) 风险评估和欺诈识别。

思考题

1. 什么是 CRM 数据分析?你认为其核心灵魂是什么?
2. 简述有效的 CRM 数据分析流程。
3. 数据分析常用的描述性统计指标有哪些?
4. 简述常用的经典数据分析模型和算法。
5. 数据分析在 CRM 中的应用有哪些?

第 11 章

CRM 系统的实施

学习目标

- 了解 CRM 系统的选择过程和方法
- 了解 CRM 系统的实施流程
- 掌握影响 CRM 系统实施的关键因素
- 学会分析 CRM 系统实施成功和失败的案例

开篇案例：上海通用汽车公司成功的关键

上海通用汽车公司（简称上海通用）是最先在我国引入 CRM 的企业之一，已在其 Siebel CRM 项目上投资数百万美元，并取得了很好的效果。

上海通用在 CRM 的实施过程中注重理念与技术的结合，通过对其已有的呼叫中心系统运行情况的总结，制定其全新的 CRM 解决方案。上海通用还推出了电子商务网站，客户可以通过该网站直接下订单购车。上海通用的 CRM 解决方案将以客户为中心的理念贯穿始终，以保证客户在与企业人员沟通的过程中享受到全程无差异服务。例如，客户在购买汽车和享受服务这两个环节中所面对的工作人员是不同的：销售人员、客服人员和维修人员等，而上海通用的 CRM 系统保证客户从这些工作人员得到的答复和享受的服务是无差异的。同时，客户还可以通过网上自助的方式或者电子邮件的方式与上海通用的网站沟通。

上海通用实施 CRM 系统的步骤包括：第一步，集中管理客户信息；第二步，提高机构内部协同工作的效率；第三步，开拓新的客户接触渠道；第四步，对客户进行细分。上海通用的 CRM 系统的重点在于潜在客户的开发和潜在客户的管理。

> 思考：结合上海通用的案例，分析企业 CRM 成功的关键因素是什么。

CRM 系统作为管理软件的一个子集，和别的管理软件有着密切的关系。管理软件都会体现一定的管理理念，对于 CRM 而言，它侧重于企业前台的销售市场的资源整合，中心在客户。但是，作为一套功能强大的管理软件系统，它同样具有一般系统的共性，因此 CRM 系统同样是由相互联系和相互制约的若干组成部分结合而成的，是具有特定功能的有机整体。

11.1 CRM 系统的选择

对于大多数企业来说，CRM 项目一般都是在众多的 CRM 供应商中进行选择的，而不会自行开发。因此，如何选择 CRM 系统就成为企业非常重要的一个工作任务，这里讨论的内容就是选取 CRM 系统的正确方法。

1. 确定实施 CRM 系统的目标和动机

企业出于什么样的目标和动机开始考虑选择 CRM 系统？这对于理解"企业通过 CRM 创新设法实现什么样的目标"非常关键。因此，企业首先要确定自身最初的目标和动机。最初的目标和动机的确定需要企业能够针对目前的营销、销售和服务状况来分析存在的问题，以及哪些方面需要进一步改善。实施 CRM 系统最初的目标和动机主要包括以下几个方面：

- 提高营销、销售和服务的效能；
- 增加收入，降低成本；
- 改善客户忠诚度；
- 提高市场份额；
- 改善边际利润；
- 缩短销售周期；
- 支持团队销售；
- 降低管理费用；
- 提高渠道效率。

以上是最初目标的主要方面，企业应该针对自身的现状以及行业内外环境进行分析，找到企业发展的薄弱环节，并制定主要目标，给出各个目标的重要优先级。

2. 详细分析实现最初目标的运营改进方法

上述都可以作为企业选择 CRM 系统的理由，但要想最大化实现目标的概率，企业必须借助结构化选型方法的第二步，即进一步确定企业通过哪些运营改进措施才能实现第一步中确定的目标。与 CRM 相关的具体运营改进措施包括：

- 增加客户服务和支持渠道；

- 增加新的营销、销售和服务人员；
- 共享最好的实践；
- 引入新产品；
- 准确地预测企业未来的营销和销售方向；
- 获得更多的营销和销售线索；
- 交叉/追加销售；
- 提供信息访问的简便性。

以上是与 CRM 相关的、实现目标的主要方法和途径，企业应针对自身情况来确定可以采取的具体运营改进措施和各个具体运营改进措施的重要优先级。

3. 寻求软件供应商解决方案的建议和信息

确定了具体的运营改进措施之后，企业需要真正理解设法解决的基本问题，只有这样，企业才能够确定哪些特定的解决方法可以应用于这些基本问题。一旦确定了具体的业绩目标，便需要开始寻求解决问题的技术。这时候，企业需要考虑从何处获得解决方案和供应商的建议与信息。企业获得相关信息的渠道主要有以下几种：

- 咨询顾问（包括 MIS、ERP、CRM、SCM 等项目的顾问）；
- 咨询公司（主要是一些信息化领域的第三方咨询公司）；
- 文章（主要包括一些 CRM 理论、CRM 案例研究、CRM 产品剖析等）；
- 网站（包括企业管理信息化方面的门户网站、信息化咨询公司以及软件供应商的网站）；
- 厂商客户（对软件供应商已有客户进行调查与分析，了解客户部署该供应商 CRM 产品的投资回报情况）；
- 研讨会（政府机构、咨询公司、软件供应商主办的研讨会，企业可以从演讲者那里获得很多客观的、系统性较强的有关 CRM 产品、CRM 功能实现、CRM 实施策略等方面的知识）；
- 座谈会（供应商与用户、用户与用户的交流）；
- 直邮（供应商发布的各种有关产品的直邮信息）。

不同渠道的信息有不同的成本和不同的可靠性，企业可以根据自身情况酌情选择，并相互验证其可靠性。

4. 要注意 CRM 系统与其他应用软件系统的集成问题

选型时尽可能选产品线比较全面的供应商的 CRM 系统，同一家供应商的 CRM 系统和其他产品线的糅合性基本上可以很好解决，但如果不同软件系统由不同供应商提供，通常会有一些问题。购买系统前进行评估的主要目的有两个：确定是否有必要购买 CRM 系统；如果有必要，应该购买哪些软件供应商的产品。

另外，选择供应商时使用最多的是需求建议书（Request For Proposal，RFP）方法。"CRM 产品做什么"不是一个问题，真正的问题在于"CRM 产品如何做"。

5. 详细了解"真实"的软件供应商

企业了解软件供应商的一些实际情况，对今后应用 CRM 系统是非常必要的。供应商的服务体系与自身成长性问题不可忽视。软件就是服务，供应商的服务水平、服务能力、服务网络、服务响应时间、服务条件等都要考虑。另外，供应商的成长性风险也要关注，因为无法想象一个缺乏资金、连生存都有问题的企业能持续不断开发出稳定的新产品。CRM 系统中的管理模式是否先进、科学、具有前瞻性，除了取决于供应商的行业经验，很大程度上还取决于供应商的研发实力。

获取软件供应商信息的策略如下：

- 研究定制的范例；
- 让供应商描绘现有的流程；
- 看供应商的详细技术评价；
- 看标准的产品示范；
- 看供应商的产品展示；
- 研究第三方对供应商的间接评价；
- 进行供应商产品的 ROI 分析；
- 访问供应商的客户；
- 评价供应商的实施计划；
- 评价供应商的建议；
- 注意供应商总部的高层简报；
- 完成 RFP。

6. 建立适合自身的产品评价体系

当上述数据收集好之后，企业应该根据自身情况建立复杂程度适当的选型指标评价体系。不同企业的评价指标体系是不一样的，其复杂程度（指标的个数）应视 CRM 项目本身所期望达到的目标、CRM 项目的投资、CRM 系统的复杂程度而定。该指标体系由产品技术评价指标和产品功能评价指标两部分组成。

7. 关于 CRM 系统应考虑的问题

（1）CRM 系统的管理模式是否与企业的模式一致

CRM 的实质是一种管理思想和管理模式，因此企业选择 CRM 系统时，应该看该系统本身所融入的管理思想与模式是否与自己一致，或者相似，或者是企业后期变革的方向，这不仅需要从供应商的口中或方案中了解，还需要看 CRM 系统本身的架构、业务流程。

（2）选择 CRM 系统时要看供应商的行业背景

选择 CRM 系统是一个复杂的问题，对于行业特性比较明显的行业（如汽车、房地产、金融、医药等行业）更是如此。因为供应商只有在某个行业做过才会熟悉该行业，才能理解该行业的业务特点，也才有可能使开发出的 CRM 系统满足该行业的需求。

（3）了解 CRM 系统本身的功能

比如，功能模块能否覆盖企业业务的基本应用、界面是否友好。如果是商品化的通用软件，功能模块上可能还有部分要调整。一般来说，如果供应商的 CRM 系统有 60%以上的功能能用上，就值得买；站在企业角度，如果企业 85%以上的 CRM 需求能被供应商的 CRM 系统满足，就完全可以购买该系统。

（4）考察 CRM 系统的技术特点

企业选择 CRM 系统时，一定要选适合的，而不一定要以先进性为唯一标准；要选主流技术，并且要在一定时间内处于相对稳定、成熟和先进状态。但要注意，企业购买的是一套 CRM 应用解决方案，评判 CRM 系统成败的标准是看其是否解决了问题，提升了企业的核心竞争力，技术只是其中的一部分因素。

11.2 CRM 系统的实施过程

在目前市场竞争激烈、客户资源尤显重要的环境下，企业要在较短时间内，靠自己的力量从头分析研究、自主开发并实施高效的 CRM 系统，必然的结果是投入大、见效慢，因此并不是最佳选择。选择一个适合自身情况且功能强大的 CRM 系统，并挑选一个合适的软件供应商或咨询公司帮助实施 CRM，应当是一个比较合理的方案。在这里所要讨论的是，企业不自主开发 CRM 系统，而是根据自身业务需求的特点来选择 CRM 系统，并且接受软件供应商或咨询公司的帮助，所应当考虑的一些方法。

CRM 系统本质上是面向企业前台应用的管理信息系统，本身就蕴含了 CRM 的管理思想和先进的信息技术。同其他管理软件一样，CRM 系统的实施过程同样要遵循项目管理的科学方法。在这里，结合项目管理和管理信息系统实施的特点提出 9 阶段的 CRM 系统实施方法，如图 11.1 所示。

第 11 章 CRM 系统的实施

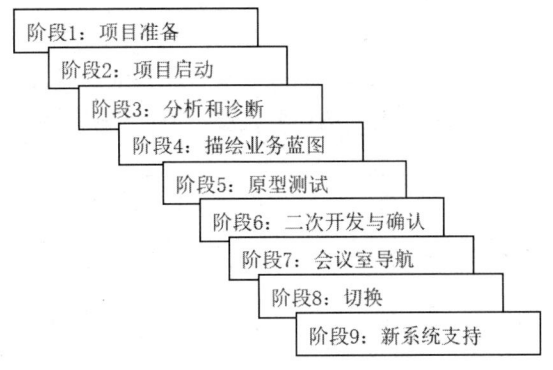

图 11.1 CRM 系统实施方法

1. 项目准备

这一阶段主要是为 CRM 项目立项进行准备，目标是取得高层领导的支持和勾画出整个项目的实施范围。主要任务包括确定项目目标、界定项目范围、建立项目组织、制订阶段性的项目计划和培训计划（其中包括每个阶段的交付成果）。从某种意义上说，全面实施 CRM 系统其实是一种战略决策，它意味着一场深刻的组织变革。虽然 CRM 系统应用面向的只是企业的前台，范围没有 ERP 这类主要侧重于企业后台业务集成的管理信息系统广，但就 CRM 系统中蕴含的管理思想而言，却意味着企业从以产品为中心的管理模式向以客户为中心的管理模式的转变，意味着管理观念的转变，由活动构成的企业相关流程的转变、制度的转变、人的转变。因此，拥有企业高层对 CRM 的理解、指导和承诺，各级管理人员的有力支持，项目才有可能取得成功。可以这样说，企业高级管理层的承诺（Top Management Commitment）是成功实施 CRM 系统的首要条件。

项目准备阶段主要有以下两项工作。

（1）确定项目范围

可以通过初步了解现行系统的业务以及目前已经在使用的软件系统来确定 CRM 项目范围。不同于 ERP 项目，CRM 项目的应用范围主要为企业的前台业务部门，即市场营销管理、销售管理以及客户服务与支持部门。

（2）对中高层管理人员进行相关培训

只有让企业的中高层管理人员真正理解 CRM 的概念和原理，才可能对 CRM 系统的实施给予允分的支持。

2. 项目启动

在取得了企业高层的支持和确定了项目实施范围之后，项目进入正式启动阶段。这个阶段的主要任务包括确定项目目标、建立项目组织、制订阶段性的项目计划和培训计划，每个阶段的交付成果都要有相应的文档加以整理和记录。

（1）建立项目队伍并明确人员权责

这支队伍既有企业高级管理层所组成的指导委员会和咨询公司人员，也有来自信息部门的技术人员和相应职能部门的熟悉企业流程的业务人员。项目队伍组织结构如图11.2所示。

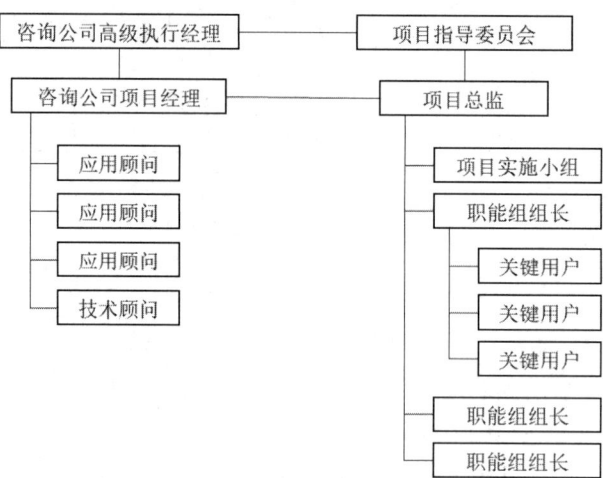

图11.2 项目队伍组织结构图

（2）制订项目计划

制订贯穿于各阶段的项目计划，其中包括交付成果。由于CRM系统实施具有复杂性，因此应通过工作任务分解，把整个项目分为不同的阶段，每个阶段都有自己的目标、任务和交付成果。

（3）制订培训计划

培训在CRM系统实施中是非常重要的因素，它贯穿于项目的各个阶段。培训可以针对不同的对象，安排在不同的时间和地点，培训的成本也会有所差别。培训是成功的关键，培训应该从高级管理层开始。有些培训可能还要根据培训对象的不同，根据CRM系统的特点，加一些实例练习，以便更快地实现知识转移。

（4）确定项目目标和评价方法

确定项目目标有几个原则。首先，项目必须产生效益。通过CRM系统的实施，提高企业的销售收入并降低销售成本，从而增加利润，这是显性效益；另一方面，提高客户的满意度和忠诚度，同时增加内部员工的满意度和工作热情，加强部门之间的团结合作等，这是隐性效益。而隐性效益从某种角度来说，也给企业带来了竞争优势。其次，项目目标必须可以衡量，应当以数字来表示，如提高10%的销售收入、降低15%的销售成本等。再次，目标必须可以完成。制定的目标必须切合实际，不切实际的目标只不过是空想而已。可以同时制订多个目标。在评价CRM系统实施时，可以拿实际效果与制定的目标进行相应对比，寻找差距和不足，以便进一步改进。当然，CRM系统的实施是一个不断完善的长期过程，不能太注重短期利益，在竞争日益残酷的今天，获取战略利益更有利于企业的长期发展。

3. 分析和诊断

这一阶段是任何管理信息系统实施中都必不可少的关键环节。这一阶段的主要任务包括 CRM 系统的安装和技术培训、CRM 系统应用的初步培训、现有政策、业务流程的分析和诊断等。

（1）CRM 系统的安装和技术培训

CRM 系统的安装和技术培训是必需的。不同规模的企业所需要的 CRM 系统会有很大差别。对于较复杂的产品，需要对安装进行计划并确认系统规模。随后，安装硬件和 CRM 软件，确定安全及访问控制并进行系统管理的培训。

（2）CRM 系统应用的初步培训

它针对的是项目实施小组全部成员。通过培训，使企业人员了解项目相关的业务领域，CRM 系统的技术特点、所蕴含的管理思想以及业务流程，这对于进一步进行流程分析和诊断、业务蓝图的初步设计会有所帮助。

（3）现有政策、业务流程的分析和诊断

由于 CRM 倡导的是以客户为中心的管理模式，原有的以产品为中心的政策和流程必然面临着改变。不仅与企业前台业务相关的流程需要改变，企业后台的流程也要做出相应的调整。通过确定流程的需求和实现客户价值的程度，分析现有流程和政策中存在的问题，确定要改进的关键环节。可以采用流程图建模技术和鱼骨图分析技术等帮助分析。

4. 描绘业务蓝图

在吸取了众多实施管理信息系统（如 ERP）失败案例的教训之后，在传统的 MIS 实施模式的基础上，结合 BPR（Business Process Reengineering，企业流程重组）的思想和方法，产生了这一阶段。它对 CRM 系统的成功实施最为重要。

所谓业务蓝图，即改进后的企业流程模型。虽然经过了初步培训，企业人员已经对 CRM 系统有了初步的了解，但对其详细功能的认识还比较有限，考虑到将来新流程与 CRM 系统的有机结合，因此应先描绘初步的业务蓝图，但这并不是系统的详细设计，在经过原型测试后，再对业务蓝图进行修改，使其不断完善。新流程应该符合 CRM 的管理思想和目标，着眼于提高客户满意度和忠诚度。

在挑选业务流程进行重新设计时，首先要挑选一些关键的流程，可以根据位势的重要性、绩效的低下性和落实的可能性来挑选。如客户投诉服务流程，如果运行绩效低下（响应速度慢、信息不共享、无规范的文档记录、没有解决方案的数据库等），则会直接影响客户对售后服务的满意程度，导致客户流失，同时由于 CRM 技术的支持，重新设计后的流程也有落实的可能性，因此对此流程的改进就是非常必要的。

另外,在设计新的业务流程时,必须根据企业本身的实际情况和行业的特点,同时结合 CRM 系统的优势,既不应该盲目照搬其他企业的模式,也不应该完全采用 CRM 系统本身包含的标准业务流程。流程再设计时可以运用 BPR 的一些优化流程的方法和技术,如创造性技术(头脑风暴法、黑箱思考法等)和数据建模技术(IDEF 工具等)。在改进企业流程结构的同时,也要对与新流程运作相适应的人力资源和企业制度有所考虑。业务蓝图的设计是 CRM 系统实施成功的关键所在,如果不对企业原有的业务流程进行任何改进,就直接把它放进 CRM 系统中进行原型测试,即使由于信息技术的引入对流程有所改进,但其程度也是有限的,这样做其实是用信息技术来迎合不符合 CRM 管理思想的业务流程,从根本上违背了实施 CRM 系统的目的。这可以从 ERP 项目的众多失败案例中得到验证。

CRM 系统由活动、制度、人、信息技术和目标组成。信息技术只是 CRM 系统的有机组成部分,它能够在一定程度上影响活动的实现方式,影响联系活动的规则(制度的一种表现形式),影响执行活动的人,从而影响 CRM 系统的目标,但这种影响是局部的。要实现 CRM 系统的目标,需要各个要素协调一致,共同朝着同一个方向而努力。如果只是引入 CRM 的信息技术,而企业的活动、制度、人不做改变,那么实现 CRM 的目标只是空谈而已。

5. 原型测试(Prototyping)

这一阶段有三个主要任务:CRM 基础数据的准备、原型测试的准备和进行原型测试。

(1)CRM 基础数据的准备

数据准备是 CRM 实施成功的关键环节。由于 CRM 系统是面向企业前台应用的管理信息系统,因此其基础数据主要是一些与市场、销售以及客户服务与支持有关的数据。数据,一般是指客观事物的各种属性值。在市场营销活动中,它指体现在客户身上的各种属性。如果客户是消费者(B2C),则指消费者的性别、年龄、职业和消费偏好。如果客户是企业(B2B),则指一个企业的员工人数、总产值和主营业务等。实施 CRM 系统需要从不同来源获取大量数据,如企业内部保存的客户数据和从企业外部取得的人口统计数据、态度数据、生活方式数据、财务数据等。

在 CRM 系统实施中,掌握大量的数据是十分必要的。数据可以帮助企业了解每一个客户的有关属性,了解客户群的大体轮廓,了解并改善企业营销活动的效果,从而更好地进行客户组合分析,确定目标客户,及时满足客户需求,降低成本,提高效率,与客户建立紧密联系并提高客户忠诚度。

根据数据获取方式的不同,可将数据分为两大类:初级数据(Primary Data)和次级数据(Secondary Data)。

- 初级数据又称为原始数据,是通过问卷调查、电话采访、面谈等方式直接从客户那里收集到的有待进一步加工的数据。初级数据一般比较可靠和真实,但收集成本较大。飞速发展的互联网技术为企业人员获取客户和市场信息提供了新的渠道,通过在互联网上与客户互动沟通,既节省成本,又能使有关数据得到及时更新。

- 次级数据又称为间接数据，它是经过别人收集并已被加工整理过的数据。根据来源不同，次级数据又分为内部数据（Internal Data）和外部数据（External Data）。内部数据存放在企业的信息系统中，主要指企业各时期的销售历史记录、促销活动记录、客户购买记录和售后服务记录等。外部数据主要来自市场调查机构、信息服务机构、有关行业协会组织以及竞争对手等。CRM 系统的主要目标是维系现有的客户，其最主要的内部数据是客户行为数据和客户服务数据，客户行为数据包括所有由于客户和企业之间的关系而发生的销售和促销活动的资料，如客户个人数据、重复购买数据、产品项目数据以及各种形式的促销数据等；而客户服务数据主要指售后服务的有关数据。这两类数据都是针对企业现有客户而言的。当然，不同行业所需要的数据有不同的侧重点。

尽管企业的营销和客户服务人员从各种途径收集了大量的原始数据，但管理人员并不能以它们为依据立即做出决策，还需要对数据进行进一步的处理和加工，使其变成信息。CRM 系统中已经根据 CRM 的管理思想设计了科学的数据库结构，基本上能满足企业的需求，因此，数据准备应当在理解了 CRM 管理思想和软件应用培训的基础上进行，只有经过培训，理解了 CRM 的管理思想，了解了 CRM 系统中对各项数据的定义、概念、作用和要求，才能有针对性地进行数据的收集、分析整理和录入工作，使数据转变为有用的信息。

（2）原型测试的准备

由于 CRM 原型测试的复杂性，因此需要做一些准备工作，主要包括确定参与人员、定义将要测试的场景（Scenario），即把新的业务蓝图置于 CRM 系统中进行测试，尤其是一些经过改进的关键业务流程。另外，CRM 系统覆盖了市场、销售以及客户服务与支持这些职能领域，由于需要对 CRM 系统的所有功能模块进行测试，因此还需要确定对各业务领域进行测试的不同人员，这可以在项目组内进行分工。

（3）进行原型测试

原型测试的目的主要在于：深入理解 CRM 系统，分析与业务蓝图的差异；熟悉 CRM 系统及其报表的用途；厘清数据之间的关系；作为全面实施 CRM 系统的依据。

原型测试可各功能模块同时进行，由项目实施组长或咨询公司的项目经理亲自主持，同业务相关的关键用户都应参加。按在原型测试准备活动中定义的场景进行交互式的测试。在测试过程中，找出业务蓝图的需求和系统功能的差异，研究解决方案。第一种情况，如果业务蓝图中的某些新流程本身设计是合理的，虽然标准化的系统功能不能支持，但可以通过二次开发增加系统功能来加以支持；第二种情况，由于信息技术条件的限制，无法通过加强系统功能的方式来支持合理的新业务流程，只能重新定义流程，使之在现有条件下可以实现；第三种情况，由于对 CRM 信息技术有了更加深入的认识和挖掘，进一步改进了业务蓝图或者开拓了完全崭新的业务流程。

原型测试的最终目的在于比较和分析企业的业务蓝图与 CRM 系统功能的差异，根据企业的实际情况和信息技术的特点来寻找适宜的解决方案。

6. 二次开发与确认

根据上一阶段原型测试的结果，视不同情况分别进行软件更改和其他更改（业务流程制度和组织结构等的更改）。

（1）软件更改

软件更改的目的在于通过修改软件程序和客户化报表来满足企业业务蓝图的需求。其中，软件程序的修改由供应商按照其特定软件质量标准进行，增强后的软件功能还要根据一定的标准进行测试，经审核后确认。对软件的更改要慎重，可以先尝试运用软件的现有功能，寻找非标准的方法来满足需求。

（2）其他更改

其他更改包括对业务流程、制度和组织结构等的更改。更改业务流程主要有两大原因：其一，运用信息技术的潜能进一步修订了业务蓝图；其二，由于信息技术的限制（或者可以理解为重新设计的新流程太过理想化），新流程不可实现。对于第二种，如果设计的流程从业务的角度确实能达到比较好的绩效，即使信息技术不能对有些活动提供有力支持，那么这些活动也可通过业务人员的知识和经验来实现。由于 CRM 系统的介入，业务蓝图中的流程得到了进一步的修订，流程是活动的有序集合，随之活动也会发生变化，活动之间的联系规则也会发生变化，执行活动的人的角色或技能也会发生变化，随之员工的报酬和激励制度也会发生变化，更进一步，流程的变化会导致组织结构的变化。需要强调的是，随着业务流程的变化，一定要对制度做出相应调整，因为制度是新的流程得以真正实现的保证。

7. 会议室导航（Conference Room Pilot）

这一阶段的主要任务是进行会议室导航和最终用户培训。

（1）会议室导航

会议室导航必须建立在原型测试及二次开发和确认的基础上，其主要目的是：验证或测试二次开发的可执行性，测试所有修订后的业务流程和确认相关制度，调整和准备相关凭证和报表，使 CRM 系统真正运行起来。

会议室导航仍然应是对整个 CRM 系统的测试，涉及各相关部门，所以除项目小组的人参加外，各职能组和前台部门的实际应用人员（最终用户）都要参加，因为这是企业前台业务顺利向CRM系统转变的必要条件，只有实际应用人员真正理解、接受并且主动去使用CRM系统，实施才可能会有效果。

测试结果要经项目指导委员会审批，判断是否具备转入实际应用的条件。如果条件还不成熟，则还需对过去阶段的工作进行进一步完善，而不要匆忙转入实际应用。

（2）最终用户培训

根据确认了的系统及修正的业务流程、制度，编写用户手册。可以从关键用户中选择培训教师，对最终用户进行培训。最终用户不但包括具体操作人员，还包括中高层管理人员，他们需要相关信息来做决策。

8. 切换

在会议室导航阶段完成了充分细致的测试以后，在这一阶段，要从原先的前台系统转换到CRM系统，主要工作包括切换准备和正式切换。

（1）切换准备

切换前的准备工作必须非常细致。首先核对流程、人员、数据和规则是否就绪。另外，要对系统切换的方法进行计划并达成一致。系统的切换包括交钥匙的方法、新旧系统并行的方法和试点的方法。借鉴ERP系统的切换方法，一般可以采用试点的方法。

（2）正式切换

装入各类数据之后，就可以切换到新系统了。由于CRM系统相对ERP系统来说比较简单，因此可以采取一次性切换的方法。当然，不同行业CRM系统实施的复杂程度有很大差别，也可以采取分阶段切换的方法。例如，寿险行业的CRM系统实施就会复杂一些，这是保险业务整个过程的复杂性所决定的，这一过程包括市场研究和定位、新险种开发、展业、核保、签单、核赔和理赔等多个环节，几乎每一个环节都要与客户接触，而所谓的前台业务——市场研究和定位、展业、核赔和理赔其实与后台业务紧密联系。更困难的是，寿险公司的展业人员非常有限，其代理人掌握了大部分客户的详细信息，这样寿险公司就无法对客户信息有一个全面且准确的把握。因此，如果要实施CRM系统，首先要从代理人那里获取详细的客户信息，而且在展业过程中，要针对客户不同的风险偏好特点，设计不同的险种组合以满足客户需求。正是由于寿险业务流程和承保技术的复杂性，因此其CRM系统实施的难度很大。相比之下，银行的业务和技术特点要简单一些，因此大大降低了CRM系统实施过程的难度。

9. 新系统支持

在新系统转入正式运行之后，需要不断调整并监测和评估新系统的运行绩效。

（1）对系统进行调整并提供继续支持

不断根据实际需要调整新系统的运行，确定更改控制流程并确认已取得的效益，审核与批准项目结束备忘录。

（2）监控新系统的运行绩效

一方面，监测和评估系统的运行状态；另一方面，根据预先设定的项目目标来审核相应成果，并审核和批准业绩评估备忘录。

11.3 CRM 系统实施的关键因素

在为一个企业或一个项目制定目标时，总会有一系列特定的成功因素和标准，这就是人们常说的关键成功因素（Critical Success Factors，CSF）。

1. 客户成熟度与企业成熟度

从 CRM 系统的核心和出发点来说，CRM 系统成功实施最关键的因素在于客户。企业不能只是强调利用 CRM 系统来改善其运营效率，而忽视了改善其与客户关系的重要性。因此，客户成熟度对 CRM 系统的成功实施极为重要。

（1）实施 CRM 系统要深入研究客户成熟度

自从人类进入商品经济社会以来，企业的客户就随着社会、科技、文化、教育的发展逐步成熟起来。客户根据自己积累的经验与知识，向产品与服务的提供者——企业索取越来越多的价值与"消费者剩余"，同时不断要求企业从提供单一结果的"黑箱"产品与服务逐步向开放的"白箱"体系发展，因此企业在实施 CRM 系统时，必须考虑客户的成熟度。所谓客户成熟度，是指客户的购买决策相当成熟，客户在追求产品与服务本身之外，还要求得到更多与购买决策相关的信息、知识和技术。也就是说，一个成熟度较高的客户往往更注重与企业建立良好的客户关系。

在传统的管理理念中，企业偏向于保护自己拥有的信息、知识与技术，以期获得相对竞争优势，因而往往倾向于采用提供"黑箱"产品与服务的决策方式。人类经济发展历史也同样证明：在一个客户成熟度较低的市场环境中，客户更关注的是产品与服务的功能与价格，而不太在意产品与服务提供的过程。这是工业革命以来，以大批量生产、价格敏感、功能至上为竞争优势的企业的典型特征。后来，产品的丰富与客户的成长，导致了市场上产品销售的激烈竞争，于是产量中心论被销售中心论取而代之，客户也逐渐增加了对品牌、质量、品位、口碑等扩展价值的需求。20 世纪 90 年代中期以来，随着客户的进一步成熟，客户需求出现了越来越强烈的差异化倾向，客户对产品的知识、技术等提出了更多的要求，甚至期望获得产品在制造过程、环境保护等各个环节的相关详细信息，这就使得全球市场竞争步入了个性化定制的时代。事实上，正是现代社会经济的发展，教育水平的提高，交通、信息技术的成熟，使得客户购买决策行为发生了巨大变化——"客户成熟度"大大提升，孕育了 CRM 管理理念的产生与发展。

如图 11.3 所示，随着客户购买经验的增加、教育水平的提高及信息技术的不断成熟，客户的购买行为由低介入决策向中介入决策、高介入决策发展，企业营销模式也由产品导向型向销售导向型、客户关系导向型转变。在一个经济高度发达的国家或地区，客户的购买行为越来越多地受到信息与知识的影响。客户成熟度直接影响企业生产运作的全过程。因此，企业在实施 CRM 系统时，要深入研究企业的客户成熟度，掌握客户购买行为模型，准确分析知识、信息与技术对客户购买行为的真正影响。如果企业客户成熟度高，客户购买决策介入度高，企业实施 CRM 系统就会更迫切，成功的可能性就更大；反之，如果客户成熟度低，客户购买决策介入度低,企业盲目上马 CRM 系统则可能导致失败。CRM 强调以客户为中心,企业就必须从基础上、战略上和全局上重视客户成熟度,只有这样才能确保 CRM 系统的成功实施。

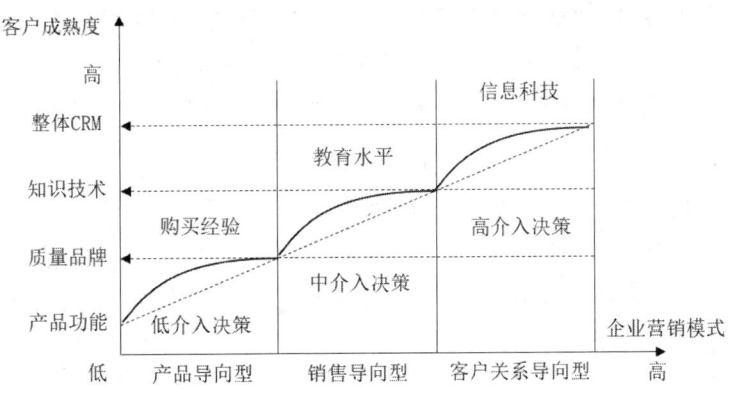

图11.3　客户成熟度与企业营销模式的转变

(2) 实施 CRM 系统更要强调企业自身的成熟度

企业成熟度是企业面对环境的威胁或机会做出反应的灵敏程度,是衡量企业从"以产品为中心"向"以客户为中心"转变的程度。"以产品为中心"的企业把以最低成本生产产品、以最快速度销售产品作为目标,而"以客户为中心"的企业考虑更多的问题是谁在购买我们的产品、为什么他们喜欢我们的产品、我们怎么衡量客户满意度、为什么客户不再购买了、我们如何提高销量,等等。高度成熟的企业关注的重点是:识别、保持和提升最佳客户的利润率,而不是采用简单的"PUSH"方式将产品推向客户(消费者)。当然,一个企业是否具有较高的成熟度,涉及企业的很多方面,包括企业的经营管理理念转变、企业组织结构调整、企业员工管理水平提升、企业生产运作流程优化等。根据我国相关专家的研究,可以借鉴 Watts Humphrey 的软件成熟度划分标准,把企业的成熟度分为 5 个级别,即初始级、可重复级、可定义级、可管理级和优化级。

在 CRM 系统实施过程中,如果企业没有达到"可重复级"这一最低要求,就会发现实施 CRM 系统相当困难,这是因为企业成熟度不够,没有可以使之自动化的业务流程。而对于已达到"可定义级"的企业,则需要进行业务流程重组或管理水平提升,才能达到 CRM 系统实施的条件。如果企业已经达到可管理级或可优化级,则实施 CRM 系统将会取得成功。

企业成熟度与客户成熟度是 CRM 系统实施的真正动力源泉,也是 CRM 系统实施必须考虑的两个关键因素。从世界各国及我国的 CRM 实践来看,CRM 系统在客户成熟度与企业成熟度相对较高的企业实施成功的可能性更大,人们所熟知的银行、保险等行业的企业已经普遍采用了相应的 CRM 系统。

2. 人、流程与技术的整合

从 CRM 系统实施所涉及的因素来说,人、流程和技术是决定 CRM 系统能否成功实施的 3

个关键因素。

（1）人

实施以客户为中心的 CRM 系统，经常意味着人的工作方式要发生变革。如果没有正确理解变革的原因和意义，没有参与到 CRM 管理变革中，没有接收到足够的有关变革的信息，或者不能在变革中获得足够的培训，那么所有这些都将不利于变革。人的消极影响能够给 CRM 系统的实施造成实质性的破坏。

企业应当在 CRM 系统实施的整个阶段进行全程交流与沟通，以确保关键的员工和用户对"CRM 系统如何进展"和"CRM 系统如何影响每天的工作方式"保持最新的认识。另外，不要害怕用户参与系统的分析与实施，应当从一开始就让用户参与到项目中，并帮助他们管理他们自己的变革。

（2）流程

不恰当地处理 CRM 业务流程自动化将只会加剧流程的不准确性。为了实现有效的流程再造，企业首先需要检查现有"以客户为中心"的业务流程是如何运作的。然后，企业需要重新设计或取代旧的非优化的流程，使用新创建的、在企业内达成共识的新流程。企业实施 CRM 系统过程中，在设法纠正其面向客户流程的不足时，企业内部并没有就"用户希望的流程什么样"达成一致意见，而是直接购买 CRM 软件，这些软件包含一个或多个由供应商预先建立好的业务流程，购买后强制在企业业务中推行。

（3）技术

两个与技术相关的要素是 CRM 供应商和 CRM 尖端技术。现有的 CRM 技术多数用来满足 CRM 的用户需求，而且存在许多具有竞争力的经济型 CRM 供应商可以选择。尽管如此，CRM 供应商并不能够完全实现他们所承诺的功能和效果。当供应商面临难以承受的巨大竞争压力时，往往会不时地夸大事实。因此，在选择 CRM 供应商时应清楚他们的实际能力。

与 CRM 尖端技术的发展保持同步是非常困难的。企业没有必要设法与每一个新技术保持同步，但是要"追踪"那些最可能影响 CRM 未来发展的技术。这些技术可能包括：建立在有效的尖端技术基础上的"客户自助式服务"应用系统、基于准许的直销、无线和语音识别在 CRM 系统中的应用等。

（4）整合人、流程和技术

实施成功的 CRM 系统应当重视上述的人、流程和技术问题。而且，人、流程和技术的整合将会引起企业的变革。表 11.1 提供了一些如何整合人、流程和技术来适应 CRM 系统实施的关键活动。这种通用的模型需要针对企业的特点进行调整，因为不同的企业将以不同的速度实施 CRM 系统。

表 11.1　人、流程和技术的正确整合

CRM系统实施的关键活动	最相关的成分
确定项目需求	人、部分流程
建立项目团队	人、部分流程
与其他管理信息系统的集成	技术
选择和定制 CRM 软件	人、流程、技术
CRM 系统控制	人、技术
CRM 系统部署	人、技术
CRM 系统支持	人、部分流程
CRM 系统的持续改进	人、流程、技术

11.4　一个具体的 CRM 系统实施案例

中图图书部 CRM 系统实施案例

1. 背景概况

中国图书进出口（集团）总公司（以下简称"中图公司"）是集书刊、音像制品进出口贸易、出版、印刷和版权贸易等于一身的国家重点骨干企业，成立于新中国成立初期。经过半个多世纪的发展，中图公司已成为初具规模的行业排头兵，在美国、英国、德国、日本、俄罗斯等国家及香港、北京、上海、广州、西安、深圳和大连等城市设有分支机构 30 多个，包括了进出口、出版印刷投资、信息技术、信息安全技术、国际运输、国内快送广告制作、工艺品制作等各类经济实体。

70 多年来，中图公司在科学、文化、信息领域耕耘不止；跨入新世纪，中图公司正健步向着现代信息产业迈进。一张伸向全球的营销网络是中图公司的最大优势：

国外客商遍布 180 多个国家和地区，与 10000 多家出版社、书商、音像公司、学术机构及文化传媒机构保持着长期友好的贸易往来。

全部书刊空运进口，并通过中图公司的 30 多个快送网络迅速送达国内订户手中，全力满足国内用户对进口书刊资料时效性的要求。现在北京及部分省会、直辖市的客户可以看到中国香港、日本当天出版的部分报刊。

进口书刊几十万种，累计购买国外科技期刊版权近 400 种、图书版权 4000 多种；出口商品涉及文化产品的各个门类，非文化信息类产品的出口量逐年增加。主要服务于国内数万家科研院所、大专院校、政府机关、大型企业以及驻华使领馆、商社及外资企业。

2. 中图图书部及其业务运作模式

中图图书部作为中图公司的重要业务部门之一,主要负责为订户办理海外及台港澳图书的订购业务,北京国际图书博览会的展品组织、展览、留购、销售业务及与图书进口有关的其他业务。中图图书部一直比较重视信息化发展,已经花大力气建设了内部信息平台——PRS 系统,是中图公司率先进行客户关系管理实践的部门。

中图图书部下设 7 个部门:编目科、收订科、进口科、发行科、教材开发科、计算机科和综合科。历经 70 多年的业务积累,中图图书部与海外上千家出版社及书商建立了长期、友好的直接或间接业务往来关系,每年进口数万种图书,总计十多万册。电子订货、空运到货、人民币结算,方便快捷。中图图书部除直接服务北京地区订户外,还通过中图公司在全国的各分支机构及各省市外文书店服务全国各地的广大订户和读者。

为方便选订海外及港澳台图书,中图图书部每月编辑出版多种目录,包括《外国科学技术新书目录》(T)、《外国社会科学新书目录》(S)、《外国生物、医学、农业新书目录》(M)、《台湾香港中文新书目录》(C)、《俄文新书目录》(R)、《日文新书目录》(J)以及《北京国际图书博览会展品目录》,还不定期编辑出版教材、工具书等专题目录和各种单页目录。此外,中图图书部还为读者提供电子版目录服务,覆盖面更广,报道量更大,内容更详尽。中图图书部还设有"新书样本室"和"国外教材展厅",供读者选订和阅览。

综合上面的业务描述,中图图书部的组织机构和各科室负责的业务如图 11.4 所示。

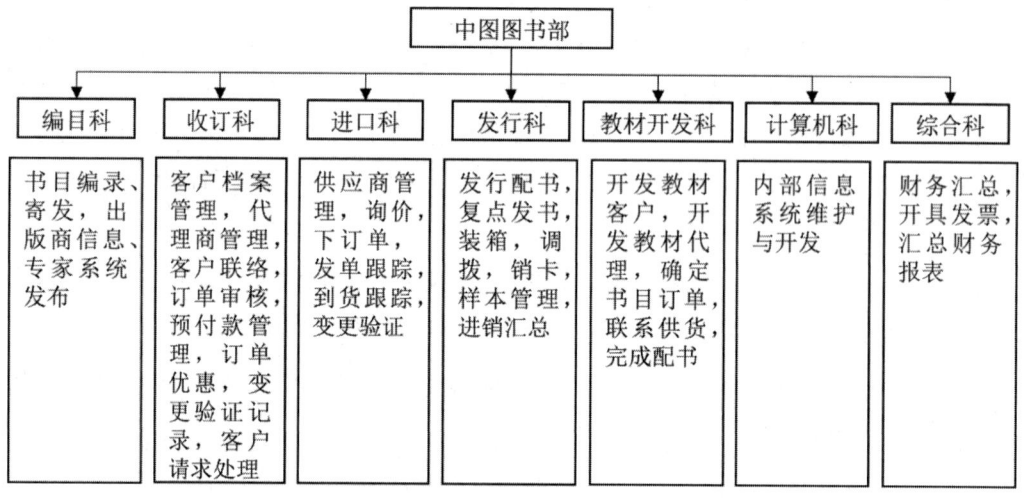

图11.4 中国图书馆的组织结构和各科室负责的业务

3. 中图图书部业务流程分析

Turbo CRM 实施小组在进行中图图书部的 CRM 系统实施过程中,首先以基于客户获得、客户保留、客户价值及赢利能力提升的客户价值管理为基础,详细分析中图图书部的业务运行现状。

（1）现有客户/代理伙伴的数量较多

中图图书部的客户数量逾万，其中有几百家是多年来不懈努力获得的长期客户。这些客户集中在图书馆、科研院所、大学教研机构。因此，客户关系管理的第一要旨是准确记录并详细了解这些现有客户的需求。由于这一部分重点客户已经和中图图书部建立起了长期的合作关系，因此，几乎每天都有几十上百的订单需要处理。能够管理好这样大数据量的客户需求信息，是中图图书部对 CRM 系统的首要要求。

另外，中图图书部对于分布在全国的外文书店也有详细记录和了解订单状况的需求。对于外地客户，中图图书部主要通过代理即各地的外文书店进行交易，同样涉及全国几十家外文书店的进货、出货信息的了解和迅速传递。

（2）销售的过程就是服务的过程

针对中图图书部现有的客户状况，对现有客户进行全程服务就是最有效的销售。由于中图图书部的忠诚客户已经建立起对其的信任，因此，客户需求主要集中在查询已经发出的订单，尤其是对到货时间的了解方面。例如，各大学教材部门对于所需要的国外教材具有时间限制，必须在每年 9 月开课之前保证学生和教师的教材用书，因此，要满足这样的客户需求，需要中图图书部提前进行教材订购、报关、运输，才能不断获得老客户的新订单。

（3）客户更关心业务处理的过程

中图图书部的客户对价格敏感，但是更关心业务处理过程，尤其希望能够及时了解订单的处理状态。通过对中图图书部的订单流程进行分析发现，中图图书部内部的流程比较复杂，作为客户，需要多次转接电话才能获得订单状态，这对客户关系管理来说造成了比较大的障碍，容易在这一过程中出现客户投诉或不满意的现象。客户不满意的最主要原因集中在两大方面：一是无法准确得知订购书籍的到货时间，二是无法准确得知订购书籍的处理状态。这两方面的改进成为 Turbo CRM 为中图图书部实施 CRM 系统的主要方面。

（4）与物流相关的业务处理占用了大量的资源

根据客户的需求订货，每张订单要经过采购、报关、验货、入库、出库、发货等多个环节，这些与物流相关的业务处理占用了中图图书部现有 80%的人力、物力。中图图书部对客户的回复需要经历的时间长、环节多只是其客户关系管理现状的外部表现，造成这一状况的根本原因在于每张客户订单都需要经过内部四五个部门的复杂业务处理。例如，中图图书部无法直接回复客户订购的书籍什么时间才能到达，因为客户订单需要在一定的时间周期内按照供应商（也就是国外出版商）进行重新分类，分类之后统一订购。这一过程必须分批进行，因此无法做到按客户的时间需求控制订货频率和到货周期。如果不保证订购、报关的批量处理，就无法降低物流成本，客户将无法承受单独订货和包装运输的成本。

另外，由于采用成批处理的方式，要回答客户的所有询问都必须查询其订单在哪一批次中，客户订单的处理在订购、报关、结账等环节中分属不同的批次，并且尚未做到内部信息的电子化,查询起来时间长,经手人多,客户的询问可能卡在任何一个环节中,无法得到满意的答复。因此,要改变中图图书部的客户关系管理,必须从改变内部流程开始。

4. Turbo CRM 实施目标

(1)整个中图图书部尚未完全形成向客户提供产品和服务的内部组织

由于不同的科室各有自己的运作中心,没有以"客户需求"贯穿连通,因此容易出现进口科以出版商管理为主线、收订科以客户订单为主线、发行科又以物流配送为主线的状况,这样客户请求可能在中间环节中发生断链,整个团队没有形成共同面向客户需求的合作基础。

另外,由于手工的业务处理占用了大量时间,很难将被动服务转为主动服务;几乎所有科室人员都忙于处理成批业务,对于个性化的客户需求很难顾及到,因此,几乎没有主动服务,也就是说,对于什么样的客户具有什么阅读偏好、订购习惯,几乎无法进行主动的识别并提供个性化服务。个性化服务对于客户规模较小的企业来说可能比较容易办到,而客户群逾万的大型企业就非常难以办到。

(2)竞争环境正在发生变化

Turbo CRM 和中图图书部领导层的共同认识是:随着竞争环境的变化,尤其是中国加入WTO 之后,许多外国书商可以在本地发展代理,直接提供销售、物流等服务。贝塔斯曼的读者俱乐部就大量吸收个人会员,直接提供邮购服务。另外,网络购书已经从试验性质转向稳定的现金流。与网络购书方式同时发展起来的是客户的服务需求不断提高。由于其他的购书渠道强调个性化服务,能够针对客户的历史购买而进行主动推荐,因此,了解客户,从数据中挖掘有效的信息进行针对性的主动服务,正在成为新的图书销售优势。中图图书部必须及时进行业务模式转型,以避免客户向规模较小、灵活的竞争对手转移。

针对以上的分析结果,Turbo CRM 与中图图书部的管理者制订了如下 CRM 实施目标:

- 改善目前市场和客户需求反应迟缓的现状。
- 整个中图图书部以统一的整体形象面对客户,不会因为中图图书部内部的分工不同而需要让客户等待较长的时间或无法实现客户需求的区别对待。
- 实现信息共享,完成客户资源的统一管理,实现业务进程实时有序监控。
- 建立以信息服务为核心的新型管理体制,整个体制的中心从现在的以物流为重点转移为以客户需求为重点。
- 提高工作效率,减少手工传递信息造成的衰减和错漏;提高部门间及部门内的信息沟通效率,实现业务信息的实时共享。
- 增强市场开拓能力,对于新出现的目标市场具备快速灵活的反应能力,增强新客户的获取能力;建立市场工作的管理规范和执行控制体系,并能够对市场活动的效果进行有效评估。
- 规范工作流程,进行有效的员工管理,制订明确的可追溯的绩效评估指标;提高客户服务质量和客户忠诚度。
- 将决策基础信息集成化、平台化，为营销业务拓展提供量化的、科学的数据决策依据。

5. Turbo CRM 实施方案

在正式运行 Turbo CRM 系统之前，Turbo CRM 实施小组在中图图书部领导层的大力支持下，对中图图书部的全体员工提供了完整的客户关系管理理念培训，探讨目前图书出版行业的竞争趋势。通过讨论，中图图书部形成了以客户获得、客户保留、客户价值及赢利能力提升的客户价值管理为基础的共识：只要掌握客户偏好、客户信息，对信息流的控制能力和快速反应可以成为中图图书部未来的核心竞争力；个性化服务能够有效地挽留客户，中图图书部必须不断进行内部流程改进，让客户联络变得更方便、更及时、更亲切，这是中图图书部在未来的市场竞争中能够保持领先的重点。

（1）客户获得
- 客户管理。Turbo CRM 系统将中图图书部具有共性的客户进行分类管理，为不同的客户提供不同的服务方式。该系统整合了中图图书部现有的所有客户信息和联络人信息，并进行统一管理，包括客户基本信息、联系人信息、销售人员跟踪记录、客户状态、合同信息、交易信息、反馈信息等。通过对以上信息的分析、挖掘，该系统可提供客户的购买倾向、价值情况等多种分析结果。
- 渠道管理。对于中图图书部来说，每个代理、各地外文书店的销售能力是各不相同的。Turbo CRM 系统支持对渠道的全面管理，包括渠道体系、层次管理、渠道价格政策管理、渠道销售计划管理，渠道交易（销售、退货）管理。通过查询渠道成员，可查看渠道成员的所有交易信息，以便分析渠道成员的购买行为；除此之外，还有渠道信用管理、渠道销售收款管理等。Turbo CRM 系统的全面渠道管理，可以帮助中图图书部提高管理渠道的效率，制订合理的渠道政策，有效降低风险。
- 供应商管理。除了客户，中图图书部的业务很大部分与国外的供应商（即出版商）相关。中图图书部的一大竞争优势是可以通过长期的合作关系向全球的出版商随时订货，定期结算。因此，中图图书部与供应商的合作状况将对其业务产生重要的影响。Turbo CRM 系统的供应商信息管理功能能够动态管理供应商的信息，确保中图图书部与供应商的联络通畅；供应商应付账款管理功能可以方便地查询应付账款信息，如果已经制订了采购付款计划，系统可以自动提示；采购订单管理功能可以通过查询供应商来查看其所有订单信息，以便分析供应商的供应状况；采购过程管理功能通过详细记录采购全过程的各种细节信息，为进一步的供应商分析评价打下坚实的基础；采购情况分析是对供应商进行评价的重要手段，对采购到货情况、付款情况、采购周期情况等进行统计分析，能够全面了解不同出版商对于中图图书部的价值。
- 市场管理。Turbo CRM 系统首先将中图图书部的图书博览会作为市场管理的重点。该系统根据对博览会、全国教材巡展等市场活动的追踪，对客户群体和历史数据进行分析的结果,评价市场活动成效,预测图书的订购和服务需求状况,为中图图书部创造了新的营销能力,同时也为其产品、服务的开发和创新提供了参考依据。值得一提的是,通过实施 Turbo CRM 系统,中图图书部将客户接触的第一站从订单提前到市场活动,也就是说,当客户接到中图的宣传目录时,就开始在 Turbo CRM 系统中记录联系信息,而不是等到客户下第一笔订单才记录。这样的管理方法将客户的生命周期从传统的"订单起始点"提前到"接触起始点",为更好地掌握销售机会、提高销售成功率打下基础。

- 销售管理。Turbo CRM 系统可提供从销售计划、销售机会开始到合同签订、合同执行的全过程管理,包含销售计划管理、潜在客户管理、销售机会管理、销售预期管理、费用控制、客户关系维护、联系人管理、合同管理等全面的销售自动化管理。该系统可使销售人员(包括现场人员和内部人员)的基本工作自动化,帮助销售部门有效地跟踪众多复杂的销售线路,用自动化的处理过程代替原有的手工操作过程,提高工作效率,使其可及时抓住商机、缩短销售周期、扩大销售额、提高市场占有率。同时,中图图书部还可防止由于某位销售人员的离职而丢失重要的销售信息。

- 订单管理。Turbo CRM 系统提供丰富的订单管理功能,帮助中图图书部全面管理各种交易信息及订单执行过程。该系统支持订单执行计划管理,通过制订订单执行计划,可以帮助中图图书部进行各种复杂订单处理,如处理分期收款、分批供货、催款、出库等,从而使其能够对订单进行有序管理,有步骤、有计划地完成订单执行工作。Turbo CRM 系统可以全程监控订单执行过程,如订单签订、订单审核以及出库、发货、验收、收款等,全面记录每个过程的执行情况,如执行人数量、金额等,帮助中图图书部严格控制每笔业务订单的执行条件及执行结果。Turbo CRM 系统支持订单利润分析,可预先分析订单可能的利润状况,帮助中图图书部控制风险、合理决策。Turbo CRM 系统提供全面的订单查询统计功能,支持根据时间、金额、产品、客户、业务员、摘要等条件进行查询统计,帮助中图图书部方便快捷地管理订单。

- 客户服务。通过分析,中图图书部了解到:吸引一个新客户的成本是留住一个老客户成本的 6 倍,因此客户忠诚度和保有率是企业能否赢利的关键因素,因此客户服务和支持对企业十分关键,客户服务质量和及时程度是一个企业发展的重要保障。Turbo CRM 系统可提供客户反馈的及时跟踪处理、服务质量监控、客户关怀、在线客户自助服务等多项功能,帮助中图图书部提升服务质量。值得一提的是,在 Turbo CRM 系统的实施中,客户信息和图书目录信息已经按照中图分类方法在书目和客户偏好上增加了对应性,为未来自动的大批量个性化图书推荐打下了基础。

(2)协同工作

Turbo CRM 系统提供了一个统一的工作平台,将中图图书部的市场、销售、服务部门以及分销商甚至客户联系起来,共同挖掘市场需求,形成动态联盟和协同,使合作伙伴、客户及其他方面的信息透明化，市场营销人员和客户服务人员可以实时共享客户的信息资源，通过对客户快速准确的服务响应实现新的销售，通过客户关怀和客户跟踪赢得潜在客户，通过"一对一"的营销方式获得客户个性化的信息，提高服务满意度，从而提高工作效率，加速决策过程，为中图图书部带来增值效益。基于 B/S 结构的 Turbo CRM 系统可以在任何有浏览器和局域网的环境下得到业务数据，"个性化的桌面提示"将每个员工需要进行的工作有效地管理起来，自动提醒功能可以在图书即将到货或发货时间快到期时进行提醒，减少了过去部门之间沟通不畅的情况。

另外，除了利用 Turbo CRM 系统的功能对中图图书部的实际业务进行自动化处理，为了保障系统的顺利运行，Turbo CRM 实施顾问还从业务流程角度提出了如下建议：

- 将客户满意度直接与一线客户服务人员的工作挂钩。例如，增加客户调查的频率，通过客户满意度来对一线客户服务人员进行考核。这一办法极大地增强了客户服务人员的主动回复意识，改变了过去分头处理客户请求、需要多次转接问询电话的模式。
- 提高内部服务意识，采购、库存等岗位应当支持销售部门向客户提供服务。具体办法是在每个支持科室设立专人回答销售和服务部门的业务处理问询。对于需要跨科室了解的信息，提高内部客户服务意识，将服务内部客户作为支持销售和服务部门的考核指标。这一办法将原有的独立科室以客户为导向统一贯穿起来，形成团队意识。
- 增加加急处理流程，加急订购不需要等待普通订购的成批处理。

这些流程建议通过中图图书部领导层的决策，已经被采纳，并制订了具体的执行规范。Turbo CRM 实施小组充分认识到 CRM 系统的建设不是一蹴而就的，而是需要通过长期不懈的努力才能达到预定实施目标的。但是，通过近两个月大量细致的工作，他们欣喜地发现，中图图书部的 CRM 系统建设已经初见成效：

- 中图图书部已经实现了客户信息的收集、分类。所有客户信息已经统一保存在 Turbo CRM 系统中，可以方便地查询现有和潜在客户联系人和联系记录。
- 中图图书部的客户服务意识大大增强，原有的业务职能划分已经初步通过客户需求主线贯穿；客户问询的回答正在简化。
- 教材科的所有业务流程已经通过 Turbo CRM 系统实现了电子化、信息化。对于教材这样客户时间性要求较强的业务，能够做到定时提醒和随时检查库存情况。
- 通过更方便的透视订单处理缩短了问询等候时间，提升了满意度。

中图图书部的领导在谈到 CRM 系统建设时认为：客户关系管理的顺利进行，主要依靠的是成熟的 Turbo CRM 系统，可以在较短的时间内将大量的客户信息、图书信息记录到数据库中，并初步建立起客户追踪的流程，为客户拓展打下了基础。中图图书部对 CRM 系统的下一步建设预期更高，期望能够很快实现定期的、自动的个性化图书推荐，使现有客户可以通过网络直接下订单、查询订单的处理情况，这是中图图书部向信息化时代迈进的重要一步。据悉，这一步骤将通过实施 Turbo CRM 3.0 全线产品中的 Turbo LINK（客户关系网上平台）得到实现，而且，随着客户数据的不断积累，Turbo CRM 3.0 的全线产品中的数据仓库和挖掘工具 Turbo DSS（客户关系管理决策分析系统）还将在细分客户群、判定客户价值等方面发挥重要作用。

思考：

1. 根据案例的内容，总结一下 Turbo CRM 3.0 的主要功能。
2. 结合本章的内容画出 Turbo CRM 3.0 系统的模型图。
3. 在 Turbo CRM 3.0 系统的实施过程中，哪些步骤最重要？应该注意什么？
4. Turbo CRM 3.0 系统应该选择哪种网络结构？

本章小结

1. CRM 系统实施对于企业来说有一定的风险，往往会陷入投入大、见效慢甚至失败的困境。CRM 系统实施从挑选一个合适的软件供应商开始，并要把握好影响系统实施成功的一些关键因素，经过项目准备、项目启动、分析和诊断、描绘业务蓝图、原型测试、二次开发与确认、会议室导航、切换、新系统支持等阶段，以确保系统成功实施。
2. 在为一个企业或一个项目制定目标时，总会有一系列特定的成功因素和标准，这就是人们常说的关键成功因素（Critical Success Factors，CSF），包括客户成熟度与企业成熟度，以及人、流程与技术的整合。

思考题

1. 如何成功地为企业选择一套 CRM 系统？
2. CRM 系统的实施过程分为哪几个阶段？
3. CRM 系统实施成功的关键因素包括哪些？
4. 企业可以通过哪些途径获得客户数据？
5. 实施 CRM 系统可以达到哪些效果？
6. 不同行业的 CRM 系统是不是都一样？B2B 企业与 B2C 企业的 CRM 系统会有哪些不同？
7. 一份完整的 CRM 解决方案应包括哪些内容？
8. 描述一种你了解的 CRM 系统提供的业务功能。
9. CRM 系统的用户与一般的企业内部信息系统（如 ERP）的用户有什么不同？这对 CRM 系统提出了哪些特殊要求？
10. 选择一家银行网站，归纳其网页上的哪些功能与 CRM 系统相关。
11. 寻找一个有代表性的 CRM 系统成功案例（或失败案例），分析其成功（或失败）的关键因素。
12. 寻找一个具有代表性的 CRM 系统解决方案，绘制并分析该系统的整体及其子模块功能结构图，最后总结反思。